臺灣歷史與文化 研究輯刊

二 編

第 3 冊

道咸同時期臺灣本土文人詩作研究
（1821～1874）（中）

許 惠 玟 著

花木蘭文化出版社

國家圖書館出版品預行編目資料

道咸同時期臺灣本土文人詩作研究（1821～1874）（中）／許
惠玟 著 — 初版 — 新北市：花木蘭文化出版社，2013〔民
102〕
目 4+180 面；19×26 公分
（臺灣歷史與文化研究輯刊 二編：第 3 冊）
ISBN：978-986-322-227-9（精裝）
1. 臺灣詩　2. 詩評
733.08　　　　　　　　　　　　　　　　　　　102002842

ISBN-978-986-322-227-9

9 789863 222279

臺灣歷史與文化研究輯刊
二 編 第三 冊　　　　　　ISBN：978-986-322-227-9

道咸同時期臺灣本土文人詩作研究（1821～1874）（中）

作　　者	許惠玟
總 編 輯	杜潔祥
出　　版	花木蘭文化出版社
發 行 所	花木蘭文化出版社
發 行 人	高小娟
聯絡地址	235 新北市中和區中安街七二號十三樓
	電話：02-2923-1455 ／傳眞：02-2923-1452
網　　址	http://www.huamulan.tw 信箱 sut81518@gmail.com
印　　刷	普羅文化出版廣告事業
初　　版	2013 年 3 月
定　　價	二編　28 冊（精裝）新臺幣 56,000 元

道咸同時期臺灣本土文人詩作研究

（1821～1874）（中）

許惠玟　著

目
次

第五章　從東渡到西行
——本土文人書寫空間的轉化

　　本土文人的「走出家鄉」和「走出臺灣」，以及遊宦文人的「走入臺灣」有著根本心態的差異，究竟清代臺灣文人是抱持什麼樣的心態書寫臺灣？本土文人與遊宦文人的觀察視野有無不同？如何不同？哪一種族群的書寫方式更能凸顯臺地的「在地」特色與本土思維？當研究者一再以「覽異」角度詮解遊宦文人來臺的書寫方式時，到了道咸同時期的臺灣，遊宦文人是否仍抱持這樣的態度？

　　值得一提的是，「走出故鄉」不見得會「走出臺灣」，因此我們在此依詩人的主要活動地作出區隔，「走出故鄉」指的是離開自己原生家鄉，到臺灣各地進行遊歷，對臺灣這塊土地的其他地方進行記錄描述；「走出臺灣」的範圍更為寬廣，指的是離開臺灣這塊土地，到對岸考試或為官，對大陸的地名或景區多所記錄；或是到其他國度，比較清國與他國的異地風土人情。

　　此外，本節對於「遊宦」文人的界定需要再說明，大陸文人到臺灣旅遊或為官，我們一般稱之為「遊宦」，同樣的，本土文人離開臺灣到大陸遊宦為官，也應該屬於「遊宦」的範疇，只是為了方便區隔出臺灣本土文人及大陸來臺遊宦文人的差異，所以即使是臺灣到大陸遊歷或為官的文人，我們仍不以「遊宦文人」稱之，而統稱為「本土文人」。

　　對於文人來說，單一空間的吟詠，是「靜態」的描述，這一部分主要以「山水詩」為主，而旅行路線的「移動」，則是「動態」的敘寫。文人從「此地」到「彼地」的「動態」過程，同樣也應納入討論，因此，本章所處理的「空間」認知，將同時從「靜態」與「動態」二部分切入討論，以期能更完

整深入探討其中意涵。

第一節　清代制度對於臺灣士子的影響

　　造成文人作品中出現大量遊歷之作的原因很多，這些原因影響的層面不只在遊宦文人身上，本土文人亦然。之所以會產生這樣的狀況，往前有其歷史發展的背景；而清朝當時的科舉與文官制度，也是影響的主因。

一、科舉制度與士子的應考

　　清代臺灣的科舉制度始於康熙二十六年，在歷代科舉制度中，「明清科舉考試最大的變革，在於科舉必經由學校，不可自由赴考，而學校教育的宗旨則是教導士子科舉入仕，此即所謂『學校則儲才以應科目者也』。」〔註1〕

　　一般而言，清代文科考試分成鄉試、會試及殿試三種。為明瞭三試的考試試期與內容，筆者以表格呈現如下：

試別	舉行時間	應考資格	試　期	考試內容	其　他
鄉試	三年舉行一次 正科： 逢子、午、卯、酉年為鄉試正科之年 恩科： 非正科之年遇皇帝登基，或是慶典而加科所舉行的稱之 恩科若舉行於正科之年，則移正科於前一年或次一年舉行	各學的生員 貢生 監生 廩生 官生 經學政考試及格者	秋八月，故稱「秋闈」 共三場： 首場：初九日 二場：十二日 三場：十五日	以乾隆五十二年為例 首場： 四書文三篇、五言八韻詩一首 二場： 裁去論一篇，五經各出一題 三場： 考策問五道	分編字號以分辨省分： 屬於生員者： 滿字號：滿蒙 合字號：漢軍 夾字號：奉天 承字號：承德府 旦字號：宣化府 貝字號：直隸 鹵字號：長蘆商籍 屬於貢、監生者： 編為皿字號，分北、中、南皿 中式者稱「舉人」，第一名稱「解元」
會試	三年舉行一次，於鄉試後次年舉行 正科： 以丑、未、辰、戌為正科	鄉試的中式舉人	原為二月，乾隆時改三月，永為定制。 因在禮部舉行，故稱「禮闈」	與鄉試同 惟第一場題由皇帝擬定 二三場由考官擬題	中式者稱「貢士」，第一名稱「會元」

〔註1〕　見王惠琛，《清代臺灣科舉制度的研究》，國立成功大學歷史語言研究所碩士論文，1990年，頁13。

	會試恩科：遇鄉試恩科翌年的會試		分三場，日期同於鄉試	
殿試	與會試同年，多在會試後一個月亦稱「廷試」	會試及第者	四月二十四日殿試，二十五日放榜	策論一道含三至五題，多屬當代時務	錄取者通稱進士，分三甲： 一甲：賜進士及第 　　　第一名稱狀元、 　　　二三名稱榜眼； 　　　探花 二甲：賜進士出身 三甲：賜同進士出身 二三甲在傳臚（放榜）後三日，一律參加朝考，名列前茅者為庶吉士

本表係參考王惠琛《清代臺灣科舉制度的研究》及艾永明《清朝文官制度》增補而成。

　　康熙二十六年，福建陸師提督張雲翼上疏奏請臺灣府保障名額，因而臺灣另編「臺」字號，比照甘肅寧夏例，額外取中舉人一名。這一年臺灣府應試者共五人，中式者為鳳山縣附生蘇峨，此為臺灣中舉人之始，而「康熙三十六年，閩浙總督郭世隆以『至今已歷四科，人文日盛，學詣漸臻』為由，奏請『撤去另號，將臺灣所中舉人一名，歸入閩省額內，一體勻中』，以示鼓勵。」〔註2〕結果是「臺灣士子卻多以渡海危難為藉口，不赴省應試，致使中式者微乎其微，時有全落孫山者。」〔註3〕而形成一個惡性循環，原先執政者的美意是為提高中式人數，但因極少人數中舉，以致於「遂多輟科不與額」反而重重打擊臺地科舉的發展與文風。據王惠琛研究，以康熙三十八年己卯科和四十一年壬午科為例，連續二科臺灣府縣學生員無中舉者，再來四十四年乙酉科僅臺灣縣附生王茂立中舉，四十七年仍全部落第。連續四科，十二年的時間中，臺灣地區僅一人中舉，錄取率過低，是本土文人不願西渡考試的原因，而他們託詞「渡海危難」，提到「臺處重洋險遠，去省垣千里，士之自重者不輕跋涉」，卻也是不爭的事實。

　　臺灣士子即使只參加鄉試，仍必須「渡海」至福建福州，更不用說會試與殿試，自然也須渡海，然而，西渡的風險極高，時常有所乘之船遭遇海難

〔註2〕見王惠琛，《清代臺灣科舉制度的研究》，國立成功大學歷史語言研究所碩士論文，1990年，頁77。
〔註3〕同前註。

的情況，尤其是颱風季節。

> 咸豐二年壬午科，即有臺灣縣學廩生石耀德等四名赴省鄉試，而遭
> 颱風沉船溺斃事，時分巡臺灣道徐宗幹呈請撫卹，乃准給訓導職銜。
> 同治四年，又有臺灣府學附生黃炳奎、彰化縣學廩生陳振纓、黃金
> 城、蔡鍾英等四名，由鹿港放洋赴省應試，亦因翻船，齊遭滅頂，
> 時臺灣兵備道兼學政丁曰健，亦循前例，呈詳請卹，並援例給予訓
> 導職銜。〔註4〕

這樣的情形一直到同治十三年，由官方派遣輪船從淡水港出海，護送士子至
福州應試，才略有改善，但時間不長，光緒十年因中法戰爭爆發，臺海未靖
之故而告終止。

　　臺灣本土士子要應鄉試，必須遠渡重洋到福州，由此便不難理解，何以
本土文人詩文作品中，關於遊歷之作的地點，不是在臺灣，就是跟福建或福
州有關的原因了。而這也同時解決了何以本土文人多數選擇設帳鄉里，或是
講學於書院，卻不熱衷考取進士的原因，除了經濟利益因素之外，渡海風險
太高，可能也是主因。

二、文官制度與官員的四徙

　　我們在第二章第一節曾經討論過「回避制度」，這是造成清代文職官員四
處流徙，無法久居一地的原因，其中又以「密其回避」的政策中「籍貫回避」
最有影響，在這樣的制度底下，文人任官，勢必要「離鄉背景」，到一個語言
風俗都不熟悉的地域去。因此，自然會對新到任地方的種種風土人情產生好
奇；化為詩文，也就不免有著「覽異」的心態，所以，遊宦文人來到臺灣，
抱持這樣的心態是相當正常的，同樣的，本土文人考中科舉者，也必須到他
地任官，以「開臺進士」鄭用錫為例，他在道光三年（1823）考取進士，成
為「開臺黃甲」，道光十四年（1834）入京任官，簽分兵部武選司行走，次年
補授禮部鑄印局員外郎兼儀制司事務，精勤稱職，雖獲肯定，但乏再上層樓
的官勛，遂於道光十七年（1837）春乞養歸里。臺南進士施瓊芳（1815～1868），
道光十七年（1837）拔貢，連捷鄉試。道光乙巳（1845）中恩科進士，銓選
六部主事，久滯京城後，始補為江蘇知縣。未就職，乞養回鄉。李望洋（1829

〔註4〕 見王惠琛，《清代臺灣科舉制度的研究》，國立成功大學歷史語言研究所碩士
　　　　論文，1990年，頁81。

～1901），咸豐四年（1854）中秀才，咸豐九年（1859）中舉人，於同治十年（1871）以大挑一等籤分甘肅試用知縣（十一年六月到任），歷任渭源、河州、狄道州，頗有政聲。獲左宗棠賞識而不次拔擢，官至知州。光緒十年（1884）聞法軍佔領基隆，乞假歸蘭陽。

　　這些都是本土文人在「回避制度」底下，至外地就任時的官銜與地點，鄭用錫在京城，施瓊芳被分發到江蘇，李望洋則歷任甘肅、渭源、河州、狄道州等地，都是「在五百里之內者俱行回避」，這樣一來，距離家鄉既遠，對於與故鄉風土民情各異的地方，也就有了比較的空間與基點，和遊宦文人來臺時的「覽異」心態，很能作出對照說明。

第二節　走出臺灣——本土文人的西渡經驗

　　「走出臺灣」指的是離開臺灣這塊土地，到對岸考試或為官，對大陸的地名或景區多所記錄；或是到其他國度，比較清國與他國的異地風土人情。本土文人中到過其他國度的只有蔡廷蘭，他曾因颶風漂流到越南，並留有《海南雜著》的記錄，但因本論文的論述重點以「詩作」為主，因此《海南雜著》這一「文集」只能予以割愛，以使論述材料集中，這是必須先作說明的。

　　目前所見本土文人的詩作中，留有「西行」資料的文人並不多，淡水廳幾位重要文人除陳維英外，像曹敬、黃敬，以及竹塹地區的林占梅，均無大陸地區旅遊作品，鄭用錫僅二首，鄭用鑑僅只一首，相形之下，反倒是中南部的陳肇興與施瓊芳，及東部二位重要文人——李望洋及李逢時留有大量記錄。王國璠在評斷嘉慶年間本土文人章甫時曾說：「惜半崧畢生未出閩疆，倘得遍遊宇內，訪吳越之形勝，歷京師之鉅觀，其篇什之富，當數倍乎此也。惜其山水筆法之妙，竟囿於臺、閩之地。」〔註5〕這樣的遺憾其實也普遍存在於道咸同時期的本土文人身上。

　　本土文人到大陸地區進行旅遊、赴科考或為官，究竟是以什麼樣的角度看待內地？他們的書寫方式跟清初來臺遊宦的文人有無不同？如何不同？

　　施懿琳在〈清代遊宦與在地詩人作品中的臺灣意象〉一文中，使用殖民

〔註5〕見王國璠，《臺灣先賢著作提要》，臺灣省立新竹社會教育館，1974年6月，頁60。

／被殖民的角度來看待清政府與臺灣間的統治與被統治者的關係。以清代文人對於明鄭人物，尤其是鄭成功的負面書寫態度；義學書房社學興建，對於土番文化的「消抹」；遊宦文人對於臺灣本土住民負面性格的描寫，以及臺灣抗清事件的敘述角度幾點進行論述。並提出清代初期遊宦文人，通常以高文化的心態來臺，認為臺灣這一塊蠻荒不明的土地需要進行「教化」，以便將之收納於漢文化圈中。其中，義學書房社學興建，對於土番文化的「消抹」二點，與臺地漢文化的教育，實有著密不可分的聯繫。

但筆者想檢證的是，這樣的情況是否只對「臺灣」是特例？遊宦文人對其他地區是否也抱持相同態度及眼光？這樣的心態只見於清朝？抑或各朝各代均有，形成自己的文學傳統？再者，臺灣本土文人離鄉到彼岸，又是以什麼樣的眼光看待對岸的一切？

李建崑〈論元和時期流貶文人之行旅詩〉一文，所探討的背景雖是唐代，卻能讓我們從中看出所謂「覽異」與「帝國之眼」的角度，顯然並非清代來臺遊宦文人的「專利」，可以知道，這樣的書寫方式，自有其文學傳統，而非有清一代才開始產生，他指出韓愈〈赴江陵途中寄贈王二十補闕李十一拾遺李二十六員外翰林三處士〉一詩是「充分表現出一個文化出身較高的落難京官，面對貶所奇異的風土民情，內心萬般說不出的懊喪。」〔註6〕元稹長篇排律〈酬樂天東南行詩一百韻〉的書寫「面對獷悍的生活習俗、邪神的宗教信仰，極想以仁政化導，卻已瘴疾纏身……在自然環境威脅外，民情的驃悍難馴，更令元稹感到憂懼。」〔註7〕劉禹錫在朗州時所作的〈游桃源一百韻〉是「抒發貶謫以來人生閱歷，同時將注意力投注到當地民歌如〈採菱行〉、〈競渡曲〉，這種寫作題材直到貶連州、夔州，皆無改變。〈竹枝詞〉、〈楊柳枝〉之類的民歌樂府，也成為劉禹錫詩最有特色的部分。」〔註8〕並總結出「身為貶謫官員，遠離程度較高的上流社會，處身文化相對落後的地區，都曾以高妙的詩筆，模寫謫居地的奇風異俗；或藉土風俗謳，抒憂解懷。韓愈、元稹、白居易、劉禹錫、柳宗元部分的行旅詩，無異邊陲地區的『采風錄』，對於後人考察唐代邊陲地區風土民情，具有一定程度的價值。」〔註9〕可以看出，唐

〔註6〕參考李建崑，〈論元和時期流貶文人之行旅詩〉，《旅遊文學論文集》，文津出版社，2000年1月，頁11。
〔註7〕同前註，頁11～12。
〔註8〕同前註，頁15。
〔註9〕同前註，頁20。

代元和時期的文人，在面臨與自己生活習慣截然不同的地域時，仍不免以「高姿態」的角度看待這一些「邊陲」，這種以中原文化爲本位思考的想法，普遍存在於文人階層，唐代如此，清代也是如此，我們可以說這是一種書寫態度的「傳統」，但同時卻也是一種「侷限」。

　　翁聖峰在比較中國與臺灣竹枝詞的差異時，曾經提出「《清詩紀事》雖是選集之作，但是也可以見到流寓之士所寫的竹枝詞，其『自註』的數量並未如臺灣竹枝詞有五成之多，惟一例外的是流寓者在中原地區『自註』雖較少，可是在寫西北或西南各邊疆地區時，自註的數量同樣有明顯的增加。」〔註10〕簡言之，遊宦文人在面對臺灣與其他邊疆地區時，是抱持相同的眼光，並不只有將臺地視爲特例而已，翁聖峰提到了「邊疆空間」的概念，他說「清人對於中央與地方的空間意識及身處邊疆的應世態度也都有異於前代之處，清人身歷邊疆之險惡，仍兢兢不忘經世濟民者亦不乏其例。……胡思敬謂道咸時，京朝士大夫好談西北輿地之學，事實上不只道咸重邊疆之學，清初顧炎武出遊，即有以二馬二螺載書自隨，所至阨塞，即呼老兵退卒詢曲折，亦可見顧氏用心之勤。」〔註11〕所以，清人在面對「邊疆空間」時，不管是西北或是東南邊陲，心態是頗爲一致的，而「臺灣這個新開闢地區許多風土特異於對岸，較之中國大陸的風土頗有差異，爲有效傳達風土之異，故流寓者創作竹枝詞時就有須要增加自註的數量及內容。」〔註12〕恐怕是爲了彌補自己與閱讀者的陌生感，不得不作出的調整。

　　臺灣本土文人離鄉到彼岸，又是以什麼樣的眼光看待對岸的一切？關於這一點，我們將在下文進行討論。

一、臺灣詩人的旅遊之路

　　同樣都是「遊宦」，相對於大陸文人的「東渡」，隨著本土文人的養成，臺灣文人陸續開始有著「西行」經驗，臺灣本土文人李望洋到大陸的「宦」海記述中，有著不同於大陸遊宦文人至臺地的書寫模式，他的《西行吟草》雖然屬於清代「西部旅行詩」的範圍，但其描寫內涵，卻又和多數的「西部旅行詩」不同，主要原因在於他的「海洋」經驗，也在於臺灣與西部同屬「邊陲」的緣故。

〔註10〕見翁聖峰，《清代臺灣竹枝詞之研究》，文津出版社，1996 年 4 月，頁 169。
〔註11〕同前註，頁 69。
〔註12〕同前註，頁 169。

（一）鄭用錫的杭州之行

鄭用錫龍文版《北郭園詩鈔》中收有二首大陸之作，顯示他曾去過杭州，〈同黃雨生水部（驤雲）泛舟西湖〉〔註13〕說：

> 鼓棹湖中流，騁目窮千里。夏日何炎炎，湖心平似砥，四面圍山光，雙塔東西峙。對此息塵襟，坐看白雲起。嗟彼岳王墳，千載棲霞址，胡爲鑄鐵者，纍纍墓前跪。乃知判忠奸，惟在身後耳。寄語行路人，猛省當如此。

〈遊金山寺〉〔註14〕則云：

> 挂帆飛渡大江流，重踏金山最上頭。縹緲雲煙籠石塔，蒼茫樹木隱沙洲。銀鑄湧出三千界，玉宇迴看十二樓。身在東坡圖畫裏，當年留滯是奇遊。

二首作品都是結合當地文人軼事或歷史事蹟來進行書寫，鄭用錫和黃驤雲的西湖之遊，對於岳飛的忠而被誣，有著一番提醒，他說「乃知判忠奸，惟在身後耳」，正所謂蓋棺而論定，詩人遊西湖卻不寫西湖，反而著力在這一點的觸發，不知詩人是否在此時也遭逢不白之冤而無法明說，或是解釋不清，故有此慨？至於〈遊金山寺〉除了寫景外，還提到東坡當年遊金山寺時，留下玉腰帶的一段軼事，事實上，東坡的「當年留帶是奇遊」，鄭用錫與黃驤雲的親臨其地，親眼看到美景，又何嘗不是「奇遊」呢？

（二）滯京最久的臺灣進士──施瓊芳

施瓊芳是本土文人中，滯留京師最久的一位，因此他的詩作中有大量的大陸寫景遊歷之作，且不同於在大陸爲官十三年的李望洋。只是這麼龐大的詩作數量，余育婷在《施瓊芳詩歌研究》一文中卻只提到二首，即〈建溪灘〉及〈延建道上山水〉，而認爲應是施瓊芳道光十八年，渡海至福州參加秋試時所作，這樣的判斷雖然不差，但是就整體大陸遊歷詩作而言，投注的關注卻顯然不成比例。施瓊芳在道光十七年即赴福州應鄉試，與蔡廷蘭皆順利考中舉人，時年二十三歲。〈北上夜宿泉城〉、〈泉城曉發至橋南〉、〈莆陽道中〉、〈建溪灘〉及〈延建道上山水〉都是此時作品。〈北上夜宿泉城〉〔註15〕應該是施瓊芳赴福州考試的第一首作品，詩云「城上寒鴉落日遲，回頭鄉樹見高枝。

〔註13〕收於施懿琳等編，《全臺詩》第陸冊，臺南：國立臺灣文學館，2008年，頁4。
〔註14〕同前註，頁85。
〔註15〕收於施懿琳等編，《全臺詩》第伍冊，遠流出版公司，2004年，頁354。

京華萬里家山近，不是歸時是去時」，可見這是在去途而非歸途。

　　建溪係源自福建省浦城縣北仙霞嶺，施瓊芳到達建溪灘，寫下〈建溪灘〉及〈延建道上山水〉二詩，應該是他準備計偕〔註16〕，正趕往與同年友人相約的青湖鎮途中所作，二詩都著力在山水景致的描摹上，對於詩人內心的情思卻少言及，〈延建道上山水〉〔註17〕最後說「我來手挈紀程篇，嶺虢灘名校未悉。但聞輿唱與棹歌，愁隘呻吁頻怵慄。乃知閱歷在消磨，奇境原從險處過。我今嗜奇初學癖，怯險心多奈奇何」可以看出施瓊芳是有意以詩文作爲每次赴考的記錄的，並在這裡開始經歷奇險的旅遊經驗。如果要跟到臺灣遊宦的內地文人相比，施瓊芳是親身經驗才知奇險，與內地文人未至而先想像耳聞臺地之險，有著根本上的不同。

　　道光十七年考中舉之後計偕，赴京參加道光十八年的戊戌會試，原先和同年約在浙西江山縣青湖鎮〔註18〕集合北上，但瓊芳等到十八年正月六日計偕友未至，遂作〈清湖鎮待計偕友未至正月六日無聊偶成〉〔註19〕一詩，詩云「初程尚閩疆，路暫分鴟口。水陸因梯航，參商轉卯酉。同是離家人，天涯復分手。春光五日期，重逢訂浙右」，可知瓊芳與友人一走陸路，一走水路，因而分開，當時往北的交通分成「航路」和「驛路」，瓊芳顯然選擇了「驛路」：「航路：廈門、福州、三都澳。驛路：北逾仙霞嶺達浙江江山；西南達廣東黃岡。」〔註20〕這一次的進京應禮闈，和蔡廷蘭均不幸落榜。〈闕題（見其述懷一律，心傾慕之。郁園同年次其韻成兩首，予不揣固陋，亦附二公韻後，思效顰焉。戊戌南菑時作）〉〔註21〕說「羈路光陰荏苒來，槐花黃盡又黃梅。酒酣燕客浩歌市，家近楚王垂釣臺。碑碣看餘添史論，江山到處長詩才。故園小別花無恙，閒對清淮泛卯杯」及〈再次前韻和蔡郁園同年〉〔註22〕云「都門雪往柳時來，離曲應教譜落梅。夢裡風潮過碧海，望中雲樹別金臺。唱酬淮北皆名輩，紀載蠻南亦史才。澎島由君培桂種，聞香齊上碧螺杯」二詩就

〔註16〕舉人赴會試曰計偕。
〔註17〕收於施懿琳等編，《全臺詩》第伍冊，遠流出版公司，2004年，頁355～356。
〔註18〕位於福建與浙江省界北邊，距仙霞關北部不遠。
〔註19〕收於施懿琳等編，《全臺詩》第伍冊，遠流出版公司，2004年，頁356～357。
〔註20〕見《清史稿校註》第三冊，志五十二，〈地理十七〉，「福建」，清史稿校註編纂小組編纂，國史館印行，頁2500。
〔註21〕收於施懿琳等編，《全臺詩》第伍冊，遠流出版公司，2004年，頁357。編者擬題爲〈次蔡郁園同年述懷韻〉。
〔註22〕同前註，頁357。

是作於此次放榜後等待南旋時。施瓊芳放榜後就南旋回鄉，道光十九年五月十七日發生辛亥地震時，施瓊芳人已經在臺灣。

　　道光十九年冬再度進京參加二十年庚子恩科會試，但仍應試未中，遂佇留京城，閉門苦讀，杜絕浮華奔競之習，以待二十一年辛丑科春試，但此次仍未及第，於是回鄉；道光二十三年第三次赴京，參加二十四年甲辰科春試，與蔡廷蘭一同同科，傳為佳話。後再留京準備二十五年乙巳恩科會試，終於考取進士，銓選六部主事，久滯京城後，始補為江蘇知縣。未就職，乞養回鄉。總計三次赴京，五次參加會試。道光二十六年歸臺祭祖後，回祖籍福建晉江祭祖墳，並發現八世祖墳被毀呈控，瓊芳滯留晉江期間，所貽詩文甚多，〈虎岫眞武觀樓上九日祠文昌（在泉城南關外）〉〔註23〕、〈題九日游仙跡巖倡和集（巖在南安縣南七十里，有唐末楊肅遺跡。詩集爲南安曾紹褒、天寵昆仲倡和）〉〔註24〕都是滯留晉江之作〔註25〕。

　　因爲北上進京趕考，因此施瓊芳的腳步還擴及其他地方，依其詩中所記地名來看，施瓊芳的赴考路線應該是由福建北上，經浙江、江蘇、河南到直隸的，也由於五次參加會試均往返於這一條路線，因此這些景點究竟作於那一次會試時，也就難以判斷了。

　　〈渡建溪灘〉〔註26〕及〈仙霞關〉〔註27〕都是瓊芳由福州北上至京城應考時的必經之地，而在福建所作的有〈臺陽上元日奎樓春祭魁星〉〔註28〕、〈遊福廬山有懷葉臺山相國〉〔註29〕以及〈東明寺〉〔註30〕，至於浙江杭州是施瓊芳最常前往的地方，〈杭州（用轆轤格）〉〔註31〕、〈謁岳少保墓〉〔註32〕、〈拜岳王墳偶經蘇小墓〉〔註33〕、〈西湖尋梅〉〔註34〕、〈虎邱船夜〉〔註35〕

〔註23〕收於施懿琳等編，《全臺詩》第伍冊，遠流出版公司，2004 年，頁 400。
〔註24〕同前註，頁 407。
〔註25〕此處施瓊芳生平，係參考盧嘉興，〈開臺唯一父子進士施瓊芳與施士洁〉，《臺灣研究彙集》1，頁 27～34。
〔註26〕收於施懿琳等編，《全臺詩》第伍冊，遠流出版公司，2004 年，頁 374。
〔註27〕同前註，頁 374。
〔註28〕同前註，頁 390。
〔註29〕同前註，頁 391～392。
〔註30〕同前註，頁 406～407。
〔註31〕同前註，頁 360。
〔註32〕同前註，頁 380～381。
〔註33〕同前註，頁 418。
〔註34〕同前註，頁 386。

都是跟此地有關；江蘇有〈徐州道中偶興〉〔註36〕、而〈平望夜泊〉〔註37〕
末句說「溪山明月屬蘇州」，也可知此詩作於蘇州。

　　〈東廣武城太公堆〉〔註38〕位於河南省的滎陽市，楚、漢兩軍在滎陽展
開了長達四年之久的拉鋸戰，形成了一段極為特殊的戰爭景象：楚佔據東廣
武城，漢佔據西廣武城，中間隔著鴻溝相持未決。因此這一首詩也就扣緊這樣
的歷史來懷古，〈東阿懷古〉〔註39〕跟〈東廣武城太公堆〉相同，也是跟楚漢
相爭有關的懷古之作。至於陝西〈過五丈原〉〔註40〕及山東〈過德州〉〔註41〕
則應該是瓊芳身在直隸經過的地方。

　　施瓊芳的行旅之作雖跟赴考密切相關，但是筆者不將之放於下一節「科
舉之路」的原因在於他滯留內地的時間極長，有許多地方的行旅書寫不是「動
線式」的，而是「定點式」的遊覽，如福建即是如此。也因為西渡次數非常
頻繁，所以瓊芳對於這條路線上的景點古蹟也就相對熟悉，他的行旅之作不
重外在景物的描述，而是人文歷史的勾連，尤其最常即地懷古，相較於陳維
英在臺灣旅途中大量抒發的思鄉之情，施瓊芳的作品中也少見這樣的情緒，
〈旅邸中秋〉〔註42〕大概是少數提到這種心境之作：「笙歌異地操音別，風露
中宵怯袖單。羈客衷懷遊客興，歡愁各自到更殘」將詩人身在異地卻思鄉情
切，在中秋夜中更加思念家人的心情表露無遺。

（三）「算來足跡遍天下，況復滄溟十一過」的陳維英

　　陳維英有二次大陸之行，第一次即道光二十四年赴省垣，道光二十五年
任閩縣教諭；第二次為咸豐九年（1859）考取己未科（恩科）舉人，隔年春
闈不利，所以下第後咸豐十年捐內閣中書，任內廷國史館分校。陳維英的大
陸之行，作品多見於曉綠抄本中，《臺北文物》版本只見二首，因此本節論述
將以曉綠抄本為主。

　　筆者將陳維英的大陸之行訂為「旅遊之行」而非「為官之路」，主要原因

〔註35〕收於施懿琳等編，《全臺詩》第伍冊，遠流出版公司，2004年，頁386。
〔註36〕同前註，頁384。
〔註37〕同前註，頁374～375。
〔註38〕同前註，頁358。
〔註39〕同前註，頁359。
〔註40〕同前註，頁380。
〔註41〕同前註，頁388。
〔註42〕同前註，頁387。

在於這一段「由省北上至京」或是「由京南旋至廈」的過程，是陳維英往返京城與廈門的路線，他的北上雖跟任內閣中書一職有關，但所待時間並不長，而且從其詩作內容來看，這一些遊歷地點是陳維英「由京南旋至廈」的可能性更高，可以說是他解官之後準備返鄉時所作，因此筆者仍將這一段大陸之行視爲「旅遊之行」。

據楊添發在《陳維英及其文學研究》﹝註43﹞中所整理，陳維英的大陸遊歷地點爲：

地　　點	詩　　　　　　　　　題
河　北	過邯鄲道廬山祠 河北早發過唐詩人賈浪仙故鄉 涿州 過廣平唐文貞公墓
河　南	蘧大夫墓（衛輝府城西） 臥龍崗懷諸葛武侯（南陽府） 淇縣拜謁殷三仁祠（衛輝府屬） 三阪過漢高密侯鄧公故里（在新野縣北十八里） 端木子墓（湯陰宜溝驛） 孔子問禮於老子處（衛輝府獲嘉縣亢村驛） 葉縣（葉公問政漢王喬飛鳧之處） 汝墳橋（南陽府屬爲子路問津處） 軒轅故里（開封府屬新鄭縣北） 宋岳忠武王故里 孔子擊磬處（衛輝府新鄉縣張武店） 安陽縣過宋韓魏公故里（即漢鄴郡宋相州地）
廣　東	粵西獨秀峰題壁
湖　南	過石門謁仲子祠
山　東	孔子問官於剡子處（山東剡城縣） 宿東里謁子產祠 登鄭子產祠
湖　北	襄陽城（樊城對河）
江　西	過鄱陽湖（即彭蠡湖） 滕王閣 太公臺 潁橋（開封府許州有潁考叔祠墓） 匡廬山

﹝註43﹞ 見楊添發，《陳維英及其文學研究》，私立銘傳大學應用語文研究所中國文學組碩士論文，2006 年 2 月，頁 94～96。

雲　南	冉子伯牛墓（直隸廣平府永年縣）
陝　西	羲皇故里
青　海	渡漳河（按漳河入海，河界彰德府屬，魏曹操銅雀臺遺趾尚在焉）
福　建	辛酉暮春遊嘉禾嶼之金榜山敬訪吾祖唐名賢場老先生讀書處繞徑上東山祭其墓
不　詳	周文王羑里城演易處（在湯陰縣北） 孔子遇程子傾蓋處 疑塚 金堤店過漢孝子郭巨埋兒獲金處 唐斐晉公墓（開封府屬鄭州城南三十五里） 謁明楊忠愍公墓 宋歐陽文忠公墓

但此表必須再修正：

1. 置於「不詳」的〈唐斐晉公墓（開封府屬鄭州城南三十五里）〉及〈周文王羑里城演易處（在湯陰縣北）〉當屬河南；〈孔子遇程子傾蓋處〉係承〈孔子問官於剡子處（山東剡城縣）〉而來，故當置於「山東」；〈謁明楊忠愍公墓〉係指楊繼盛墓，楊為河北人，詩句中亦有「北河忠愍穴」，可知其墓地當在河北。〈金堤店過漢孝子郭巨埋兒獲金處〉一詩中「金堤店」亦在河北。〈宋歐陽文忠公墓〉所記歐陽修墓地位置，可能也在河南，該詩上為〈軒轅故里（開封府屬新鄭縣北）〉，下為〈汝墳橋（南陽府屬為子路問津處）〉，二地均在河南，且有一說歐陽修係死於河南穎州，最後葬於河南新鄭辛店鎮歐陽寺村，故可判定歐陽文忠公墓當在河南。

2. 置於「雲南」的〈冉子伯牛墓（直隸廣平府永年縣）〉當屬河北（直隸）。

3. 置於「青海」的〈渡漳河（按漳河入海，河界彰德府屬，魏曹操銅雀臺遺趾尚在焉）〉當屬「河南」，〈疑塚〉詩所敘為曹操事，又承〈渡漳河（按漳河入海，河界彰德府屬，魏曹操銅雀臺遺趾尚在焉）〉一詩而來，因此也當置於「河南」。

4. 置於「江西」的〈穎橋（開封府許州有穎考叔祠墓）〉應當置於「河南」。

5. 山東及河南都有「太公臺」：一說在「稱太公避紂處，位於山東濰縣東南五十公里」，一在「河南滎陽」，屬衛輝府。若依詩作前後順序判

斷，上為〈潁橋（開封府許州有潁考叔祠墓）〉，下為〈蘧大夫墓（衛輝府城西）〉，這裡比較可能是在「河南」，且〈蘧大夫墓（衛輝府城西）〉詩句註解有「青隴鄰姜尚（近太公墓）」，顯然這裡確有太公古蹟。

依其遊記路線來看，陳維英不太可能專程到過雲南及青海，因為這並非他行程中「順路」或是「臨近」可達之地，經查閱《中國歷史地圖集》第八冊「清時期」地名，陳維英大陸之行的遊歷地點，可以表格表示如下：

地　點	詩　　　　　　　　　題
河　北	過邯鄲道廬山祠 過廣平唐文貞公墓 金堤店過漢孝子郭巨埋兒獲金處 河北早發過唐詩人賈浪仙故鄉 涿州 謁明楊忠愍公墓 冉子伯牛墓（直隸廣平府永年縣）
山　東	登鄭子產祠 宿東里謁子產祠 孔子問官於剡子處（山東剡城縣） 孔子遇程子傾蓋處
河　南 開封府 衛輝府 彰德府 湯陰縣	渡漳河（按漳河入海，河界彰德府屬，魏曹操銅雀臺遺址尚在焉） 疑塚 安陽縣過宋韓魏公故里（即漢鄴郡宋相州地） 周文王羑里城演易處（在湯陰縣北） 唐斐晉公墓（開封府屬鄭州城南三十五里） 宋岳忠武王故里 淇縣拜謁殷三仁祠（衛輝府屬） 軒轅故里（開封府屬新鄭縣北） 葉縣（葉公問政漢王喬飛鳧之處） 臥龍崗懷諸葛武侯（南陽府） 三阪過漢高密侯鄧公故里（在新野縣北十八里） 孔子問禮於老子處（衛輝府獲嘉縣亢村驛） 端木子墓（湯陰宜溝驛） 孔子擊磬處（衛輝府新鄉縣張武店） 潁橋（開封府許州有潁考叔祠墓） 太公臺 蘧大夫墓（衛輝府城西） 汝墳橋（南陽府屬為子路問津處） 宋歐陽文忠公墓
陝　西	羲皇故里

湖 北	襄陽城（樊城對河） 九月十一日樊城舟以次湯臣見調原韻 九月十一日樊城舟以次湯臣見調原韻再疊前韻 漢口買舟之江右舟小而不堅緻致有季康子之患因遷附別航喜晤彭兩人司馬刑香嵩 駕部同年鄭甲峯孝廉家壽山別駕又不忍遽別湯臣鏡帆賦此分呈
湖 南	過石門謁仲子祠 舟過黃州赤壁江值雨 湯臣詩才甚捷月夜泊舟又疊前韻贈之
江 西	匡廬山 過鄱陽湖（即彭蠡湖） 滕王閣 五十初度在南昌舟次感賦 庚申下第後入內閣供職
福 建	辛酉暮春遊嘉禾嶼之金榜山敬訪吾祖唐名賢場老先生讀書處繞徑上東山祭其墓 同舟諸友次湯臣元韻見贈即學步分答之兩人
廣 西	粵西獨秀峰題壁

　　陳維英〈將渡回淡水留別鷺江顏子琮秀才即次其送別元韻〉中說「忽遇知音鍾子期，陽關欲唱故遲遲。行囊到此蕭疎甚，剩有詩篇當斧資（予自京到廈盤川盡而詩草漸多）。」〔註44〕可知他的大陸旅行地點當是由北而南行，沿途大約經過：河北涿州→河北廣平府→邯鄲→又往東到山東→河南彰德府→河南衛輝府→在衛輝府附近時曾西往陝西「羲皇故里」→河南開封府→河南安陽→湖北→湖南→江西→廣西→福建。

　　從其行經地點來看，大抵不會超過這一條路線，但遊歷順序恐怕就不那麼確定，究竟該地地點是陳維英「由省北上至京」或是「由京南旋至廈」時所遊玩，因其詩作並非以繫年方式排列，故無從得知。

　　而從〈辛酉暮春遊嘉禾嶼之金榜山敬訪吾祖唐名賢場老先生讀書處繞徑上東山祭其墓〉一詩可知，咸豐十一年時，陳維英還在大陸福建一帶，此時應當是他準備回鄉所作，〈到家（當移北上南旋後）〉、〈將渡回淡水留別鷺江顏子琮秀才即次其送別元韻〉、〈北上南旋途中紀險〉應當都是這時候的作品，並於咸豐十一年五月渡臺。其中〈北上南旋途中紀險〉提到「予北上道出江淮，逼近長髮賊營，時聞炮聲。過清江浦，六日而捻匪故陷之。至紅花埠，我先我後公車俱被劫戮，惟予獲免。南旋入南陽府界，前後四五日俱有捻匪

〔註44〕見陳維英曉綠抄本。以下所引諸詩至〈舟子伯牛墓〉止，均引自曉綠抄本，
　　　　爲節省篇幅，故不再贅述。

掠過，予適得間，不遭其禍，過瑞金縣三日而髮逆陷瑞，過江州府四日而髮逆陷汀，計由省北上至京，行七十五日，由京南旋至廈，行一百三十五日，**五月由廈渡臺**，至黑水溝風雨大作，波浪掀天，船幾為沉覆。」可知這一往（由省北上至京，行七十五日）一返（由京南旋至廈，行一百三十五日）的行程，至少花去陳維英 210 天的時間，這一次的旅程長達近七個月，中間還不包括滯京的時間。咸豐九年陳維英參加鄉試時已經在大陸，此後至咸豐十一年五月都留在大陸未返臺，因此時間並不算短。

　　他的〈到家（當移北上南旋後）〉說「魯衛燕齊吳楚鄭，江湖淮漢濟沂河。算來足跡遍天下，況復滄溟十一過。」真是道盡這段時間的遊歷過程，整體來說，陳維英的大陸之行詩作，大多是臨地懷古之作，其中人文景觀如〈過邯鄲道廬山祠〉、〈過石門謁仲子祠〉、〈周文王羑里城演易處〉、〈羲皇故里〉、〈宋岳忠武王故里〉、〈葉縣〉、〈臥龍崗懷諸葛武侯〉、〈軒轅故里〉、〈孔子問禮於老子處〉、〈端木子墓〉、〈孔子擊磬處〉、〈孔子問官於郯子處〉、〈孔子遇程子傾蓋處〉、〈太公臺〉、〈淇縣拜謁殷三仁祠〉、〈三阪過漢高密侯鄧公故里〉、〈潁橋〉、〈滕王閣〉、〈汝墳橋〉、〈襄陽城〉、〈涿州〉、〈安陽縣過宋韓魏公故里〉等作都屬此類，詩中所敘述的均為與該古蹟有關的人物事蹟，但也因為如此，在創作上難免有所侷限，像〈登鄭子產祠〉、〈宿東里謁子產祠〉都是遊子產祠之作，前首說「廊外停車夕陽紅，拂塵拜謁里之東。猛寬冬夏一輪日，潤色春秋三代風。孔子猶稱君子道，鄭人共頌惠人功。迄今鄉校諸童叟，紀念依然不敢忘。」後首說「郭外停車夕照紅，拂塵拜謁里之東。猛寬冬夏一輪日，潤色春秋三代風。孔子獨稱君子道，鄭人共頌惠人功。至今鄉校諸童叟，誰嗣歌猶唱未終。」除了文字上些許差異外，幾乎完全相同；〈渡漳河〉一詩因為該景有曹操銅雀臺遺址，因此詩作就圍繞在曹操的評價上，維英是以「奸絕」的角度看曹操的，因此行文中不免有著「荼奸」、「老奸」的負面用詞；第二首則提到銅雀瓦這一「特產」雖是「製硯」良材，一旦「得如拱璧重文壇」，但自己卻是獨排眾議，「余偏違眾輕斯物，惡木盜泉一例看」。〈疑塚〉一詩也跟曹操有關，其中的第二首只見於曉綠抄本：「不思名臭土堆埋，偏惜區區遺臭骸。漢鼎可移身莫保，枉他詭計巧安排」，對於曹操的評價並不算好；〈河北早發過唐詩人賈浪仙故鄉〉一詩則可見維英對於賈島的評價不高，從「班門弄斧詩全劣，何止推敲字未工」、「精神費盡補難成，莫怪評詩以瘦名」等句均可看出這樣的思維。

　　至於山水自然景觀之作有〈匡廬山〉、〈過鄱陽湖（即彭蠡湖）〉等。〈匡廬山〉第二首說「誰與豫章廬阜比，詩將閩省武夷衡。號標彭祖双兒子（武夷兄弟俱彭祖子），姓表匡君七弟兄（周匡俗兄弟七八，廬此山仙去因以名）。朱蔡群賢加潤色（武夷有楊龜山、朱晦翁、蔡九峰、胡致堂、李忠定諸公勝跡），周程諸子助聲名（匡廬有周濂溪、二程、靖節、東坡諸公勝跡）。想摻月旦差公允，山自無言笑晚晴」，陳維英似乎對於「武夷山」極有偏好，他雖未親臨其地，但卻常在詩文中提及此處，〈同舟諸友次湯臣元韻見贈即學步分答之兩人〉也說「不老應儕彭祖壽（年六十三），宜男欲接武夷蹤（多子。建郡有武夷山，山神曰武曰夷，彭祖子也）。」至於〈過鄱陽湖（即彭蠡湖）〉則著力於其地理位置的描述：「江右奇觀五郡環（湖跨南昌、南康、九江、撫州、饒州五郡），天教巨浸當雄關。雁聲含冷催濤起，龍氣吹醒捲雨還。一派白吞彭澤水，半痕青點大孤山（大孤山湖中獨峙之山）。舟人色沮予無異，會十回經滄海間。」

　　而同樣是「訪墓」，〈謁明楊忠愍公墓〉中對於楊繼盛因忠被殺，充滿著忿恨的情緒：「吁嗟，國體臣體相關切，國家元氣忠臣血。血流杖下天地昏，有明氣脈遂催折。勝國未亡氣先寒，楊公既死血猶熱。國不殺奸殺忠良，公無完膚完名節。黃昏山鬼不敢啼，恐擾貞魂為結舌。吁嗟，西湖忠武墳，北河忠愍穴。剛風颯颯樹蕭蕭，千秋遺恨同一轍。」〈宋歐陽文忠公墓〉則只是單純交待該墓的地理環境：「山覘嵩岳撐天起，水覗黃河入海流。惟有人中歐六一，牟標不見見荒邱」，至於〈過廣平唐文貞公墓〉、〈唐斐晉公墓〉、〈蘧大夫墓〉、〈冉子伯牛墓〉則幾乎都扣緊墓主生平敘述，說唐文貞公是「唐代咸名鐵石腸」、「品比梅花骨亦香」；說冉伯牛是「顏淵德行與俱馨，偏共顏淵墜壽星。既冠四科心周憾，雖亡一疾目終瞑」；說蘧大夫是「不墜生前行」、「使乎知寡過」，也交待它「村標君子號（墓近故居君子村），碑重聖人書（相傳孔子為書墓碑）。青隴鄰姜尚（近太公墓），黃泉謝史魚」的歷史與地理背景。

　　他的〈五十初度在南昌舟次感賦〉、〈庚申下第後入內閣供職〉都作於咸豐十年（庚申，1860），陳維英時年四十九，〈五十初度在南昌舟次感賦〉〔註45〕提到：

　　　　科名誤到雪盈髭，飄泊南昌碧水湄。作客直無供客具，辭官偏在服

〔註45〕收於施懿琳等編，《全臺詩》第伍冊，遠流出版公司，2004 年，頁 158。

官時。才何足齒枉加齒，事每攢眉枉介眉（沿途聞警）。生我劬勞人
渺渺，今朝正廢蓼莪詩。

公車四十九年人，全不知非又一春。兄弟妻孥猶爪跡，風波霜雪鍊
精神。藤王高閣徒蒿目，少伯扁舟爲保身（蘇州途梗繞道蠡湖）。昔
掛桑蓬今果驗，勞勞尚逐四方塵。

對於一生求取功名的陳維英來說，四十九歲才考取舉人，卻又跟進士無緣，
「科名誤到雪盈髭，飄泊南昌碧水湄」的「誤到」及「飄泊」二詞，眞是道
盡詩人的無奈，而科名所誤還不只年紀，因爲赴考必須奔波「昔掛桑蓬今果
驗，勞勞尚逐四方塵」，所以不能隨侍父母盡孝，「生我劬勞人渺渺，今朝正
廢蓼莪詩」，這對孝順的陳維英而言，眞是百般不願的事，陳維英提到「事每
攢眉枉介眉（沿途聞警）」及「少伯扁舟爲保身（蘇州途梗繞道蠡湖）」，顯然
他身在南昌時，內地正發生「太平天國之亂」等亂事，所以才會聞警，且必
須繞路而行。至於〈庚申下第後入內閣供職〉〔註46〕：

五旬始得到京華，悔作多時井底蛙。薄命莫攀紅杏朵，厚顏且對紫
薇花。身陪樞要貂毫潤（庚申咸豐十月），手錄綸音鳳尾斜。入直玉
堂嚴肅甚（軍機處惟中書領事得到），隔墻便是帝王家。

「薄命莫攀紅杏朵，厚顏且對紫薇花」二句中，「紅杏朵」當是宋朝「紅杏尚
書」宋祁的典故，而「紫薇花」則是唐中書省多植紫薇，故號紫薇省。因此
又以「紫薇郎」稱中書郎。維英後來是以捐官方式任內閣中書的，所以才說
「厚顏」。

陳維英的「走出臺灣」，和他「走出故鄉」的筆調並不相同，他的「走出
故鄉」充滿離愁，很難從他詩中去看出身處臺灣山水的快意愉悅，這是因爲
陳維英的「走出故鄉」是爲了赴閩擔任教諭，屬於第一次離家遠行，也是第
一次到大陸，在心情上難免有著不安與不捨；但到他第二次「走出臺灣」時
就不一樣了，有了前一次大陸之行的經驗，加上科舉中恩科舉人的得意，他
的第二次大陸之行就比較能夠在旅途中享受遊玩之樂，將近五十餘首的詩作
中，除〈五十初度在南昌舟次感賦〉、〈庚申下第後入內閣供職〉有較爲深刻
的心情描述外，其他作品都只提到與該處古蹟相關的人事史物或地理環境，
這雖是懷古之作的通例，卻不能不說是一種侷限。陳維英在大陸地區的遊歷
之作，一視同仁的均以大中國歷史的角度看待每一項人文古蹟，在這些作品

〔註46〕收於施懿琳等編，《全臺詩》第伍冊，遠流出版公司，2004年，頁159。

中我們看不到「臺灣」的存在，看不到他在遊歷過程中對於臺灣的繫念，相較於他對自己生活空間的即地書寫之作，陳維英花大量篇幅書寫的〈題劍潭古寺次韻〉與〈題西雲岩雜詠〉中強烈的臺灣史地記錄，其實更能凸顯他的在地意識與關懷。

二、臺灣詩人的科舉之路

（一）鄭用鑑

在臺地行旅詩書寫中缺席的鄭用鑑，很意外的有一首行旅之作，當是他赴福州參加鄉試時留下的記錄：〈福州雨中〉〔註47〕說：

> 歷歷愁心亂，迢迢客夢長。春帆江上雨，曉鏡鬢邊霜。啼鳥雲山靜，
> 落花溪水香。家人亦念我，與爾暗相望。

用鑑唯一的一首在閩之作，內容充滿對家人的思念，全詩看不出任何跟福州有關的特產，只能知道在一片優美景致圍繞下的他，因為「歷歷愁心亂，迢迢客夢長」、「家人亦念我」，所以無心賞玩，客途遇雨，愁思更甚以往。

（二）李逢時

李逢時的〈與諸同人乘夾板西渡榕城〉、〈登于山〉、〈井樓門外洗場〉、〈夾板船〉諸首均是記錄其福建所聞，當是其赴福州參加科舉時之作，時間在咸豐九年左右，其中〈與諸同人乘夾板西渡榕城〉及〈夾板船〉應當是描寫李逢時的海洋經驗之作，不過我們卻無法從詩中看出詩人對「黑水溝」的恐懼，〈與諸同人乘夾板西渡榕城〉〔註48〕說：「海國鯨鯢靖，還須作楫材。客星天上聚，番舶日邊來。五虎風濤壯，三山瘴雨開。瀛東回首邈，日色近蓬萊。」這裡的「五虎風濤壯」當是指福州入海口的「五虎礁」，因入海口處有五塊巨大的礁石，如五虎雄踞，為「五虎守門」而得名，從「海國鯨鯢靖」來看，李逢時對海盜人禍的恐懼，似乎遠高於海洋，這可能也跟當時交通工具大有改進有關，〈夾板船〉〔註49〕說「巧製紅毛國，中華夾板通。使船如使馬，天尺奪天工。水濟宜於火，輪飛不用風。變夷還有術，巨濟豈相同」正是因為交通工具的安穩，連帶降低了船行時的風險，而本土文人對於「黑

〔註47〕 收於施懿琳等編，《全臺詩》第陸冊，臺南：國立臺灣文學館，2008 年，頁
　　　　251。
〔註48〕 收於施懿琳等編，《全臺詩》第玖冊，臺南：國立臺灣文學館，2008 年，頁
　　　　40。
〔註49〕 同前註。

水溝」的「習慣」，也是不容易在他們作品中看到對海洋恐懼的主因，所以即便回到臺灣的交通工具不是那麼舒適，還是不見李逢時的懼怕之情，〈放棹〉〔註50〕說「潮落江頭放棹還，添來面色隱千山。瓜皮艇子多於蟻，泊在羅星塔下灣」，就是采風記錄式的筆觸。

〈登于山〉說：「綠榕千樹入清秋，涼影風生賣酒樓。烏石塔高人馬小，十閩山水眼中收」，這裡的「綠榕千樹」當是扣緊「榕城」而言，點出于山的所在地，從「清秋」的時間來看，李逢時很有可能是赴福州參加「秋試」，〈井樓門外洗場〉寫的是到井樓門〔註51〕外泡溫泉的經驗：「浴罷溫泉百慮空，酒樓茶館芰荷風。晚來山色斜陽暝，人在舞雩歸詠中。」而據〈懷同年張一策六〉中「憶昔同遊大廟山（在福州南門外），綠榕千樹噪寒蟬」所記，他應該也到過「大廟山」遊覽。李逢時在此次放榜之後應該就回臺，咸豐十年時，他人是在臺灣的。

咸豐十一年時，李逢時應該又去過一次福建，從他在咸豐十一年獲選辛酉科拔貢生的時間點來看，他這一次應該是第二次赴試，也可推知他在咸豐九年的第一次赴閩科考並沒有中式。值得注意的是〈榜後與諸同年閒敘〉一詩，這首詩在《泰階詩集》中置於咸豐十年，盧世標在《宜蘭文獻》二卷二期此詩之下說「此首係似登第時之作，宜列在後編者附註」〔註52〕，主要承自連橫說法，認為李逢時為同治間舉人，列於同治十三年。二種說法均不正確，此詩所作時間，當為咸豐十一年李逢時獲選拔貢後所作，因此並非咸豐十年，也非同治十三年。

此次放榜之後的李逢時，原本有北上的打算，但是後來作罷，〈北上不果省垣作〉提到「牽連浩劫際紅羊，地角天涯總戰場。不割二人一塊肉，免從身世感滄桑」，而〈省垣書所見〉也說「旅食他鄉難借箸，邊愁壓境尚烹羔。私心竊願分殘粒，略為窮民解鬱陶」，讓李逢時放棄北上的原因，應該跟咸豐十年的英法聯軍之役有關，因此李逢時繼續待在福建省城，〈釣龍臺懷古四首〉當是此時的作品，釣龍臺位於福建臺江區的範圍，在大廟山西南，相傳這裡是漢代閩越王余善垂釣白龍處，後人亦稱這地方為越王臺或南臺。李逢時詩中的「臺江」都是指福州的臺江，而非臺灣臺南的臺江：

〔註50〕收於施懿琳等編，《全臺詩》第玖冊，臺南：國立臺灣文學館，2008 年，頁57。
〔註51〕位於福州，現劃屬於鼓樓區。
〔註52〕見《泰階詩稿》，臺北縣：龍文出版社，2001 年，頁135。

綠榕陰不斷，來上釣龍臺。襟帶臺江水，孼龍安在哉。

臺江流日夜，萬古此三山。桑梓瓜蓮會，猶談剏始艱。

霸氣凌秦項，蠻煙蜑〔註53〕雨時。漢陵今幾易，長髮又窺伺。

君爲霸圖起，我猶草莽留。況當盛衰際，安步登高邱。

雖是「懷古」，但李逢時卻不忘「記今」，「漢陵今幾易，長髮又窺伺」應該是指太平天國起事，至於〈六月二十七日臺江火災〉就不光只是記遊而已，可以看出李逢時悲天憫人的襟懷：

火牆當日祝融回，起視鄰家只賸灰。夢入庭燎疑有爛，星流熒惑劇

爲災。纔欣社鼠都薰盡，幾類池魚及禍來。墟里寒煙猶落日，邊城

烽燧總堪哀。

〈九仙山〉一詩則只是單純寫景之作，位於福州東南方，「東：鼓山，爲郡之鎮。東南：九仙、大象、南臺。南：方山。」〔註54〕〈歸計〉一詩提到李逢時決定自閩返臺的直接原因「邇來吳越盜如毛，爲底荒唐竄寐勞。蟻夢常來心上擾，蚊聲苦向耳邊嘈。權無尺寸空憂世，道本行藏任所遭。緬念時清終有待，江湖避跡興偏豪」，放榜後回臺，應該是在雞籠登岸，所走路線和陳肇興極爲相似，〈夜入雞籠用前韻〉就是他返臺之後所上岸的港口：「一席西風跨海還，天披水面欲無山。雞籠澳口知何處，只照漁燈轉過灣」，時間在咸豐十一年。而〈夜入雞籠用前韻〉一詩，則爲李逢時這一次的科舉之路劃下句點。

（三）陳肇興

陳肇興從府城搭船自澎湖取道至福建，從〈渡海〉〔註55〕開始，就可以看出本土文人不同於清初遊宦文人的渡海經驗：

龍涎魚眼望迢迢，一色空青萬里遙。掀柁只憑針線引，揚帆唯任海

風飄。升沉日月成今古，呼吸乾坤作汐潮。我是東瀛舊仙吏，群靈

見慣不須朝。

出沒風濤十二更，斯遊奇絕冠平生。山窮肚麓天應斷，水到澎湖海

〔註53〕按：原稿作「蜓」，疑作「蜑」。「蜑」爲南方少數民族之一，以與前文「蠻」煙相對。

〔註54〕見《清史稿》志四十五，〈地理十七〉，「福建」。

〔註55〕收於施懿琳等編，《全臺詩》第玖冊，臺南：國立臺灣文學館，2008 年，頁241。

不平。浩蕩直教雙眼豁，汪洋自覺一身輕。當年枉讀元虛賦，到此
方知向若驚。

尤其是「山窮肚麓天應斷，水到澎湖海不平。浩蕩直教雙眼豁，汪洋自覺一
身輕」，這麼輕鬆看待海洋的心態，和同時期遊宦文人仍不時展露的驚懼相
比，真是不可相提並言。初抵福建時，陳肇興的遊歷地點都在省城附近，
這跟他尚未完成科舉考試有關，詩作〈九仙觀〉、〈玉皇閣〉、〈南法雲寺〉、
〈登鎮海樓〉、〈馬鞍山弔賴秀才墓〉都是這時的作品，考完先至〈浴湯泉〉，
放榜之前先到〈虞公庵〉、〈榴花洞〉、〈鼓山紀遊詩〉、〈湧泉寺〉、〈九日同諸
友烏石山登高用十研老人韻二首〉，然後〈第一樓觀榜〉之後，確定榜上有
名，欣喜之餘，又遊〈華林寺〉、〈李忠定公墓〉、〈蓮花峰弔閩忠懿王墓〉、
〈治城雜興〉、〈南臺江竹枝詞〉，後準備返臺，〈自南臺江至水口〉即是寫此
時的心情，〈由港口放洋望海上諸嶼尋臺山來脈處放歌〉為此時科舉之行劃下
句點。

〈九仙觀〉、〈玉皇閣〉、〈南法雲寺〉、〈登鎮海樓〉均是純粹寫景之作，
除了描寫這些地方景致如何優美，或是從這地方可以看到那些優美風景之
外，少有詩人情感在其中。有些則是懷古抒情之作，〈李忠定公墓〉主要即在
緬懷南宋抗金名將李綱，陳肇興多數的大陸遊歷之作都不超出這二大範圍。
但也有例外，其中〈馬鞍山弔賴秀才墓〉〔註56〕是詩人憑弔好友之墓，所以
詩中也就充滿了思友之情：「吾友賴秀才，八年傍窀穸。憑依得正人，他鄉死
亦得。涕泣奠椒漿，雞酒酬在昔。薄暮野風吹，紙錢掛松柏。一鳥下空山，
歸途日已夕」。

〈浴湯泉（浴湯泉，即溫泉）〉〔註57〕是考完之後，放榜之前的作品，陳
肇興說「炎雲未退暑氣惡，戰罷文場忽不樂。主人示我溫泉湯，一洗人間百
病卻」，可能是對於自己考場上的表現不甚滿意，因此「忽不樂」，在泡完溫
泉之後，他感到「塵土澗除腸胃明，邪穢滌蕩精神作。寒酸致此一時無，三
生枉濯冰壺魄」，的確是通體舒暢，但這首詩最值得一提的卻是詩末「吾鄉
硫黃亦同源，爛鳥遊魚眾所諤」，從福建溫泉聯想到家鄉溫泉，跟遊宦文人多
以大陸風景比擬臺地八景的方式相比，陳肇興這樣的描寫，不能不說是一種

〔註56〕 收於施懿琳等編，《全臺詩》第玖冊，臺南：國立臺灣文學館，2008 年，頁
242。
〔註57〕 同前註。

特色。

〈第一樓觀榜〉〔註58〕是陳肇興確定榜上有名之後所作,「買棹初從福地遊,桂花香滿越山秋。文章遠溯千餘歲(是科三題是世之相後也千有餘歲),姓氏高懸第一樓。同榜人誇從古少(是科中式二百二十五名),題名我愛得朋稠(額中十四人,半生平故交)。鯉庭回首黃泉隔,欲寫泥金暗淚流」詩中呈現悲喜交加的情緒,喜的是自己與朋儕均上榜,悲的是父親早逝,無法親眼看見兒子金榜題名,大有「子欲養而親不待」的感慨。

〈南臺江(南臺江,福州城外之江,亦名白龍江)竹枝詞〉〔註59〕二首是陳肇興大陸之行最為特殊的作品,因為陳肇興集中唯一一首竹枝詞不是記錄臺灣,而是南臺江,這一點和同時期本土文人的竹枝寫作相比,本土文人多以記錄臺灣地方風俗,而陳肇興則記福建臺江,二者是有所不同的:

> 南臺江下水湯湯,兩岸人家漲膩香。日暮珠簾都捲起,一奩秋水照梳妝。
>
> 石馬江連海水長,東西兩峽似瞿塘。送郎不過磨心塔,郎自磨心妾斷腸。

南臺江為閩江中的一段,「閩江,閩大川,上匯富屯、沙、建三溪,至侯官分二派入:北派承洪山江,東逕中洲為南臺江,至中岐為馬頭江,合大定江、演江,亦曰東峽江,至羅星塔。」〔註60〕而「羅星塔」又名「磨心塔」,相傳為宋代柳七娘所建。七娘係嶺南人,因姿容佳麗,被鄉間豪強看中,設下圈套,詆其夫罪,謫入閩庫役。七娘隨夫入閩,不久,其夫被折磨而死。她變賣產業,在此建造一座石塔,為亡夫祈求冥福。由於塔下山丘突立水中,回瀾砥柱,水勢漩渦,若「磨心」,所以也稱「磨心塔」。陳肇興這一首竹枝詞主要描寫「南臺江」的江水、水勢,以及著名景點,而這也是他考完準備回臺的閩地最後一站,之後就〈自南臺江至水口(水口,福州港外)〉〔註61〕,然後搭船返臺。陳肇興的〈由港口放洋望海上諸嶼尋臺山來脈處放

〔註58〕收於施懿琳等編,《全臺詩》第玖冊,臺南:國立臺灣文學館,2008 年,頁245。

〔註59〕同前註,頁248。

〔註60〕見《清史稿校註》第三冊,志五十二,〈地理十七〉,「福建」,清史稿校註編纂小組編纂,國史館印行,頁2500。

〔註61〕收於施懿琳等編,《全臺詩》第玖冊,臺南:國立臺灣文學館,2008 年,頁248。

歌〉〔註 62〕爲這一次的大陸之行劃下句點，他不只在赴閩的船上「汪洋自覺一身輕」，完全不見對海洋的害怕之情，歸途時他還有閒情逸致，在海上諸嶼中去尋找臺地山脈的來源處，其中重要的原因在於「我行十月颱颶息，纖塵不動船夷猶」：

> 鼓山如龍忽昂首，兜之不住復東走。走到滄海路已窮，翻身跳入馮夷宮。之而鱗爪藏不得，散作海上青芙蓉。我從崴屼來，買棹歸鄉里。少焉海潮生，百夫聲齊起。掀碇轉柁飛如龍，倏時已過山千重。回頭卻顧船來處，天半屹立千高峰。……山根地脈亦中斷，何以不崩不壞洪濤中。蛛絲馬跡相鈎貫，穿過澎湖溝底來。一髮螺紋都莫看，蕩雲沃日浪如山。四大皆空天浩瀚，忽然萬里川倒流。插天掉出雞籠頭，擲下五十二區神仙窟宅之瀛洲。四季花長發，一年稻兩收。秦皇漢武不能到，古來唯見白雲浮。聖朝聲教訖日出，木公不敢私丹邱。喚取王母作圖獻，長列王會無時休。我行十月颱颶息，纖塵不動船夷猶。溯源竟委恣幽討，終朝枯坐舵尾樓。果然天吳海若不相負，驅遣百怪來雙眸。朝看萬峰夕千嶺，一日十更行已周。盪胸洗眼雲水闊，斯行奇絕生平尤。會須覓得丹青手，圖作乘風破浪遊。

詩中提到「鸞鳳翱翔以下瞰，龍虎龍嵸而上衝。黃牛白犬距其左，龜形鼈狀肩相從。既連復斷橫復縱，如迎如送如拱揖。爲獅爲象爲孩童，紛紛到眼不暇給。誰復一一比擬工形容，我疑大海中有巨鰲足，首戴屓贔作山嶽。又疑巨靈伸左手，下捉蛟螭露筋肘」，一連用了許多比喻，將海上諸嶼的形狀作了相當生動的描繪，而山脈的時斷時續，詩人也在詩中一一說明，至於是否真能找到臺地山脈的來處？從「盪胸洗眼雲水闊，斯行奇絕生平尤。會須覓得丹青手，圖作乘風破浪遊」來看，對他而言似乎就不是那麼重要了。

三、臺灣詩人的爲官之路——李望洋

　　李望洋（1829～1901）乳名水溢，字子觀，號靜齋，又號河州〔註 63〕，

〔註 62〕 收於施懿琳等編，《全臺詩》第玖冊，臺南：國立臺灣文學館，2008 年，頁248。

〔註 63〕 李望洋之字號，係參考陳漢光〈李望洋先生文獻選輯〉，《臺灣文獻》17 卷 4期，1966 年 12 月 27 日，頁 133、鄭喜夫〈李靜齋先生年譜初稿〉，《臺灣文獻》28 卷 2 期，1977 年 6 月 30 日，頁 95、高志彬〈李望洋研究的課題與文

清噶瑪蘭廳頭圍堡人（今宜蘭頭城鎮）人。幼從祖母鄭氏讀書，因家道中落而幾乎廢學。十六歲負笈堂叔家就傅讀書，先後師事朱品三與俞昭文，二十歲起設館訓蒙為生。咸豐四年（1854）中秀才，九年（1859）中舉人，與楊士芳、李鏡如、黃佩卿、陳搏九等請將噶瑪蘭廳與淡水廳分學，並與楊士芳倡修仰山書院及五夫子祠。同治十年（1871）以大挑一等籤分甘肅試用知縣（十一年六月到任），歷任渭源、河州、狄道州，頗有政聲〔註64〕。獲左宗棠賞識而不次拔擢，官至知州〔註65〕。

據〈余自去歲壬申正月二十六日出門六月十六日到甘一路所經重洋之險山水之勝車馬之勞欲搆一長篇以紀巔末無如枯腸苦索毫無意思遲至今年癸酉五月十五日在寓悶坐靜裡思家不已因作西行吟平仄七十一韻以自解〉〔註66〕長詩載，李望洋應於壬申（1872）年六月十六日抵達蘭州。

光緒三年（丁丑，1877）二月，李望洋奉甘肅布政使崇檄，赴河州知州任，河州素為回漢雜處之地，易生衝突，並於此時與馬宗戴（小唐）相交相知，極為契合。

從光緒四年（戊寅，1878 五月）九月開始，李望洋因厭惡官場之上人情叵測，遂萌生告退一意，光緒五年（己卯，1879）即遭人惡意中傷而解任，他曾告訴學正馬宗戴（小唐）「宦海升沉，有何一定？仕途況味，不過如斯。余去官亦最樂，惟與君三載知交，又復分袂，未免拳拳於心耳。」言之黯然。〔註67〕

光緒六年（庚辰，1880）六月，奉署甘肅步政使楊昌濬檄，委調署狄道州知州。八月二日至狄道州知州署任。光緒七年（辛巳，1881）三月，奉檄撤委署狄道州知州，卸事後進省聽差。之後就一直未再被派與官職。此時李望洋開始遍遊蘭州名勝。

獻〉，《宜蘭文獻》12 期，1994 年 11 月，匯整而成。
〔註64〕參考收於施懿琳等編，《全臺詩》第玖冊，臺南：國立臺灣文學館，2008 年，頁 107〈十月十五日答首陽士庶獻萬人衣〉與〈六月初二日枹罕早發〉，在渭源與河州卸任時有百姓獻萬人衣與阻道換靴之事，可見其受百姓之愛戴。
〔註65〕參考李望洋自敘之〈李河州自敘家言〉，見高志彬〈李望洋研究的課題與文獻〉，《宜蘭文獻》十二期，1994 年 11 月，頁 7。
〔註66〕收於施懿琳等編，《全臺詩》第玖冊，臺南：國立臺灣文學館，2008 年，頁 120。
〔註67〕參考鄭喜夫，〈李靜齋先生年譜初稿〉，《臺灣文獻》28 卷 2 期，1977 年 6 月 30 日，頁 101。

　　光緒九年（癸未，1883）四月，李望洋重到河州，六月時移居到鐵柱宮，七月及八月都曾赴河州。

　　光緒十年（甲申，1884）七月，閱讀邸抄，得知馬尾基隆有警，萌生返臺之意，八月，以法人侵擾臺灣，十四日基隆失守，爰稟陝甘總督譚鍾麟準給假出省渡臺。十月二十四日出蘭州，一路行旅匆匆，於光緒十一年（乙酉，1885）四月返抵家門。不久即奉福建巡撫劉銘傳之命，督辦宜蘭團練，並主講仰山書院。

　　李氏素與鸞堂關係密切，據聞甘肅任內即有「飛鸞問政」之事〔註68〕，回宜蘭後不但倡建「新民堂」，且充當鸞生。這種由士人高度參與鸞堂活動的現象，乃臺灣頗爲獨特的宗教現象〔註69〕。日本治臺初期，李氏獲聘爲宜蘭支廳參事，授紳章，且爲宜蘭參加「揚文會」的代表。李望洋著《西行吟草》兩卷，明治三十四年（1901）出版，由其二子登第、登科與女婿張鏡光校訂發行，目前流傳的版本乃王國璠總輯、高志彬主編，龍文出版社出版的《臺灣先賢詩文集彙刊》第二輯。

　　《西行吟草》的寫作時間橫跨同治十一年（壬申，1872）到光緒十二年（丙戌，1886），多數詩歌均有繫年，可以算是李望洋爲官路線的完整記述。

（一）《西行吟草》與「西部旅行詩」

　　同樣都是「遊宦」，臺灣本土文人李望洋到大陸的「宦」海記述中，有著不同於大陸遊宦文人至臺地的書寫模式，他的《西行吟草》雖然屬於清代「西部旅行詩」的範圍，但其描寫內涵，卻又和多數的「西部旅行詩」不同，依趙宗福的定義，所謂「西部」，是指「包括寧夏、甘肅（主意是西北部分）、青海、新疆、西藏和四川西部這樣一大面土地。」〔註70〕認爲清代是「輝煌的豐收時期」〔註71〕，並統計出「有清一代親自旅行西部並留下作品

〔註68〕 所謂「飛鸞問政」即在上堂問案裁奪前，必至後堂問神請示。參考同上注高文，頁8。
〔註69〕 參見王見川，〈李望洋與新民堂——兼論宜蘭早期的鸞堂〉，《宜蘭文獻》十五期，1995年5月，頁3～4。
〔註70〕 參考趙宗福，〈論清代西部旅行詩歌及其影響——兼論西部民俗對創作的影響〉，收於劉昭明編《旅行與文藝國際會議論文集》，書林出版社，2001年12月，頁378。
〔註71〕 趙宗福，〈論清代西部旅行詩歌及其影響——兼論西部民俗對創作的影響〉，收於劉昭明編《旅行與文藝國際會議論文集》，書林出版社，2001年12月，頁382。

集（不一定完全是西部旅行詩歌）的詩人有 250 家左右，其中不乏著名詩人。他們或宦遊、或從征、或考察、或流放，歷前人未歷之境，見前人未見之景，特別是目睹邊疆民俗文化，耳濡目染……這些旅行詩人幾乎沒有一個人僅僅是爲旅行創作而旅行于西部。他們基本上都是由于某種原因而『奉命』來到西部，甚至是不得已而旅行於西部。詩歌創作是他們旅行的副產品，也是他們旅行體驗的結果。」〔註 72〕可惜的是，作者的關注視角未及於臺地，因此李望洋的作品，並未歸於這一主題之中，而這也凸顯了李望洋作品的「特異性」。

　　依趙宗福對於「西部旅行詩」作者類型的歸納，李望洋在身份上應屬於「宦游型官吏詩人」，但他又不同於「宦游型官吏詩人」，就趙宗福所說這些宦遊型官吏詩人「在文學史上的地位並不高，而且以滿族、蒙古族文人居多，這必然與朝廷用人傾向有關。但是他們以少數民族者的眼光來觀察、認知和描寫西部民族風俗，有著不同于漢文人的特點，值得研究。」〔註73〕除卻「在文學史上的地位並不高」外，李望洋的身份並非「滿族、蒙古族」，他到西部爲官也不是因爲貶謫，他自己提到到了甘肅之後「聞所未聞見未見，此行斷是不尋常」（〈余自去歲壬申正月二十六日出門六月十六日到甘一路所經重洋之險山水之勝車馬之勞欲攜一長篇以紀巔末無如枯腸苦索毫無意思遲至今年癸酉五月十五日在寓悶坐靜裡思家不已因作西行吟平仄七十一韻以自解〉），到一個完全陌生的地方，按理應該會有許多記錄風土民情的詩作，但奇怪的是，李望洋對於甘肅地區的風俗文物，並沒有高度的興趣，甚至對於該地的氣候，他也都只是「聞道」，並非親身體驗，〈二十五日舟行偶詠〉〔註74〕云：「**聞道**甘州六月寒，西征車馬路漫漫。只今便作浮萍客，到處行蹤且自安。」「玉關西望起胡塵，楊柳東風不見春。**聞道**四時無夏氣，羔裘六月尚隨身。」對於一個不熟悉的地方，他應該是會如同來臺遊宦文人一般，用「比較」性的語言，極力找出與故鄉不同的地方才是，或是如前述「西部旅行詩」一樣，側重在「風俗」上的記錄，或是大量使用「竹枝詞」寫作，但這幾點都不見

〔註72〕 趙宗福，〈論清代西部旅行詩歌及其影響——兼論西部民俗對創作的影響〉，收於劉昭明編《旅行與文藝國際會議論文集》，書林出版社，2001 年 12 月，頁 382～383。

〔註73〕 同前註，頁 384。

〔註74〕 收於施懿琳等編，《全臺詩》第玖冊，臺南：國立臺灣文學館，2008 年，頁 111。

於其詩作中，這是很奇怪的現象。

事實上，《西行吟草》的寫作誘因，並不是爲了風俗記錄或考察，〈十七日泊陳家灣宿雨〉〔註75〕一詩，李望洋自己作註說「此兩首西行吟發端之作」，因此我們不妨將之視爲這本詩作的創作動機，進一步從詩作內容看，也可以看出橫互於這本詩集的二大書寫內容：

> 不言不語暗鄉愁，漢岸楊枝逐水流。一葉征帆雲霧裏，那堪風雨又當頭。

> 楚天風雨漫催詩，滴破鄉心漢水涯。麥隴尚垂黃葉穗，柳隄繞長綠煙絲。幾家村店炊痕沍，隔岸征夫睡起遲。欲報君恩思未逮，此身且自許驅馳。

由上面的詩作可以知道，「思鄉」是他創作的第一個主因，從「不言不語暗鄉愁」、「滴破鄉心漢水涯」都能看出這樣的情緒；其次是爲報君恩，「欲報君恩思未逮，此身且自許驅馳」。然而隨著爲官多年，離家日遠，李望洋的第二個主因，已漸漸爲「鄉愁」所取代，而終至選擇返臺，從作品中，多少能看出這樣的軌跡。

1. 每念家中妻與子，東西相望天一方──綿貫十三年的思鄉之作

李望洋的作品中，有很濃的思親、思鄉情緒。除卻前面提到的〈十七日泊陳家灣宿雨〉一詩外，同樣作於壬申（1872）年旅次的，還有〈十八日漢川縣三查壇即事〉〔註76〕，與前首創作時間只隔一天，其中提到「自嘆此身渾似夢，方知到處是他鄉」，這時候還沒有抵達任官地點，距離一月二十六日離家也才不到三個月，因此思鄉之情尚不強烈，同年所寫〈蘭州省七月十五夜思家〉〔註77〕，則是抵達蘭州之後，大致安頓下來的二首名爲「思家」的作品：

> 記否家鄉獻敬樽，華筵筆素列當門。只今萬里爲西客，空對孤燈拭淚痕。

> 河魚甘米佐盤飧，地角天涯酒一樽。料想蘭陽今夜月，三更應照普孤魂。

寫作時間是在七月十五日，所以自然聯想到家鄉普渡時的情況，「華筵筆素列

〔註75〕收於施懿琳等編，《全臺詩》第玖冊，臺南：國立臺灣文學館，2008 年，頁109。

〔註76〕同前註，頁 109。

〔註77〕同前註，頁 116。

當門」是因為「蘭陽今夜月，三更應照普孤魂」，而由供品的豐盛對照自己「河魚甘米佐盤飧，地角天涯酒一樽」的素樸，由三更的熱鬧對照自己「空對孤燈拭淚痕」的孤寂，很能看出初到外地，孤身一人的那份寂寥心境。隔年所寫長詩〈余自去歲壬申正月二十六日出門六月十六日到甘一路所經重洋之險山水之勝車馬之勞欲搆一長篇以紀巔末無如枯腸苦索毫無意思遲至今年癸酉五月十五日在寓悶坐靜裡思家不已因作西行吟平仄七十一韻以自解〉則是他一年多來的心情記錄：

> 去年正月二十六，收拾衣箱官甘肅。計程云有萬餘里，行抵頭圍頻
> 一宿。倚戶荊妻雙淚流，嗚咽吞聲不忍哭。稚子弟兄送北門，回去
> 家中問叔叔。念爹今夜歇頭圍，因何頭圍遭回祿（是夜三更頭圍街
> 忽有回祿之災）。次早匆匆別故人，雙溪茅店餐糜粥。金奎淡艋去
> 辭行，消受親朋酒與肉。迅度光陰三月三，觀音山上望晴嵐。十一
> 揚帆風不起，十四有風偏是南。船頭舵尾縱翻浪，尚聞逐客能閒談。
> 可憐同舟一少婦，肝腸嘔吐口流痰。幾日昏昏惟飲水，曲肱而枕苦
> 難堪。十八始見閩南臺，捨舟登岸笑顏開。人自回家我作客，使我
> 長憶妻與孩。想在家中計我程，夢中驚起費疑猜。無何擔擱八九天，
> 轉駕青龍上海來。上海風光猶去歲，三三五五共銜杯。我亦梨園聽
> 小劇，三更便坐手車回。四月四日在旅館，初八黎明又捨早。漢陽
> 四日行如飛，飽看山水人不管。最好山水是江西，山似螺鬟雲續斷。
> 蕪湖赤壁與九江，新蘆鋪青雙隄滿。上流亦時見浮家，輪過浪翻如
> 累卵。看來我亦為之危，誰知漁婆行坦坦。漢口對岸武昌城，中隔
> 長江混太清。忽聽黃鶴樓中笛，笛中吹出不凡聲。又有禹碑蝌蚪字，
> 讀罷禹碑不分明。午謁中丞晚歸寓，江干波浪勢奔鯨。隨風轉向江
> 涯駛，從容舉趾都不驚。十四排船初覓定，十六遂向漢河行。鐘祥
> 安陸荊門州，到處煙波水急流。西北雲龍忽掉尾，推窗出視龍昂頭。
> 兩隄煙柳正垂綠，絲絲抽我故鄉愁。回憶臺陽六千里，前望西陲阻
> 且修。柳眉雖青不戀我，知我尋源欲到頭。到了老河又換渡，小舟
> 更小如一鶯。上灘打轉費努力，舟婆盪槳心頭怒。云爾客官坐不穩，
> 非儂老翁不開步。無奈每逢亂石灘，遂命跟僕幫照護。不然衝上巨
> 石鱗，舟覆身沒誰看顧。因此舟行吉且安，次日荊關走旱路。遂向
> 主人問騾驟，此去長安路幾鋪。答云騾馬十站到長安，中經秦嶺復
> 七盤。四日山中躂上走，六站平坡半岡巒。惟有藍橋湘子洞，洞口

清幽致可觀。我亦過橋訪仙跡，只見道人古衣冠。果然山水別塵俗，一時頓覺心地寬。晚來騤馬店中宿，內無門戶心膽寒。騤溲馬糞多臭味，感此倍覺情悽酸。五月廿一過藍田，道逢玉人白似蓮。騎驢背上遙相視，轉瞬之間各一邊。果然長安據形勝，終南屏障勝幽燕。太華為礪河為帶，周平失策去東遷。我進此城二十二，寓在會館心安然。何意紀翁題觀察，渡臺求木記當年。謁見之時情倍綣，殷勤邀飲示詩篇（紀翁出渡臺所作《求木吟稿》示余）。誰知到此猶未到，暫且安排四五天。征途十八悵憂思，不退則進何所疑。衣冠面目撲灰土，狀貌黧黑誰相知。騤馬為群兵為友，晨侵駕馭連夜馳。日奔百里不為速，夜行三十便嫌遲。四望鄉村俱赤地，想是遭兵靡孑遺。樹無根兮麥無穗，睹此能不心傷悲。因過渭水歇咸陽，相傳垂釣文遇姜。邠州昔為狄人逼，太王去之山踰梁。水簾洞裡行者聖，至今花果有餘香。平涼崆峒慕成子，又過三關仰六郎。雖然世代多遷變，古蹟仙蹤久彌彰。聞所未聞見未見，此行斷是不尋常。**到省於今剛一載，宦途辛苦先備嘗。每念家中妻與子，東西相望天一方。**其中「十八始見閩南臺，捨舟登岸笑顏開。人自回家我作客，使我長憶妻與孩。想在家中計我程，夢中驚起費疑猜。」正好與〈十八日漢川縣三查壇即事〉的「自嘆此身渾似夢，方知到處是他鄉」互為印照，詩末「到省於今剛一載，宦途辛苦先備嘗。每念家中妻與子，東西相望天一方。」又再度言及思念親人的情緒，這一年是李望洋思鄉作品的高峰期，〈省邸思家（六月八日）〉〔註78〕「極目天涯萬里餘，誰教塞雁為傳書。鄉心日逐河流遠，宦跡時隨柳影疏。瓦鵲有情應語汝，野花雖艷豈芳予。鵷班散後閒無事，靜坐窗前想故居。」〈長相憶（六月十四日）〉〔註79〕「放開神漸適，提起思難禁。萬里征夫遠，千重宦海深。邊花愁客夢，塞雁斷鄉音。始信為官誤，因循直到今。」以及〈省邸曉起思蘭陽親友（八月初七日）〉〔註80〕「托跡金城秋又秋，邊風蕭颯不勝愁。五泉暗雨寒孤枕，兩鬢新霜白上頭。鵷鷺班中同聽鼓，衣冠隊裡學藏鳩。伊人白露蒼葭外，泂溯徒殷在水求。」都在在表現出因「萬里征夫遠，千重宦海深」、「始信為官誤」，而有家歸不得的無奈。此後甲戌年及乙

〔註78〕收於施懿琳等編，《全臺詩》第玖冊，臺南：國立臺灣文學館，2008 年，頁124。

〔註79〕同前註，頁69。

〔註80〕同前註，頁125。

亥年各只有一首作品〔註81〕，丙子年並沒有思家之作，到了丁丑（1877）年
才又多了起來。

　　年節一直是促使李望洋書寫思鄉之作的主要誘因，其中以年底及除夕之
作最多，甲戌年（1874）〈臘月二十九日曉起口占〉〔註82〕，提到「枉費還鄉
夢，醒來嘆此身。祇因羈作令，萬里未歸人。」和前述因「萬里征夫遠，千
重宦海深」而無法歸家，是相同的心緒；庚辰（1880）年的〈臘月二十六日
省邸思家〉〔註83〕「捧檄西來忽十年，離愁萬斛似寒泉。誰將爆竹迎新歲，
未許椒花頌鎮邊（河州舊有鎮邊樓）。倦客思歸心過海（余家住臺灣），狂吟
得句意通天。吾儒窮達皆由命，肯學逢迎負聖賢。」則進一步指出自己的「倦
客」心態，辛巳（1881）年的〈除日又吟〉〔註84〕「城市人歸夕照斜，因挑
詩興度年華。身羈秦隴常為客，春到蘭州未見花（是歲臘月十六日立春）。柏
酒杯中除舊歲，荊妻海外自當家。吾兒今已成童冠，願汝攻書苦倍加。」〈除
夕思家〉〔註85〕「本擬投簪返故家，圍爐好共過年華。誰知老叟身無主，致
令賢妻眼望賒。雙婢走堂呼太太，二孩依母念爹爹。今宵定有團圓席，新婦
應添一位加（接到家書，知是歲次男先甲娶妻，故云）。」未能陪伴子女成長，
想來是李望洋極為介意掛懷的事，因此才會有「吾兒今已成童冠，願汝攻書
苦倍加」的勉勵，以及二首專門寫給兒子，思念兒子的詩作，〈癸酉午節前一
日省寓憶家中兒子〉〔註86〕是第一首：

　　天涯地角極西東，宦海茫茫寄此躬。榆樹有錢空落葉，楊枝無力不
　　勝風。山皆濯濯牛何牧，路盡迢迢馬易窮。明日端陽猶舊歲，遐思
　　插艾兩兒童。

因端午節的緣故，讓他想起家中小兒，「天涯地角極西東」、「山皆濯濯牛何
牧，路盡迢迢馬易窮」都在描西部地區惡劣的地形環境，另一首是丁丑（1877）
年的〈十月十八夜憶家中二子〉〔註87〕：

〔註81〕甲戌年（1874）只有〈臘月二十九日曉起口占〉一詩、乙亥（1875）年則只
　　　有〈十六日夜憶家書久不寄來〉一首作品。
〔註82〕收於施懿琳等編，《全臺詩》第玖冊，臺南：國立臺灣文學館，2008 年，頁
　　　129。
〔註83〕同前註，頁149。
〔註84〕同前註，頁150。
〔註85〕同前註，頁150。
〔註86〕同前註，頁119。
〔註87〕同前註，頁137。

> 謬膺民牧擁專城，案牘勞勞夢五更。背榻殘燈光不遠，掛窗斜月影
> 微明。容身之外皆餘地，得意其中便自鳴。曷若投簪歸竹里，兒童
> 伴我讀書聲。

此外，八月中秋也是重要的日子，〈丁丑八月十五夜枹罕官廨拜月口占〉〔註88〕
寫道：「拜月初更後，思家萬里餘。可憐天上鏡，空照雁來書。」〈戊寅八月
中秋夜拜月〉〔註89〕的「今年勝似去年秋，輪鏡初升屋角頭。料想家人應下
拜，滿懷離思到河州。」在應該「月圓人團圓」的日子裡，卻只能分隔二地，
遙想家人，而〈丁丑八月中秋後潘蓉江郵寄壽詩七律二章〉〔註90〕詩中，李
望洋在小序中提到「因思賤齒今年正逢五十，棄家萬里，作嫁西甘，天倫之
樂，未卜何時，薄宦羈人，誠可嘆也」，詩作中也提到「離鄉萬里坐寒氈」，
可以看出他對一家團圓的想望。

戊寅（1878）年有〈五月二十三日喫早飯思家〉〔註91〕：

> 一別東瀛萬里長，宦遊秦隴到邊疆。催科枉費刑三尺，寫信頻添淚
> 兩行。舊日湖山常入夢，秋風魚膾不充腸。飯餘獨坐情無那，勉強
> 濡毫詠故鄉。

壬午（1882）年的思家之作非常密集，〈五月十五夜思家〉〔註92〕：「西窗自
翦生花燭，東海難忘結髮心。兩地相思今夜月，三更同唱白頭吟。」〈十七日
感懷〉〔註93〕：「狂吟尚未詩三百，歸去還多路八千。每羨蘭陽高隱士，琴棋
風月自神仙。」〈十八日早起偶詠〉〔註94〕：「我是瀛東庸俗子，無緣安得到
蓬萊。」及〈二十八夜思家〉〔註95〕：「家人思我我思家，十載相離兩鬢華。
幾度為卿吟滿月，含情望斷隴頭霞。」不到半個月的時間中連寫四首，是很
特殊的現象，這是因為詩人此時奉檄撤委署狄道州知州，卸事後進省聽差（光
緒七年三月），之後就一直未再被派與官職，直到光緒九年（癸未，1883）四
月，李望洋重到河州，陸續處理一些瑣事。換言之，壬午這一年正是李望洋

〔註88〕收於施懿琳等編，《全臺詩》第玖冊，臺南：國立臺灣文學館，2008 年，頁
134。
〔註89〕同前註，頁 138。
〔註90〕同前註，頁 134。
〔註91〕同前註，頁 138。
〔註92〕同前註，頁 151。
〔註93〕同前註，頁 152。
〔註94〕同前註。
〔註95〕同前註，頁 156。

爲官生涯中最爲悠閒的一年。因爲賦閒，毋須爲公事勞心勞力，於是就常常想起家鄉的事情。

　　光緒十年（甲申，1884）告假出省渡臺，並於十月二十四日出蘭州，李望洋的思家情緒也在歸程途中，隨著離家距離愈近，愈加強烈：〈二十四日宿鐵門鎮次午過漢函谷關〉〔註96〕提到「攬轡車千里，思鄉月一鈎」，〈二十九日宿新鄉縣大家店早行〉〔註97〕中「孤客心何急，朝朝促早行」都能看出這種情緒的深化，〈十二日宿黃村子客店感遇（距京都永定門三十里）〉〔註98〕云：「路冰飲雪來應苦，福水臺山路更賒。願借西風吹得力，歸帆直渡海天涯」，從「願借西風吹得力，歸帆直渡海天涯」的急切，可以看出他不願多作停留，然而歸家心切的他，卻因爲法軍封鎖臺灣，而無計可施，只能慨嘆，〈乙酉（1885）二月十五日抵閩南臺中亭街蔡順源店時華法和議未定渡臺無計有感〉〔註99〕：

> 聞警單車塞外來，風霜歷盡到南臺。誰知一水成千里，竊恐求魚有後災。精衛未啣塡海石，作舟終乏巨川材。中亭街上思鄉夜，夢裡湖山看幾回。

2. 笑裡有刀須遠害，胸中無甲媿籌邊——李望洋告退心意的萌發

　　李望洋之所以想要爲官，是爲了「欲報君恩思未逮，此身且自許驅馳」，所以初到甘肅時的詩作，很能反應這樣的心態，〈自嘆（六月九日）〉〔註100〕寫道：

> 壯志消磨未幾年，春催雙鬢半蒼然。炎涼不入三更夢，冷煖無常六月天。瘠地貧民荒野外，白沙黃草古城邊。儒生藉手將何策，莫使遺黎嘆飲饘。

藉由「莫使遺黎嘆飲饘」以報君恩，是他爲官一直以來所做的，而從他詩作的記載，也可以看出他的確做的不錯，他曾有二次被獻上「萬人衣」，分別在光緒元年及七年，光緒元年乙亥（1875）〈十月十五日答首陽士庶獻萬人衣〉〔註101〕「渭北家家選百錢，裁成一品獻青天。羞看白髮添新歲，竊喜烏

〔註96〕收於施懿琳等編，《全臺詩》第玖冊，臺南：國立臺灣文學館，2008 年，頁168。
〔註97〕同前註。
〔註98〕同前註，頁170。
〔註99〕同前註，頁172。
〔註100〕同前註，頁124。
〔註101〕同前註，頁132。

紗戴老年。兩袖清風吹鶴氅，滿衣姓字落雲煙。歡呼父母堂中坐，長短隨身試一穿。」光緒七年〈憶辛巳（1881）三月別臨洮口占（十七日）〉〔註102〕「回憶臨洮卸篆時，萬家生佛額堂眉（時狄邑士民恭送萬人衣，又獻萬家生佛匾額一方，懸掛大堂上）。方知赤子天良在，夾道同聲怨布司（蓋州縣委缺撤任，皆布政司主政）。」也曾被民眾「阻道換靴」，光緒五年己卯（1879）〈六月初二日枹罕早發〉〔註103〕「擁罷河州廿四關，匆匆曉別鳳林山。眼前赤子皆流涕（時城關百姓阻道換靴，俱各垂淚），道上征夫獨醉顏（道上紳商以酒餞行，余各一飲而乾，不覺為之大醉矣）。三載為官囊尚澀，一編吟草手重刪。可憐辜負新栽菊，不見花開九月間。」都可以看出他在政績上的貢獻。

　　儘管為官頗有治績，但他的思鄉之情，在十餘年中卻一直是持續的，有時濃烈，有時淡泊，卻從未中斷過，思鄉之情達於高潮的幾個時間點，一是在初到甘肅滿一年的時候，二是壬午（1882）年，因賦閒之故，思鄉之作尤多；另外就是告假返臺，在回家的路途上。而其中的轉折點是光緒四年（戊寅，1878），李望洋因厭惡官場之上人情叵測，遂萌生告退一意。癸酉（1873）年的〈九月十七日重遊五泉山〉初到甘肅時，他還有「谺然心目雙清候，身世何關任去留」的谺然，到了丙子（1876）年時，〈丙子閏五月二十八日首陽官舍感懷〉〔註104〕就頗能看透官場的黑暗面：

　　瞥眼紛紛勢利場，孤身浪跡寄西疆。渺如一粟浮滄海，博得雙名入帝鄉。私下每懷歸故國，公餘卻好讀文章。儒生自古多寒命，惆悵雲山萬里長。

對於為官的「身不由己」，他多少會發些牢騷，〈九月二十三日避壽遊大拱北寺賞菊〉〔註105〕就說「祇為官所累，小住暫藏身」；〈二十四日避壽居山房小樓〉〔註106〕也有「始覺卑官逃壽日，因將高閣置河州」，但是一直到光緒四年，在人情上遇到挫折時，才讓他萌生辭意，一方面對於官場不再熱衷，一方面又因仕途的不如意，加深想要歸鄉的渴望，〈次韻和瀛濤兄贈余壽詩二章敬步

〔註102〕收於施懿琳等編，《全臺詩》第玖冊，臺南：國立臺灣文學館，2008 年，頁159。
〔註103〕同前註，頁141。
〔註104〕同前註，頁132。
〔註105〕同前註，頁138。
〔註106〕同前註。

原韻〉〔註107〕第一首提到：

> 準擬今秋設薄莚，依然馬齒嘆加年。生辰不遇三皇世，作吏渾忘九
> 月天（賤辰九月二十四日，避若忘之）。**笑裡有刀須遠害（官場人情**
> **陰險叵測，心甚惡之，因有告退之想）**，胸中無甲媿籌邊（河州係秦
> 邊塞，古稱嚴邑，余牧是邦，心常抱歉）。孤松佳菊盤桓後（是日先
> 遊大拱北寺賞菊），隨到靈霄問老仙（是夜宿城西玉皇上帝殿山房小
> 樓）。

李望洋曾二次提到「投簪」，〈十月十八夜憶家中二子〉（1877）的「曷若投簪
歸竹里」、及〈除夕思家〉〔註108〕（1881）「本擬投簪返故家」，投簪指「辭去
官職，不再從政」，可以看出這是經過長時期醞釀的。

　　因為人情叵測，加上李望洋身受其害，並因此而遭解官，所以他變得更
為謹言慎行，庚辰（1880）年寫的〈十一日曉起寫懷〉〔註109〕第二首就提到
「一盆烘火一杯茶，獨坐窗前興未賒。有口勿談身外事，多情常對鏡中花」，
但是對於解官一事他卻是豁然的，〈己卯（1879）四月十二日卸篆感懷寄馬小
唐〉〔註110〕寫道：

> 八年辛苦慕虛名，誤入迷徒嘆此生。世路馳驅多險阻，廬山面目不
> 逢迎。知音且喜來鍾子，好古還須學老彭。一日仔肩頻卸後，好歸
> 竹里續前盟。

他稱為官是「慕虛名」、「誤入迷徒」，所以「一日仔肩頻卸後，好歸竹里續前
盟」；〈卸篆後閒居（五月十四日）〉〔註111〕：「一肩卸後行吾素，不管人間毀
與譽」以及〈河城有感（五月十七日）〉〔註112〕：「冷煖人情看透時，但循吾
分不求知。風波過後渾無跡，遇合隨緣勿預期。泉石山林棲隱地，秋花春草
舊吟詩。於今好作還鄉夢，睡到三竿日影遲（余三十歲舌耕時，有『茅舍中
先生弟子，竹籬外春草秋花』之句）。」都表現出相同的情緒，解官之於李望
洋，不一定是壞事，因為他終於可以從政治的桎梏中脫身，不用夾雜在思鄉

〔註107〕收於施懿琳等編，《全臺詩》第玖冊，臺南：國立臺灣文學館，2008 年，頁
　　　　139。
〔註108〕同前註，頁 150。
〔註109〕同前註，頁 143。
〔註110〕同前註，頁 140。
〔註111〕同前註。
〔註112〕同前註，頁 141。

與報皇恩之間兩難，他可以過得悠閒「好歸竹里續前盟」，可以睡到日上三竿，作著回鄉的美夢，「於今好作還鄉夢，睡到三竿日影遲」。

也因感嘆宦海浮沉，經過反省之後，其中也不乏後悔爲追求仕進而離家多年的敘述，辛巳（1881）年的〈感遇思友（同日作）〉〔註113〕寫道：

> 功名勢利淡浮雲，得喪原從命裡分。**悔捨天倫眞樂事，強來宦海逐塵氛**。風波意外人難料，冷煖場中耳厭聞。十載爲官渾似夢，何時重與細論文。

同樣作於辛巳年的〈除日遣悶〉〔註114〕：

> 野僧相似過年時，遣悶惟憑數首詩。興味蕭然嗟歲暮，應酬疏忽笑書癡。**常將冷眼看官海，未許輕身脫釣絲**。數載言歸皆失信，征夫不及弄潮兒。

在語氣及心態上就遠較〈丙子閏五月二十八日首陽官舍感懷〉中的「瞥眼紛紛勢利場」強烈，「數載言歸皆失信」也有著「後悔莫及」的情緒，他之所以能夠看透，是因爲他自覺心願已了，〈偶詠〉〔註115〕提到「不貪名利不貪花，明月清風處士家。詩思每因春草發，文情偏向會人加。年逾知命身猶健，官至臨洮願已賒。怪底殘黎阿所好，使君去後望彌奢。」自覺仕途已達頂點，沒有再繼續追求的必要。壬午（1882）年是他最爲悠閒的一年，在這之後，他就不再被任官，對於爲官與否，經過一段時間的心理建設後，他已經不再那麼重視，〈（五月）十七日感懷〉提到：

> 委身作吏十來年，一事無成兩鬢鬖。欲爲殘黎除敝政，敢因覆餗怨蒼天。狂吟尚未詩三百，歸去還多路八千。每羨蘭陽高隱士，琴棋風月自神仙。

對於自己爲官十年，卻「一事無成」，想要「爲殘黎除敝政」，卻因「覆餗怨蒼天」，這裡對於蘭陽高隱士的羨慕，其實就是對自己十年宦海浮沉的後悔，但是到了〈自參透（十九夜作）〉〔註116〕時，只過了一天，就已經讓自己不再執著於這些情緒中：

> 無束無拘自在行，從茲再不慕虛名。迷途誤入應知返，歧路當前要

〔註113〕收於施懿琳等編，《全臺詩》第玖冊，臺南：國立臺灣文學館，2008 年，頁149。

〔註114〕同前註。

〔註115〕同前註，頁152。

〔註116〕同前註，頁153。

認明。莫把衣冠坐塗炭，好將漁讀伴樵耕。請看天上一輪月，消息
盈虛理顯呈。

〈二十五日偕王石甫劉星曹張九如諸君到酒仙殿消夏〉〔註117〕中「身世去來
原是夢，衣冠束縛反成囚」也是相同的心情，直到光緒十年（甲申，1884）
的〈候補官風味〉一詩，他仍有「自嘆此身何誤入，甘心學作一詩狂」的感
嘆，〈甲申（1884）孟秋下浣金城感遇（七月二十八日）〉〔註118〕一詩，可以
視爲他對於自己爲官生活的最佳反省：

宦海何茫茫，風波多險折。三載滯金城，磨礪脊如鐵。此中甘與苦，
勿向旁人說。隴坂夜飛霜，蓮花山夏雪。獨坐晝彌永，出門勞車轍。
海內欲締交，恨無黃金結。囊空不覺貧，世情分冷熱。烽火逼閩疆，
音書海外絕。願託南賓雁，寄點淚中血。

爲官生活是「風波多險折」的，滯留蘭州的三年，「此中甘與苦，勿向旁人說」，
雖然「勿向旁人說」，但他自己卻又說了：「隴坂夜飛霜，蓮花山夏雪。獨坐
晝彌永，出門勞車轍」是生活環境的困阨，「海內欲締交，恨無黃金結」是交
得知心好友的困難，「囊空不覺貧」是強調自己的「安貧」，「世情分冷熱」則
或指遭人陷害，以致被解官一事，他自己在〈小陽二十四日出金城偶詠又詠〉
〔註119〕自比爲賈誼、韓愈：「獨客心何壯，西遊十二年。罷官悲隴水，歸思亂
秦煙。漢賈長沙謫，唐韓嶺外邊。我今辭九塞，攜杖赴南天。」他的告假返
鄉是因「烽火逼閩疆，音書海外絕」，但他的心態卻已是「我今辭九塞，攜杖
赴南天」，當初任官的熱忱，在思鄉情緒的不斷滲透，人情叵測、遭人誣陷的
沖淡底下，漸漸的不再熱衷。他的眼光慢慢從自己身上轉移到故鄉，是因爲
「西行」，才讓他強烈意識到家鄉「臺灣」的存在。

3. 西天鷗鷺添新侶，東海龜峰是故家——故鄉地名書寫的另一層涵義

光緒六年（庚辰，1880）六月，奉署甘肅步政使楊昌濬檄，委調署狄道
州知州。八月二日至狄道州知州署任。七年（辛巳，1881）三月，奉檄撤委
署狄道州知州，卸事後進省聽差。之後就一直未再被派與官職。此時李望洋
開始遍遊蘭州名勝。

〔註117〕收於施懿琳等編，《全臺詩》第玖冊，臺南：國立臺灣文學館，2008 年，頁
　　　　155。
〔註118〕同前註，頁 164。
〔註119〕同前註，頁 167。

　　為官晚期的李望洋，詩作中常會出現故鄉地名，或是標示自己出身地的詩句，庚辰（1880）寫的〈十一日曉起寫懷〉〔註120〕第二首即提到「西天鷗鷺添新侶（時口外肅清，部詮人員接踵而至），**東海龜峰是故家**（余家臺北府宜蘭縣，長弓形勢，背山面海，海中一島龜山，距岸三百餘里，屹然聳峙，砥柱中流，誌書名曰龜山朝日，蓋旭日初升時，如一輪金毬從海中滾出，其大如斗，東洋一帶俱蒸，紅霞照澈龜山，及日升漸高，則規形漸小，乃蘭陽八景中一壯觀也）。」對於故鄉景色有非常詳細的註解，〈二月初九日督憲祭丁四更時隨班趨詣文廟觀祭有懷〉〔註121〕中，藉由文廟觀祭，聯想到同治六年在蘭陽時，與楊士芳等創建文廟一事：

> 名場競逐各紛然，車馬勞勞未曉天。俎豆馨香陳魯殿，衣冠蹌濟列群仙。駿奔自致齋三日，樂舞何須操七絃（大成殿前庭中虡獻琴一瑟一，說而不作，蓋以重祀典也）。**回憶蘭陽新祀典，也應鐘磬不虛懸**（噶瑪蘭廳原附淡水廳學額，自同治六七年間余與楊蘭如、李鏡如、黃佩卿、陳搏九諸公首請分學，嗣部准增廣生員，創建文廟，至光緒元年工程告竣，煥然維新，每年春秋二祭與淡水並列祀典，文風蒸然日上焉）。

而辛巳（1881）年的〈臘月二十六日省邸思家〉〔註122〕，指出自己的故鄉在臺灣：

> 捧檄西來忽十年，離愁萬斛似寒泉。誰將爆竹迎新歲，未許椒花頌鎮邊（河州舊有鎮邊樓）。**倦客思歸心過海**（余家住臺灣），狂吟得句意通天。吾儒窮達皆由命，肯學逢迎負聖賢。

光緒十年（甲申，1884）〈七月五日閱邸抄知閩馬尾基隆有警〉〔註123〕是李望洋返臺的契機：

> 海外音書斷幾年，南天又報起烽煙。彼蒼偏抑英雄志，吾道難期遇合緣。北斗七星光漸動，東瀛一島勢孤懸。自來中外皆遵約，何意西人啟釁先。

〔註120〕收於施懿琳等編，《全臺詩》第玖冊，臺南：國立臺灣文學館，2008 年，頁143。
〔註121〕同前註，頁 144。
〔註122〕同前註，頁 149。
〔註123〕同前註，頁 164。

因為「海外音書斷幾年」，加上「南天又報起烽煙」，所以促使李望洋決定返鄉，他於十月二十四日出蘭州，〈九月初旬歸山雜詠〉〔註124〕顯然作於尚在蘭州時，這一組詩可算是李望洋最具臺灣在地特色的作品：之一說「墮落紅塵十二年，百般爐火任熬煎。只今收拾歸山去，好在東瀛別有天（臺灣一名東瀛）」，之二則點出臺地孤懸於海外的特色「法人烽火警南天，遙憶閩東思悄然。莫訝隆山曾報捷，須知海外勢孤懸」，之四說「也識桃源好避秦，一官誤我老風塵。如今方得劉郎意，獨向漁人去問津（宜蘭縣俗稱小桃源）」，而〈臘月三十日寓京都永定門外韓家館除夕感遇（即漳州外館也，查永定門原係都城正南門，出城門十數武，過橋轉東循河沿行里許，大路右邊土坡上有瓦房數間，便是韓家館處）〉〔註125〕則指出臺地現況：

> 果然到處是吾家，燕市門南夕照斜。爆竹奚堪聞歲暮，桃符又見貼
> 天涯。也知塞草承恩少，喜近龍光逐物華。**臺北隆山金鼓震，教人
> 滿目嘆飛沙**（時基隆被佔未復）。

〈三月六日寓南臺中亭街〉〔註126〕說：

> 塞上歸來冬復春，沿江烽火問閩津。三貂時入南臺夢，五虎欣逢北
> 海人。悶伴孤燈過雨夜，閒敲佳句送花神。盤飧縱足魚蝦味，蘭水
> 蘭山目未親。

就像是怕忘記似的，李望洋一再在詩中提到臺地地名，而且這些地名的出現都是他即將返臺之前重複出現，這種情形有點類似之前十餘年為官生涯中，好像都是苦苦壓抑思鄉之情，如果多寫一次家鄉地名，想家的心情就更深一層，也更難按捺，而今返家在即，無所顧忌，之前壓抑的情緒鬆綁解套後，就奔放不可扼抑了。

（二）從西行到東渡

　　李望洋的關注眼光從自身轉移到故鄉，「西行」為官是一個極重要的轉折，當他返臺之後，生活重心都在故鄉宜蘭的社會參與上，高志彬在〈李望洋研究的課題與文獻〉一文中，藉由文獻及其後代口述訪談，整理出李望洋晚年事蹟，約有：

〔註124〕收於施懿琳等編，《全臺詩》第玖冊，臺南：國立臺灣文學館，2008 年，頁
　　　　165。
〔註125〕同前註，頁 170。
〔註126〕同前註，頁 172。

1. 奉福建巡撫劉銘傳委辦宜蘭團練。

2. 主講仰山書院。

3. 奉劉銘傳箚飭辦理善後勸捐。

4. 奉劉銘傳箚飭辦理清賦。

5. 光緒十三年十一月，以時值盡根圳價銀七百五十大元，承買柯接枝、柯順茂等祖遺宜蘭東勢榕樹門龍目井順安莊水圳一道，連溪頭；埔地、泉漲及徒門、圳道，及餘埔、曠地等。

6. 倡建新民堂。

7. 捐贈頭城九股山吉祥寺附近四十甲土地供農民耕作。

8. 與楊士芳、李及西等發起創建「碧霞宮」，奉祀岳武穆王，宣講忠孝節義〔註127〕。

除卻前四項是奉劉銘傳之命委辦外，後四項對於地方的貢獻是比較大的，也可以看出知識分子對於庶民階層的影響力，然而高志彬同時也提到「李氏功在宜蘭，如不能採集到實證文獻，僅靠口碑與間接證物，尚不足確立李氏在宜蘭縣史上的地位，這是研究李望洋最重要的課題。」〔註128〕

的確，如單就口述訪談而言，證據上仍然顯得薄弱，但是就較無疑議的（五）購買水圳來看，對於當地民生的重視，其實是他「西行」之後的一項突破，從其生平經歷來看，西行之前的李望洋曾與楊士芳、李鏡如、黃佩卿、陳搏九等請將噶瑪蘭廳與淡水廳分學，並與楊士芳倡修仰山書院及五夫子祠。對於教化宜蘭當地文風，用心良多，但對其他社會建設的參與較少，也因此，購買水圳，以利民生一事，筆者才會認為這是一種突破，因為李望洋已經將關注的層面擴大了！

另一個也算是西行之後才有的轉變是，李望洋大力投入到鸞堂的參與中。同樣也較無疑議的（六）創建新民堂，這屬於「鸞堂」的一部分，關於新民堂的建立，王見川在〈李望洋與新民堂——兼論宜蘭早期的鸞堂〉〔註129〕一文中，經由李望洋對於《警世盤銘》所寫的序文（後收錄於淡水行忠堂

〔註127〕參考高志彬，〈李望洋研究的課題與文獻〉，《宜蘭文獻》12 期，1994 年 11 月，頁 7～8。

〔註128〕同前註，頁8。

〔註129〕參考王見川，〈李望洋與新民堂——兼論宜蘭早期的鸞堂〉，《宜蘭文獻》15 期，1995 年 5 月，頁 1～14。

纂輯的《醒世全書》中），認爲李望洋籌建新民堂是很有可能的，不只如此，「李望洋不只捐款而已，他還充當新民堂的鸞生，職位是『校正兼總理』」〔註130〕這部分針對高志彬的文章作了補充，提出了較有力的文獻證據。他並引李望洋的序文，修正《宜蘭縣志》的記載，李望洋指出，新民堂的建堂緣由在於「問症求方的鄉民眾多，原扶鸞地點窄陋，才由李望洋等人在城中設立的，並非如《宜蘭縣志》所云，是因神乩得印的靈異事蹟。」〔註131〕至於高志彬提到的第八點「發起創建碧霞宮」一事，王見川也提出證據，認爲新民堂與碧霞宮關係雖然密切，二者也都屬於鸞堂，但李望洋顯然並未參與碧霞宮的運作。值得注意的是，王見川同時也指出「根據《大清律例》，扶鸞活動是非法行爲，觸犯刑法的。光緒十六年，宜蘭仍屬清朝，李望洋此時雖無官在籍，但他畢竟曾經當過官，卻從事此非法活動，其中奧妙，頗值深思。更妙的是，當時知宜蘭縣事的『蕭贊廷』不覺此事爲非，還替《警世盤銘》寫序，似乎透露李望洋等的扶鸞活動，受地方官認可。……這種由士人組成的鸞堂，日後擴及全臺，形成臺灣獨特的宗教現象。」〔註132〕

正因爲李望洋的創作動機從來就不是以「采風問俗」爲主要目的，所以他的詩文中，很少站在覽異或采風的觀點看內地西部，他對於彼岸的文物風俗，「貶抑」性的用詞極少，以一個臺灣本土文人的身份，到達有著豐富文物及文化內涵的中原，他所感受的是「衣冠文物仰中華，車馬功同輻轕譁。不是夏王勞八載，川原此日尚龍蛇。」（〈漢水懷古〉），對於甘肅當地文風是「文章半是逢青眼，場屋能無嘆白頭」（〈壬申九月十五日夜在玉尺堂同黃畊翁考校試卷首場閱畢步月有感〉）〔註133〕，抱持著仍是相當正面的態度。

（三）李望洋的遊歷路線

《西行吟草》前面的四十首左右，均爲李望洋從臺灣到甘肅間，沿途所見，其中前三十首均是舟行時所寫，從壬申（1872）四月八日到五月九日，整整坐了一個月的船，爲了更清楚李望洋的遊歷空間路線，我們以表格表現：

〔註130〕參考王見川，〈李望洋與新民堂──兼論宜蘭早期的鸞堂〉，《宜蘭文獻》15期，1995年5月，頁3。

〔註131〕同前註。

〔註132〕同前註，頁3～4。

〔註133〕收於施懿琳等編，《全臺詩》第玖冊，臺南：國立臺灣文學館，2008年，頁117。

時　　　　間	地　　　點	備　　註
同治十一年（壬申，1872）四月八日	遊五泉山	
同治十一年（壬申，1872）四月十一日	壺口 九江	山西 江西
同治十一年（壬申，1872）四月十五日	漢陽　過武昌　遊黃鶴樓	湖北
同治十一年（壬申，1872）四月十六日	晚泊蔡店	湖北
同治十一年（壬申，1872）四月十七日	泊陳家灣宿雨	此兩首西行吟發 端之作　湖北
同治十一年（壬申，1872）四月十八日	漢川縣三查壇	湖北
同治十一年（壬申，1872）四月十九日	沔陽州	舟次　湖北
同治十一年（壬申，1872）四月二十日	天門縣境	舟行觀漁　湖北
同治十一年（壬申，1872）四月二十一日	河州	早晨遇雨　湖北
同治十一年（壬申，1872）四月二十二日	鐘祥縣 漢水	曉行 湖北
同治十一年（壬申，1872）四月二十四日	荊門州	阻雨　湖北
同治十一年（壬申，1872）四月二十五至二十七	二十七日舟經安陸郡	湖北
同治十一年（壬申，1872）四月二十八日	宜城聽鶯	湖北
同治十一年（壬申，1872）四月二十九日	樊城　又過襄陽城	湖北
同治十一年（壬申，1872）四月晦日（三十日）	光化縣浦城鎮	湖北
同治十一年（壬申，1872）五月三日	光化縣窯窩店	湖北
同治十一年（壬申，1872）端午	由漢水入商河	
同治十一年（壬申，1872）五月六日	灘行　經浙川境山峽 舟至四合山前	
同治十一年（壬申，1872）五月七日	老營村	夜泊
同治十一年（壬申，1872）五月八日	又行山峽中 晚泊東宇村（浙江）	
同治十一年（壬申，1872）五月九日	抵荊子關	改走旱路
同治十一年（壬申，1872）五月十二日	青石嶺	
同治十一年（壬申，1872）五月十三日	商南道上	

時　　　間	地　　　點	備　　註
同治十一年（壬申，1872）五月十七日	宿商州野村店	
同治十一年（壬申，1872）五月十八日	商州道上	
同治十一年（壬申，1872）五月十九日	由商州抵黑龍峪口	
同治十一年（壬申，1872）五月二十日	過秦嶺 謁昌黎伯韓公祠 晚宿藍橋　訪韓湘子仙洞	
同治十一年（壬申，1872）五月二十一日	藍田縣城外	
同治十一年（壬申，1872）六月十六日	抵甘肅	
同治十一年（壬申，1872）九月十七日	重遊五泉山	
同治十二年（癸酉，1873）十一月十四日	抵任蘭州府渭源縣	官舍在首陽
同治十三年（甲戌，1874）八月七日	赴五竹寺山	
光緒三年（丁丑，1877）二月	赴河州知州任	
光緒三年（丁丑，1877）九月二十三日	遊大拱北寺	
光緒六年（庚辰，1880）四月七日	獨遊五泉山	
光緒六年（庚辰，1880）八月二日	至狄道州知州署任	
光緒七年（壬午，1882）二月十八日	五泉山東龍口	
光緒七年（壬午，1882）五月九日	遊蓮花池（蘭州小西湖）	
光緒七年（壬午，1882）五月二十二日	遊蘭州小西湖（即蓮花池）	
光緒七年（壬午，1882）五月二十三日	到五泉山酒仙殿避暑	
光緒七年（壬午，1882）五月二十四日	到雷壇訪道避暑	
光緒七年（壬午，1882）五月二十五日	到酒仙殿消夏	
光緒七年（壬午，1882）五月二十六日	再到五泉消夏	
光緒七年（壬午，1882）五月二十七日	在雲溪樓飲酒消夏	
光緒七年（壬午，1882）五月二十八日	在雲溪樓消夏	
光緒九年（癸未，1883）四月十五日	到鳳林有感（河州古名）	
光緒九年（癸未，1883）七月二十一日	又到鳳林	
光緒九年（癸未，1883）八月三日	因事赴枹罕	
光緒十年（甲申，1884）七月二十八日	下浣金城	返鄉

時　　　間	地　　　點	備　　註
光緒十年（甲申，1884）九月十六日	別金城	
光緒十年（甲申，1884）十月二十四日	出金城	
光緒十年（甲申，1884）十月二十六日	經車道嶺	
光緒十年（甲申，1884）十一月六日	過涇州坡晚宿高家窯小店	
光緒十年（甲申，1884）十一月二十一日	經陝州境　午過三老郡	
光緒十年（甲申，1884）十一月二十二日	晚宿廟溝	
光緒十年（甲申，1884）十一月二十四日	宿鐵門鎮　次午過漢函谷關	
光緒十年（甲申，1884）十一月二十五日	晚宿洛陽城	
光緒十年（甲申，1884）十一月二十七日	承恩鎮楊家店	
光緒十年（甲申，1884）十一月二十九日	宿新鄉縣大家店	
光緒十年（甲申，1884）十二月一日	出衛輝郡午抵淇縣	
光緒十年（甲申，1884）十二月二日	曉渡漳河過磁州	
光緒十年（甲申，1884）十二月四日	邯鄲城	
光緒十年（甲申，1884）十二月五日	沙河縣道上	
光緒十年（甲申，1884）十二月六日	宿柏卿縣	
光緒十年（甲申，1884）十二月七日	由欒城午經正定郡	
光緒十年（甲申，1884）十二月九日	曉過望都縣抵保定府	
光緒十年（甲申，1884）十二月十二日	宿黃村子客店感遇（距京都永定門三十里）	
光緒十年（甲申，1884）十二月三十日	寓京都永定門外韓家館除夕感遇（即漳州外館也）	
光緒十一年（乙酉，1885）元旦	都門	
光緒十一年（乙酉，1885）一月二十六日	宿紫竹林	
光緒十一年（乙酉，1885）一月二十八日	出大沽口	
光緒十一年（乙酉，1885）二月三日	滬上	
光緒十一年（乙酉，1885）二月六日	上洋	
光緒十一年（乙酉，1885）二月十五日	抵閩南臺中亭街蔡順源店	
光緒十一年（乙酉，1885）三月六日	寓南臺中亭街	

小　結

本土文人到大陸地區進行旅遊、赴科考或爲官，究竟是以什麼樣的角度看待內地？他們的書寫方式跟清初來臺遊宦的文人有無不同？如何不同？

自康熙二十三年臺灣納入清廷版圖之後，清初臺灣文壇幾乎是遊宦文人的天下，他們從內地「東渡」來到這個陌生的土地——沒有文獻、沒有記錄、沒有漢文化，所以多半帶著「覽異」的眼光，以中國之眼審視這塊土地的物產、風景與「土著」，他們認爲「教化」是當務之急，而記錄風俗物產的「采風」之作，目的是爲了「資治」。因爲陌生，所以到達這塊土地前所要橫渡的「黑水溝」，對他們而言就是生死交關的大事，除卻少數幾位主動請纓來臺文人外，多數遊宦文人都是「被動」的派遣，「被迫」去了解臺地，經營臺地，因此許多對臺地的理解並不深入，有的甚至是錯誤的。

本土文人的「西行」雖然也是「被動」，但是卻缺乏遊宦文人那種「上對下」式的命令，以及「下對上」不敢違抗的無奈。他們的「西行」幾乎是爲了「應考」，所以每一位有功名的本土文人，都必然有過「渡海」經驗，必然有過「閩地」生活經驗，而從這些文人的詩文中，我們看不見對於「黑水溝」海洋的恐懼，也極少看到對內地風俗的竹枝采風之作，雖然他們應考之前均未到過閩地，卻也不見他們對於陌生內地的不安，這自然跟「語言溝通沒有障礙」很有關係，語言溝通正常，加上臺灣人口多半由閩粵移民組成，文化風俗近似，因此他們雖然渡海到異地，卻沒有異鄉之感。遊宦文人則不然，因爲「迴避制度」的關係，他們任官地點都是語言不通、風俗相異的地區，加上必須隻身渡臺，心裡的不確定與不安感是非常強烈的，這種心態跟臺人赴閩是截然不同的。

再者，本土文人渡海西試或任官，有一個很大的前提是，他們前往的是同屬在漢文化教育圈底下，而且擁有高度文明及文化發展的地區，而非蠻荒之地。有許多地方是他們雖然沒有親身去過，卻已經在文獻資料中神遊已久的，如蘇州、杭州，所以不是全然陌生。

除卻應考目的外，本土文人「西行」經驗最爲特殊者，要數李望洋了，因爲他是眞正西行又西行，爲官地點遠在甘肅一帶。從東南邊陲到西北邊陲，從四面環海到四面黃沙。只是當我們實際分析他的作品時卻會發現，除了「苦熱」讓他吃不消外，李望洋幾乎不去描寫西部一帶的地理人文特色，他的《西行吟草》重點不在景，而在詩人內心的心情記錄。

　　當這些遊宦文人與本土文人，從原先安穩舒適的家鄉，邁向茫然未知的異地時，究竟表現出什麼樣內心深層的思想？表面上他們似乎是藉由「覽異」去比較文化高低差異，但事實上，我們不妨認爲，他們是藉由這樣的「比較」去緬懷故鄉。用一種「另類」懷鄉文學的方式，抒發自己對於故鄉的思念。然後，再進一步藉由這種想念，使自己取得一份安身立命的所在。如此一來，自然從內心獲得了「安穩」、「無懼」。因爲「比較」需要「對象」，而作爲一個被比較的「對象」，它自然也就有了「存在」的必要與必然。故鄉也可以在這樣的情狀下「存在」。

第六章　本土文人的風俗民生觀察

劉登翰、汪毅夫等著的《臺灣文學史》，在提到咸豐至光緒年間的文學創作時，曾經作出這樣的觀察：

> 從作品的流行題材、作家的活動重點、創作的主要風氣等方面看，采寫臺灣民俗乃是 1851～1885 年間臺灣文學的主潮。劉家謀、陳肇興、黃敬、王凱泰、馬子翹、何竟山、周莘仲、黃逢昶以及新竹作家群中的林占梅、查小白、林豪、楊浚等人都有描寫臺灣民俗的作品傳世。這些作品有的以學術研究的成果爲基礎，有的卻出自傳訛；有的意存懲戒，有的卻袖手觀風。臺灣的山川文物、佛教道觀、風俗禮儀、飲食服飾、氣候物產、歲時年事、方言俚語等一一入於臺灣詩人的采風之作。然而，臺灣的民俗題材畢竟有限，後起的作者不能不感到取材的困難：臺灣的「奇風異俗」幾乎全在前人的作品中得到表現。於是，采風之風終於受制於臺灣民俗題材的有限而由盛入衰。〔註1〕

汪毅夫認爲「采寫臺灣民俗乃是 1851～1885 年間臺灣文學的主潮」，就當時文學成果而言是可以成立的，但是臺灣文人的采風之作卻不是在此時才肇始，早在清初領臺時，許多遊宦文人的作品中就出現不少關於臺地的風俗民情采錄之作，其中屬於詩作的部分雖然不多，但散文的成果卻相當可觀。道咸同時期的確是采風之作大放異彩的時期，值得一提的是，相對於遊宦文人早在這塊寫作版圖佔有一席之地的情況，本土文人在這時候開始加入竹枝詞

〔註 1〕 劉登翰、汪毅夫等著的《臺灣文學史》，海峽文藝出版社，1991 年 6 月，頁 214～215。

寫作以及采風書寫的行列，自然有其時代意義存在。究竟遊宦與本土文人在采風問俗的主題取捨上呈現出什麼樣的不同？其創作目的為何？他們各自選取臺灣那些面向進行書寫？這些面向的書寫，反映了本土文人什麼樣的企圖？都是我們所要探討的議題。

在處理本章之前，我們必須先釐清的是，遊宦文人的采風之作反應了什麼樣的臺灣風土？

竹枝詞的寫作內涵，主要目的是為了記一地之風土。李宏碩曾提出「如果說唐人所作，多是寫旅人鄉思愁緒，或兒女柔情，那麼，後人所作多是風土人情。臺灣竹枝詞則明顯地屬於後者，可起入境問俗的作用，對研究臺灣的民俗學社會學有重要的參考價值。」〔註2〕李廷錦在〈歷代竹枝詞賞析序〉指出「清代許多作者把竹枝詞完全變成了記述風土之詩，只顧記事，不注重抒情，成了地方志、民俗史的注釋和補充。」〔註3〕陳香在《臺灣竹枝詞選集》的序文中也說「竹枝詞是諷詠『土俗瑣事』的極佳詩歌體裁。」〔註4〕這一些都跟嘉慶九年（西元 1804 年）任嘉義縣教諭的謝金鑾在其〈臺灣竹枝詞·引〉上說：「五、七言詩，以典雅麗則為宗。惟竹枝雜道風土，雖方言里諺，皆可以入則，猶國風之遺也」相合。因此從竹枝詞的寫作內容，很能看出一地的風土民情，甚而彰顯該地特色。

除了竹枝詞外，部分「雜事詩」也用來書寫地方風土，而題目上有「雜詠」、「雜詩」、「雜興」、「櫂歌」、「漁歌」、「衢歌」、「樂府」等，甚至是從竹枝詞變化出的「櫻枝詞」、「柘枝詞」、「荔枝詞」、「桂枝詞」、「松枝詞」、「桃枝詞」以及只出現在臺灣的「蔗枝詞」，都有著相同或相似的書寫內容。由於本章重點不在竹枝詞名稱的界定，而著重在這些竹枝詞或雜體詩中反映的風土民情，因此不多作討論。

薛順雄在〈臺灣清代〈竹枝詞〉價值研討〉一文，嘗試解釋清代臺灣大量出現竹枝詞的緣由時，曾經提到：

> 要是追問，為何臺灣會留下有這麼多的〈竹枝詞〉性質作品？尋其原由，正如乾隆八年（西元 1743 年）任巡臺御史熊學鵬所說：「物產民風事事殊」（〈即事偶成二律〉之一），把這種富有新鮮感的異域

〔註2〕 見《人民日報·海外版》，1989 年 9 月 13 日。轉引自翁聖峰《清代臺灣竹枝詞之研究》，文津出版社，1996 年 4 月，頁 43。
〔註3〕 轉引自翁聖峰《清代臺灣竹枝詞之研究》，文津出版社，1996 年 4 月，頁 44。
〔註4〕 陳香《臺灣竹枝詞選集》，臺灣商務印書館，1983 年，頁 1。

風情景物寫入詩中,最適宜運用的體裁應該是〈竹枝詞〉,就像康熙朝呂謙恒〈題同年黃玉圃番社圖〉詩所云:「耳目全開天海外,土風盡入竹枝詞」。一些內地渡海來臺的文人、官員,常喜採用這種的詩體來寫,即所謂:「浪跡臺江譜竹枝」(施士洁〈臺灣竹枝詞〉三十二首之一)、「竹枝詞託鴻泥意」(胡澂〈恒春竹枝詞〉八首之八)、「我今託跡恒之湄,課罷閒來寫竹枝」(康作銘〈游恒春竹枝詞〉十二首之十二)。〔註5〕

翁聖峰在解釋清代臺灣竹枝詞大量出現的外緣因素時則指出:

為何在清代臺灣出現大量采風作品?這與清代方志的編寫有很大的關係,再者,方志編寫的意識同樣可以納入整個清代特殊的社會文化來解釋。〔註6〕

對於流寓者個人來說,初到臺灣仍然會感覺與中原有甚大之異,所以,時代雖然不斷改變,但是流寓者所描寫的竹枝詞,記異仍然是主要的特點,因此竹枝詞加上自註之風,用以增加竹枝詞敘述的空間,也就綿延未間。……除了描寫異趣之外,為他日編修方志所參考,垂為有用之書,也是另一個主要的創作動機。〔註7〕

對竹枝詞或采風詩作的詩人來說,「記異」與「方志編修」,都是促使其大量寫作的誘因,這二部分都是可以成立的。不過翁聖峰在分析臺灣竹枝詞的自註比例時,曾區分出遊宦與本土二大文人社群:

(清代臺灣)竹枝詞加上自註的約佔了全部作品的四成,但是若仔細比對流寓與本土作家的竹枝詞,可以發現其比例相差甚大,「流寓」者各家竹枝詞自註的比例均在五成以上,初期的郁永河作品更佔九成以上;相反地,「本土」各家竹枝詞自註在各王朝的比例甚低,均未超過三成;若就二者竹枝詞加自註比例的多寡來看,前者為百分之五十九,後者為百分之十二,其比例相差幾近五倍之多,清代臺灣竹枝詞自註,在「流寓」與「本土」之中,其數量之差異可謂不小。〔註8〕

〔註5〕引自薛順雄,〈臺灣清代〈竹枝詞〉價值研討〉,http://www.nchu.edu.tw/
　　　~chinese/EO12.HTML。
〔註6〕見翁聖峰,《清代臺灣竹枝詞之研究》,文津出版社,1996年4月,頁47。
〔註7〕同前註,頁168。
〔註8〕同前註,頁166。

我們想釐清的是，如果遊宦文人的竹枝詞與風土書寫，是因爲「流寓者乍到新天地，面對各種事物、風土，身臨海外許多異於中原本土的新天地，他們選擇竹枝詞這種較不拘格律的特性，又可以夾雜各種俚俗、方言，充分達到摹寫新天地風趣的效果」的話，本土文人的竹枝詞書寫，又是爲了什麼樣的理由？對於他們而言，「記異」的動機並不存在，也毋須「摹寫新天地」，本土文人在作品中少有自註，自然是因爲他們自小生長在這塊土地，對種種風俗都極爲熟悉的緣故。如果「爲他日編修方志所參考，垂爲有用之書」的理由仍然存在，那還有哪些理由，是促使本土文人在道咸之後，開始進行竹枝詞的書寫？而他們所書寫的竹枝詞內容，跟遊宦文人又有什麼不同？

對此，在道咸時期遊宦文人部分，我們以劉家謀作爲一個對照組，這是因爲劉家謀的《海音詩》及《觀海集》除了詩作數量眾多，文本資料充足外，所涉及的面向也相當廣泛，他主要以清代中葉臺灣府城作爲觀察與描述的對象，篇幅雖不算長，但是對於記錄臺灣山川、草木、禽獸之特異，與風俗民情、社會現象，皆觀察入微，並具有濃厚的批判精神。「由於《海音詩》是劉家謀用心甚深的創作，他必須在有限的一百首篇幅中，總結四年臺灣之行的所見所聞，以做爲朝廷日後改善對臺統治政策的參考，故在討論的材料上須有所揀選，才能含攝不同層面的風土民情。」〔註9〕因此，《海音詩》已經經過去蕪存菁的手續，將劉家謀認爲最重要的臺灣風土一一記載下來，這些記錄和《觀海集》部分詩作互爲表裡，將道咸時期的臺灣社會與風土民情，作了極爲忠實的記錄，劉家謀《海音詩》最後一首提到「四年炎海寄微官，虛喫天朝首蓿餐。留得秦中新樂府，議婚傷宅總憂歎（己、庚、辛、壬，歷四載矣）。」〔註10〕顯然有將《海音詩》視爲如白居易〈新樂府〉、〈秦中吟〉一樣的社會寫實作，藉以諷諭朝廷，反應民間疾苦，所以韋廷芳在序文中說他「一切地方因革利弊，撫時感事咸歸月旦，往往言人所不敢言、所不能言。」正因爲劉家謀有這樣的意圖，所以《海音詩》對於當時時事與社會風氣的記述，也就直接許多。以劉家謀和同時期本土文人作爲對照，也很能看出二者的不同處。

〔註9〕 見翁聖峰，〈劉家謀的《觀海集》〉，《臺灣文獻》47卷4期，1996年12月，頁184。

〔註10〕 收於施懿琳等編，《全臺詩》第伍冊，遠流出版公司，2004年，頁308。

其中除卻歌詠在臺官吏與物產的詩作外，和社會及風土有關的詩作，約略可以分為以下幾類：

1. 政治面向上：道咸年間米穀賤價，賦役繁重；徵租不均、吏治班兵的敗壞。
2. 經濟面向上：祭品、筵席、服飾講究奢靡、鴉片盛行。
3. 社會風氣上：教育失時、螟蛉繼承、婚姻曠怨、婦德不彰。
4. 社會治安上：嫖賭充斥、偷盜搶劫盛行、結拜要盟、樹旗糾眾械鬥、民變時生。
5. 信仰思想上：崇信巫醫、投機取巧；婚喪習俗、節令活動（元宵、清明）。

其中同時為遊宦與本土文人記載反映的有：講究奢靡、鴉片盛行、樹旗糾眾械鬥、民變時生、節令活動（元宵、清明）等，也就是集中在經濟、社會治安面向和信仰思想上。另外，只見於遊宦文人書寫，卻不見本土文人記錄的，還有反映道咸年間米穀賤價，賦役繁重、徵租不均、螟蛉繼承、婚姻曠怨、婦德不彰、結拜要盟、崇信巫醫、婚喪習俗等問題。

第一節　本土文人竹枝及采風之作反映出的臺灣社會

前面提到，「本土文人的竹枝詞書寫，又是為了什麼樣的理由？對於他們而言，『記異』的動機並不存在，也毋須『摹寫新天地』。如果是為了「修志」的理由的話，那麼是否有其他理由，是促使本土文人在道咸之後，開始進行竹枝詞的書寫的？而他們所書寫的竹枝詞內容，跟遊宦文人又有什麼不同？」這些都是本節所想要嘗試解決的問題。

一、竹枝詞所反映的臺灣社會

本土文人開始在詩作中大量出現「竹枝詞」這一體裁，大約要到道咸時期之後，在此之前，不得不先提到卓肇昌，他是目前可見，最早有竹枝詞作品傳世的本土文人。肇昌字思克，臺灣鳳山人，是卓夢采之子。拔貢生，乾隆十五年舉人，官揀選知縣，不赴。少穎異，著有《栖碧堂全集》。年五十四歲。連橫《臺灣詩乘》稱他：「主講書院，著作頗多，有〈臺灣形勝〉、〈鳳山〉、〈鼓山〉等賦，又有〈龜山八詠〉、〈鼓山八詠〉，皆非佳構，然亦有可誦

者。」〔註11〕

卓肇昌所流傳下來的竹枝詞有二首，分別是〈東港竹枝詞〉〔註12〕及〈三畏軒竹枝詞（即書院東軒）〉〔註13〕，這二組竹枝詞的寫作方式，可能影響後來本土文人的竹枝詞寫作，卓肇昌主要以生活空間作為竹枝詞書寫的對象，後來本土文人的竹枝詞多冠以臺灣局部地名，也許受到他的影響，這是特色之一。由於卓肇昌詩作的「仙化」色彩非常濃厚，所以〈東港竹枝詞〉雖然主要描寫漁村風景，但風景之優雅，似非存在於人世間，卓肇昌透過感官描寫，將東港附近的美感一一呈現，「萬頃波光漾碧空，滿湖月色瑩青銅。漁歌忽起滄浪外，人在畫橋一葉中」、「曉霞絢彩覆東洲，海曲人家逐岸流。煙水幾灣帆片片，浮沉波影五花虯」是從視覺上營造出環境的優美，「那堪回首落暉西，島樹煙寒暮色低。分明聽得吹長笛，祇隔峰前白水棲」、「風月主人閒便是，夜深枝上杜鵑聲」則從聽覺入手，「漠漠湖東氣倍涼，平蕪春浸碧沙長」、「茅屋夜深天似水，白蘆尚有話溪橋」是觸覺上的描述，卓肇昌所描述的東港，像是畫作一般，「極目滄溟天際表，四時野色水中描」、「誰將一片晴江色，寫作瀟湘煙雨圖」，而他所刻意營造出的化外之境，顯然將東港視為仙界所在，「眼前悟得維摩法，葦渡何勞世外求」、「欲覓安期仙子宅，昨宵夢裏記吾曾」，是自己夢寐以求的安居之所。

和東港相比，三畏軒跟卓肇昌的生活就更貼近了，作者自註說三畏軒「即書院東軒」，所書寫的也都是生活小事，不管是三畏軒的地理環境「小築數椽近竹西」、「山徑履稀任薜蘿（院傍山麓）」、「避暑禪房近夕暉，老僧繙閱貝多文（山頂有寺）」，或是四周景致「涼颸初放雨天花。鴉飛落日蒼茫裏」、「松陰覆地苔華濕」、「滿山啼鳥自宮商」，我們都能看出作者想要建立「桃源處士家」的希望，而和外在桃源相呼應的，是生活中悠閒自得的心境，因此他的日常生活的敘寫，像「主人抱膝賦薰兮」、「東風催我轉胡床，坐落嵐光午夢涼」或是交遊讀書，「忽然有客不衫履，爾我快談話弟兄」、「論文有弟應兼友，嗟莫閒愁太瘦生」等，都能看出卓肇昌嘗試活出像「閒步空階午漸移」、「開窗閒看白雲過」、「閒將心事對殘陽」般「閒」的韻味，這些極為貼近自己成長環境的書寫方式，是非常在地的，如果不是因為真心喜歡與認同，卓肇昌

〔註11〕見連橫，《臺灣詩乘》卷四，收於《連雅堂先生全集》，臺灣省文獻委員會，1992 年，頁 102。

〔註12〕收於施懿琳等編，《全臺詩》第貳冊，遠流出版公司，2004 年，頁 313～315。

〔註13〕同前註，頁 315～317。

不會將自己的夢想寄託在這塊土地上。

　　因此，汪毅夫認為卓肇昌「以〈鳳山八景〉、〈鼓山八景〉、〈龜山八景〉、〈東港竹枝詞〉、〈三畏軒竹枝詞〉為題寫過幾組詩。這些詩雖巧雕細刻臺灣局部山水，但多為表現詩人的閒情逸致，文字又過於雕琢，『皆非佳構』（連橫語）。加之他所寫的景又囿於鳳山一地，生活領域與藝術視野也比較狹窄。」〔註14〕對詩人而言是評價過低，楊雲萍認為卓肇昌的這二組竹枝詞是「清麗可誦」〔註15〕，則主要是從文句藝術而言，但就其創作意圖與內涵來看，卻顯然略而未談。其實，卓肇昌可以說是本土文人中，第一位將書寫視野落實在臺灣這塊土地的文人，他老老實實的記錄日常生活空間，將視野放在身邊的土地，而非遙遠的大陸，這一點影響後來本土文人的竹枝詞寫作。

　　至於道咸同時期的本土文人，他們的竹枝詞究竟反應了那些臺灣風土呢？主要可以分成二大類，一是承繼卓肇昌的家鄉空間書寫傳統，以「局部地名」竹枝詞作為書寫重點，所以陳肇興有〈赤嵌竹枝詞〉、黃敬有〈雞籠竹枝詞〉、李逢時〈竹枝詞四首郡寓作〉，都是記錄臺地生活空間的。

　　彰化文人陳肇興的〈赤嵌竹枝詞〉〔註16〕，記錄的不是他的生長地彰化而是臺南，所以我們會發現臺灣本土文人寫臺灣，竟然也會用「覽異」的角度書寫。由於是到臺南遊歷，所以地名空間書寫的比例很高：「水淺蓬萊海又乾，安平（安平，臺南港）晚渡踏成阡。鴻泥回首滄桑改，只閱春光十二年。」一詩寫安平港；至於「紅毛樓下草昏昏，訪古人爭說北園（北園，鄭經所建）。霸業銷沈歌舞歇，空留初地在沙門（沙門，佛寺）」則是寫北園；書寫臺南水仙宮的二首作品，則都聚焦在漁村風景上，「東溟西嶼海潮通，萬斛泉源一葉風。日暮數聲欸乃起，水船都泊水仙宮（水仙宮，臺南城內）」、「水仙宮外是農家，來往估船慣吃茶。笑指郎身似錢樹，好風吹到便開花」。陳肇興扣住地名書寫，並為每一地名作註解，究其原因還是跟他對府城較為「陌生」的緣故，但是如果和其他遊宦文人「長篇鉅製」般的註解相較，他的地名解說卻又極為簡單，這自然是因為陳肇興對府城的「陌生」，來自於它並非其自小生長的生活空間，但跟其他內地文人相較卻又不那麼陌生，是因為臺南畢竟仍

〔註14〕見汪毅夫、劉登翰等著《臺灣文學史》，海峽文藝出版社，1991 年 6 月，頁175。

〔註15〕見楊雲萍，《臺灣史上的人物》，成文出版社，1981 年。

〔註16〕收於施懿琳等編，《全臺詩》第玖冊，臺南：國立臺灣文學館，2008 年，頁237～238。

在臺灣這塊土地上的關係。可以說，「距離」決定了註解的長短，遊宦文人居住地與臺灣的距離因為遙遠，在註解篇幅上會比同住於這塊的本土文人來得更多也更加細緻。

至於「荷蘭城（荷蘭城，即赤嵌樓。南鯤，即臺南之前身。北港，媽祖發祥地）外一聲雷，鑼鼓喧闐幾處催。儂向南鯤賽神去，郎從北港進香來」一首，除了介紹赤嵌樓、南鯤、北港等地名外，重點恐怕還是放在「賽神」與「進香」的民間信仰記錄上。

陳肇興竹枝詞中，對於臺地特有物產的描寫，也是值得一提的，我們在第三章曾經探討過，本土文人因為對臺地物產「習以為常」，所以有許多遊宦文人認為是臺地「特產」的物種，反而不見本土文人有所敘寫，但這一組詩中，陳肇興卻一連記錄了許多臺地「特有」物產：

> 繞過羅山喜鵲呼，人家籬落**綠珊瑚**。朱甍碧瓦連茅屋，合作丹青水墨圖。
>
> **檳榔蔞葉**逐時新，箇箇紅潮上絳唇。寄語女兒貪黑齒，瓢犀曾及衛夫人。
>
> 梅子黃時雨滿溪，纍纍**佛果**證菩提。當壚十五鴉頭女，手把鸞刀劈**鳳梨**。
>
> 銀絲繪斫**正頭烏**，二八佳人捧玉壺。但乞郎如魚有信，一年一度到東都。

李逢時的〈郡寓雜作〉顯然就是外在景物的記錄了：

> 薰風吹暖**綠珊瑚**，枕石籬邊客夢孤。酒友不來呼月至，照儂直到醉魂蘇。
>
> 梨花似雪柳如煙，又是羈人風雨天。**盤壁守宮鳴唧唧**，青燈夜半不能眠。
>
> 宜晴宜雨麥秋天，籬落**珊瑚**橫暮煙。正是酒樓風景好，囊中只少買山錢。
>
> 盡日詩魔與酒魔，促人痛飲且高歌。他鄉每恨無知己，孤負嵌城明月多。

「綠珊瑚」是臺地特產，一般多用以圍籬屏障，是臺地特殊景觀，但這一景觀卻少見於本土文人作品中，李逢時在這裡接連提到「薰風吹暖綠珊瑚」、「籬落珊瑚橫暮煙」，也提到「盤壁守宮鳴唧唧，青燈夜半不能眠」，這些都是南

臺灣常見景致，李逢時可以說忠實呈現了當時府城幾個代表性的物產。而這樣的物產記錄也同時見於〈題郡城舊館〉及〈經歷司別廨題壁〉中，綠珊瑚可以說是李逢時對於府城的既定印象。至於黃敬〈雞籠竹枝詞〉〔註17〕說「萬頃波濤一葉舟，無牽無絆祇隨流。須臾滿載鱸魚返，販伙爭沽鬧渡頭」強調的是雞籠的漁港港口性格，就只是純粹的地方介紹而已。陳肇興與李逢時的竹枝詞，都不約而同的以「府城」作為書寫對象，呈現出府城的風俗特色與物產風貌。

　　第二是節慶類的竹枝詞寫作，施瓊芳、彭廷選都有〈盂蘭盆會竹枝詞〉，張書紳有〈端午竹枝詞〉，陳維英有〈清明竹枝詞〉、黃敬有〈秋社竹枝詞〉。陳維英的這首竹枝詞，並未見於其個人別集中，張書紳的也未見於方志作品，二首詩均只見於陳香的《臺灣竹枝詞選集》一書，究竟這二首詩來源為何？我們無從得知，只能略作說明，待來日有更多資料出土時再行補足。如果說，竹枝詞是一地的風俗記錄，則本土文人這一些節慶類竹枝詞，究竟記錄了臺灣什麼樣的風俗？張書紳〈端午竹枝詞四首〉〔註18〕說：

　　艾劍蒲旗比戶懸，登盤桃李賽芳鮮。花生荇菜新尤物，祭祖無瓜笑
　　不虞。
　　雄黃滲酒為驅邪，五毒張羅送海涯。祇有蝸牛偏自在，容留池畔伴
　　青蛙。
　　角黍兒童興最長，甜鹹不管每偷嘗。祖公未拜香先點，雞肉無如粽
　　味香。
　　彭聞簫鼓鬧溪邊，水淺無從賽彩船。臭袋香囊依俗佩，龍舟鬚亦有
　　人纏。

端午節時在門上插蒲草與艾草「艾劍蒲旗比戶懸」，喝雄黃酒「雄黃滲酒為驅邪」、吃粽子「角黍兒童興最長，甜鹹不管每偷嘗」、「雞肉無如粽味香」、吃桃李「登盤桃李賽芳鮮」、龍舟競渡「彭聞簫鼓鬧溪邊，水淺無從賽彩船」、佩戴香包「臭袋香囊依俗佩」、五毒符「五毒張羅送海涯」等，幾乎跟中國傳統的端午習俗相同。所以如果要從張書紳所寫的端午竹枝詞去看出臺地端午特色，幾乎是看不到的，只除了第一首提到「花生荇菜新尤物，祭祖無瓜笑不虞」一點，筆者查閱跟端午有關的習俗，不見相關記載，中國與臺灣各地

〔註17〕收於施懿琳等編，《全臺詩》第肆冊，遠流出版公司，2004年，頁140。
〔註18〕此詩收於陳香，《臺灣竹枝詞選》，商務印書館，頁260～261。

風俗亦不見，只能推斷是張書紳當時臺地祭祀的特殊習俗，也或許是跟一般中國傳統相差甚多，故只流行一段時間，便消失不見。陳維英〈清明竹枝詞四首〉〔註19〕就比較特殊，除了風俗采錄之外，還有說理的成份：

> 掃墓同時亦踏青，飄錢未必及幽冥。慎終追遠售心念，睦族深期蔚德馨。
>
> 銀紙焚燒后土邊，群兒伸手乞糕錢。紅燈帶路回家後，墓粿分貼遍陌阡。
>
> 剝蛋墳前兆吉祥，縣縣祖德煥餘光。哭聲罕再搖山岳，孝道敦平納典常。
>
> 清明習俗本相同，祭祖由來是古風。春餅幾家憑應節，紙鳶偶或幌高空。

詩中提到「踏青」，也提到「培墓」之後要剝鴨蛋殼丟在墳上，象徵新陳代謝，生生不息，即「剝蛋墳前兆吉祥，縣縣祖德煥餘光」。然後焚化紙錢「銀紙焚燒后土邊」、點燃鞭炮。在早期的農業社會，只要一聽到墓地傳來的鞭炮聲，就有許多的兒童會圍攏過來，等候掃墓的人家分贈墓粿。墓主就會將祭祀完畢的紅龜粿、麵粿等分送出去，所以說「紅燈帶路回家後，墓粿分貼遍陌阡」。除了儀式風俗的記錄外，詩裡也一再強調「慎終追遠售心念，睦族深期蔚德馨」、「孝道敦平納典常」、「清明習俗本相同，祭祖由來是古風」，重心還是放在「慎終追遠」上，強調孝道的重要性。相形之下，黃敬的〈秋社竹枝詞〉〔註20〕則是一幅農村狂歡圖：

> 相逢相問屬秋天，共說今年勝舊年。田祖有神宜報賽，吹簫擊鼓備芳筵。
>
> 盤有粢兮鼎有牲，同來祀社告西成。祭餘不用留神惠，相勸庄人酒共傾。
>
> 酒酣耳熱歌聲起，翹首村村夕照微。散社忍教相別去，醉聞簫管又忘歸。

祭祀"社神"的日期，稱為"社日"，一般分為春社和秋社。秦漢以後，就基本確定以立春日起第五個戊日為「春社」；立秋日起第五個戊日為「秋社」，一般指祭祀酬祭土神的典禮。黃敬記錄農民在秋社時，準備了「盤有粢兮鼎

〔註19〕 此詩收於陳香，《臺灣竹枝詞選》，商務印書館，頁259～260。

〔註20〕 收於施懿琳等編，《全臺詩》第肆冊，遠流出版公司，2004年，頁130～131。

有牲」，並在祭祀完畢之後「相勸庄人酒共傾」，「酒酣耳熱歌聲起」、「醉聞簫管又忘歸」，呈現人神同歡景象，別有一番風情。

　　相較於前二類的風俗采錄，無名氏〈械鬥竹枝詞四首〉〔註21〕就不是客觀的采錄，而是主觀的批判了，由於詩作重疊，因此我們將於第七章的第一節「仙拼仙，拼死猴齊天──本土文人眼中的分類械鬥」進行探討。再來就是陳震曜〈平埔族竹枝詞七首〉〔註22〕了，這是本土文人中，唯一以臺灣原住民為書寫對象的竹枝詞：

> 似石如沙一族人，交相排斥亦相親。崇山洒血平原汗，先住依然屬逸民。
> 狩獵耘田復捕魚，不知曩昔不知書。是番久已亡番籍，輾轉遷移散漫居。
> 嫁娶猶人重禮儀，矜生恤死有風規。天公祭後迎菩薩，草木榮枯判歲時。
> 鑿齒雕題鄙野蠻，翎毛不尚尚刀鐶。黑襟黑袴無文飾，亙古圖騰未見攀。
> 厭與兇番抵死爭，由來絕少不平鳴。隨和化解長年厄，嚮往文明即自明。
> 公然借地用牛皮，列祖光榮在不私。詎料紅毛奸又狡，不私竟爾喪根基。
> 漢姓之中潘最多，通婚猶見創先河。豈知生計奔勞慣，到處邅邅溫水渦。

從「嫁娶猶人重禮儀」、「厭與兇番抵死爭」來看，陳震曜顯然是從「教化」的角度進行比較與評論，震曜字煥東，號星舟，嘉義人。曾與陳廷瑜等人在府城寧南坊呂祖廟建「引心文社」，後改為「引心書院」。他的經歷中不是擔任教諭、訓導，就是參與修志，他雖然生長於臺灣，但是對於原住民的記錄，卻停留在清初來臺文人筆下的刻板印象，陳震曜的描寫頗有矛盾之處，他一方面認為原住民蠻荒不文，從「不知曩昔不知書」、「鑿齒雕題鄙野蠻，翎毛不尚尚刀鐶」等描寫，會讓人產生其所寫的是高山族原住民的錯覺，但標題卻又是「平埔族竹枝詞」。另一方面，「是番久已亡番籍」、「嫁娶猶人重禮儀，

〔註21〕此詩收於陳香，《臺灣竹枝詞選》，商務印書館，頁254。題為陳肇興作。
〔註22〕同前註，頁51。

矜生恤死有風規。天公祭後迎菩薩，草木榮枯判歲時」的描寫，又能看出平埔族已受漢化的情況。筆者以為，陳震曜的描寫，恐怕是介於生番及熟番之間的「化番」，雖然詩句中仍有「狩獵耘田復捕魚」、「黑襟黑袴無文飾」、「鑿齒雕題」等風俗描寫，也有「公然借地用牛皮」的歷史描述，但是因為詩句中出現「嫁娶猶人」、「鄙野蠻」、「列祖光榮在不私」等價值判斷的用語，因此已經不是單純的竹枝采風之作了。

至於李望洋的〈宜蘭雜詠八首（五月七日）〉〔註23〕，陳香在《臺灣竹枝詞選集》中作〈宜蘭竹枝詞八首〉，但實則只選五首，原詩的一、三、五首都未收入，我們不太能理解，何以「北關海潮」及「龜山曉日」有收，「蘭陽形勢」卻不收？同樣的，何以「貨船入口」屬竹枝詞，「鄉多魚米」卻不算？同樣提到「七十餘年歸治化」、「版籍圖收七十年」，何以前者的「民番集處」屬之，後者的「文風日上」卻不是？李望洋這一組詩作，從地理環境、文學風氣、經濟活動入手，對於故鄉宜蘭多所著墨，事實上，陳香未收入的第一首，卻是交待宜蘭環境的重要詩作：

> 張弓形勢是宜蘭，萬疊高山擁長官。生面別開東海角，龜峰聳峙似彈丸（蘭陽形勢）。

至於最後一首，除了是全詩的總結，也可以看出李望洋對於故鄉的高度認同感：「五岳歸來又看山，三貂一路透重關。誰知海角成源洞，別有桃花不改顏（境比桃源）」用「境比桃源」來作比擬，可見他對故鄉的喜愛。李望洋用雜詠的方式書寫故鄉宜蘭，其實多少希望藉由風俗的采輯，將宜蘭的美景與人文記錄流傳到後世，這樣的鄉土認同，多見於本土文人的創作意圖中。

二、采風之作所反映的臺灣社會

（一）多元民間信仰

徐宗幹編的《瀛州校士錄》中，收有「新樂府六章」，其中四首為許廷崙所作，二首為李喬作品。許廷崙〈保生帝〉、〈鯤身王〉等詩，都反應出臺地多元的民間信仰，〈保生帝〉〔註24〕說：

> 保生帝，不醫國，當醫民。功德在民宜為神。喧騰五月龍舟開，海

〔註23〕收於施懿琳等編，《全臺詩》第玖冊，臺南：國立臺灣文學館，2008 年，頁173。

〔註24〕收於施懿琳等編，《全臺詩》第伍冊，遠流出版公司，2004 年，頁 84。

上王拜帝君來。帝顏微笑送王歸，五色香花夾路飛。霓旌風馬不得見，袂雲汗雨空霏霏。歸來傾篋坐歎息，斗儲忽罄虛朝食。已拋綾錦勞歌喉，又典衣衫換旗色。清時樂事人所為，澆風靡俗神不知。神不知，降祥降殃天無私。

連橫在《臺灣詩乘》有註說「按保生大帝即吳真人，名本，福建同安白礁人。生於宋太平興國四年，精醫術，以藥濟人。景佑二年卒，里人祀之；開禧二年，封英惠侯。《舊志》謂臺多漳、泉人，以其神醫，建廟特盛。吳真人廟一在鎮北坊，曰興濟宮；一在西定坊，曰良皇宮。」〔註25〕但卻沒有解釋何以「喧騰五月龍舟開，海上王拜帝君來。帝顏微笑送王歸，五色香花夾路飛」？這部分我們將於下文解釋。許廷崙以「不醫國，當醫民。功德在民宜為神」評價保生帝，算是極高的評斷。但當時百姓為求庇佑，紛紛「歸來傾篋坐歎息」「斗儲忽罄虛朝食」「又典衣衫換旗色」，這就似乎過於瘋狂迷信了，詩人認為所有的祭祀行為均是「清時樂事人所為」，但卻因為過度鋪張而「澆風靡俗」，社會風氣變得浮薄而不淳厚，神明並不會因為誰貢獻多，就比他人多給一份庇佑，上天仍是「降祥降殃天無私」的，作者對於當時百姓的懵懂無知作了相當程度的批判，而對於民智未開，百姓迷信懵懂的現象，也見於劉家謀《海音詩》：「箕中懸筆倩人扶，潦草依然鬼畫符。道是長生真有藥，九泉猶未覺迷途。」其自註說「俗重扛神，有病請神醫之。神輿兩轅，前一人肩其右、後一人肩其左，其行顛簸不定。病家用糠或米置箕中，前左轅忽低忽昂，點注糠米間作畫字狀，以為神方；即醫死不悟也。」〔註26〕他的《觀海集》也有一首〈童乩曲（赤身披髮作神語，為人書方治病，有受其愚至死不悟者）〉〔註27〕說「治病莫問醫，不如求童乩。乩可曰可否曰否，雖使飲酖且低首。陸離燈燭光滿堂，畫符仗劍何猖狂。妻為其夫母為子，奔走拜跪真皇皇。病人床頭氣一縷，驚怛無眠夜達曙。紙旛三尺懸檐端，乩亦踉蹌出門去。」我們看到百姓因為缺乏判斷能力，「病急亂投醫」的神態，家人中「妻為其夫母為子，奔走拜跪真皇皇」，而病人則是「床頭氣一縷，驚怛無眠夜達曙」，不然就是「病家用糠或米置箕中，前左轅忽低忽昂，點注糠米間作畫字狀，以為神方；即醫死不悟也」，而乩童呢？「紙旛三尺懸檐端，乩亦踉蹌出門去」，

〔註25〕見連橫，《臺灣詩乘》卷四，收於《連雅堂先生全集》，臺灣省文獻委員會，1992年，頁136。
〔註26〕收於施懿琳等編，《全臺詩》第伍冊，遠流出版公司，2004年，頁287。
〔註27〕同前註，頁326～327。

對於病人的疾病真是一點辦法也沒有，只能倉皇離開。劉家謀說「治病莫問醫，不如求童乩」，從詩中透顯的反諷批判意味可謂強烈了。

至於許廷崙的〈鯤身王〉說：

> 落花如塵香不歇，紫簫吹急夕陽沒。靈旂似復小徘徊，解纜風微訖不發。碧波涵鏡逼人清，照見輕妝水底月。龍宮百寶縱光怪，洛水明璫漢皋佩。淫佚民心有識傷，昇平餘事無人續。神來漠漠雲無心，神去滔滔空水深。士女雜沓舉國狂，年年迎送鯤身王。〔註28〕

詩人批判重點在「淫佚民心有識傷，昇平餘事無人續。神來漠漠雲無心，神去滔滔空水深」，因此當「士女雜沓舉國狂，年年迎送鯤身王」時，民心也淪於墮落的地步了，連橫在《臺灣詩乘》有註說「按南鯤身在安平之北，距治約二十里，每年五月，其王來郡，駐良皇宮，六月始歸。男女昏香，絡繹不絕，刑牲演劇，日費千金，而勾闌中人祀之尤謹。」〔註29〕下文林占梅在〈與客談及嵌城妓家風氣偶成〉〔註30〕也說到「儻觀花與柳，須待送迎王（有神曰南鯤身王爺，廟在鹿耳口。每年五月初至郡，六月初始回；迎送之際，群妓盛服，肩輿列於衝道兩傍，任人玩擇）。」二位本土文人的描寫相同，而劉家謀《海音詩》也有相似記載：「競送王爺上海坡，烏油小轎水邊多；短幨三尺風吹起，斜日分明露翠蛾。」自註說：「鯤身王，俗謂之『王爺』；以五月來，六、七月歸。歸時，郡中婦女皆送至海坡上。輕薄之徒，藉言出遊，以睨佳麗。」〔註31〕這裡對於「鯤身王」的描寫，應該就是前面許廷崙在〈保生帝〉所記「喧騰五月龍舟開，海上王拜帝君來。帝顏微笑送王歸，五色香花夾路飛」的「海上王」。丁紹儀在《東瀛識略》的「習尚」條曾說：

> 凡寺廟神佛生辰，合境斂金演戲以慶，數人主其事，名曰頭家。最重者，五月出海，七月普度。出海者，義取逐疫，古所謂儺。鳩貲造木舟，以五彩紙為瘟王像三座，延道士禮醮二日夜或三日夜，醮盡日，盛設牲醴演戲，名曰請王；既畢，昇瘟王舟中，凡百食物、

〔註28〕收於施懿琳等編，《全臺詩》第伍冊，遠流出版公司，2004年，頁84。
〔註29〕見連橫，《臺灣詩乘》卷四，收於《連雅堂先生全集》，臺灣省文獻委員會，1992年，頁136。
〔註30〕收於施懿琳等編，《全臺詩》第柒冊，臺南：國立臺灣文學館，2008年，頁285。
〔註31〕收於施懿琳等編，《全臺詩》第伍冊，遠流出版公司，2004年，頁290。

器用、財寶，無不備，鼓吹儀仗，送船入水，順流以去則喜。或泊
於岸，則其鄉多屬，必更禳之。每醮費數百金。亦有閒一、二年始
舉者。福州諸郡亦興出海，船與各物皆紙爲之，象形而已；即普度
亦弗如臺。〔註32〕

將「五月出海」與「七月普度」並稱，這顯然是當時的二大民間信仰盛典，
也符合詩文說「喧騰五月龍舟開，海上王拜帝君來」的時間點，若依丁紹儀
所記「以五彩紙爲瘟王像三座」來看，與許廷崙所記「五色香花夾路飛」也
有相合之處，這裡的「海上王」與「鯤身王」應爲同一事，均爲王爺（瘟神）
信仰，目的是爲了「逐疫」，值得一提的是丁紹儀所說「福州諸郡亦興出海，
船與各物皆紙爲之，象形而已」，林富士解讀「五月出海」、「七月普度」均爲
「源自中國大陸的原鄉」〔註33〕，似乎泯除了臺地這二項慶典的「特殊性」，
事實上從「象形而已」及「即普度亦弗如臺」的字眼來看，丁紹儀認爲這些
慶典到了臺地更爲蓬勃發展，其規模及儀式甚至遠遠超越原鄉福建，因此將
之視爲臺地特有風俗的記錄，同樣是可以成立的。

鳳山貢生黃文儀有一首〈扶鸞〉〔註34〕寫道「一幅鸞書鳥篆文，空中落
筆捲風雲。每當燭跋香殘後，駕鶴飛來紫氣芬」對於扶鸞降乩的習俗幾乎
沒有任何批判，甚至還予以美化，而施瓊芳有〈臺陽上元日奎樓春祭魁星〉
〔註35〕、〈北港進香詞〉〔註36〕、〈我是玉皇香案吏〉〔註37〕等詩作，陳維英
也有〈七月大旱保安宮禱雨立應〉〔註38〕跟民間信仰有關的風俗記錄，顯示
他們同時受到儒學與道教的浸染，已經不是純粹儒學思想的知識分子。

我們在這裡要討論的是，相對於劉家謀對於臺地民間信仰「迷信」的批
判，本土文人除許廷崙外，其他人對於這些宗教信仰採取的卻是「欣然接受」
的態度，他們不只沒有面臨任何抉擇與衝突，甚至還有點「提倡」的意味，
這樣的態度，恐怕還是跟臺地普遍「尚鬼」的習俗有關，關於這部分，我們
將留待下文「臺灣本土文人的中元普渡書寫」一併論述。

〔註32〕見丁紹儀，《東瀛識略》，臺灣銀行經濟研究室，1957 年，頁 35。
〔註33〕林富士，〈清代臺灣的巫覡與巫俗——以《臺灣文獻叢刊》爲主要材料的初步
　　　　探討〉，《新史學》16 卷 3 期，2005 年 9 月，頁 35。
〔註34〕收於施懿琳等編，《全臺詩》第伍冊，遠流出版公司，2004 年，頁 130～131。
〔註35〕同前註，頁 390。
〔註36〕同前註，頁 420～421。
〔註37〕同前註，頁 422～423。
〔註38〕同前註，頁 178～179。

（二）歲時節氣記錄

本土文人中，對於采風之作的書寫，以施瓊芳最值得一提，主要在其相關數量極多的緣故，施瓊芳〈臺陽臘除雜詠〉〔註39〕呈現出臺人的生活習慣：

舌耕初放暇，已是賣聯時。履轍新正計，工謀潤筆資（賣聯）。

債主催今夕，迪家約過年。扣門忙丙夜，已是過年天（索帳）。

糖黍親朋饋，無題謝惠償。詩心紛歲務，非為學劉郎（年糕）。

綵勝絲籠貯，花孃喚玉人。喜他連理樣，今歲是雙春（春花）。

當空焚片楮，天馬比驤騰。不假韓韋畫，神通有法乘（竈馬）。

昔日凌煙閣，今朝士庶門。李唐無寸土，秦尉像長存（門神）。

寓象藏佳境，當門倚數株。來春生意滿，此蔗竟先枯（倚門蔗）。

姝母與姝公，今宵同守歲。帷燈徹曉明，茶酒香風細（照床燈）。

兒小未諳用，分錢寄母區。欲知年漸長，撲滿舊痕添（壓歲錢）。

人心計算長，一食留餘地。社飯想明年，誰知高后意（過年飯）。

和施瓊芳的〈端陽日戲詠〉〔註40〕、〈端陽雜詩〉〔註41〕、〈七夕〉〔註42〕、〈乞巧〉〔註43〕等詩作類似的地方是，這些年節習俗與內地並無二異，若掩去題目單看內容，我們的確不易一眼看出屬於臺地的特色，相形之下，〈寒食日郊行〉〔註44〕二首，就顯然較有特色了，如「沿門插柳半黃藍，閒趁東風挈酒柑。到處聽鶯皆好友，誰家鬥草得宜男。節拘龍忌風都屏，耕待鳩催雨正酣。捱過春陰花氣煖，羅衫新試到城南」中，「沿門插柳半黃藍」敘述府城人會在寒食節時，在門簷插柳；而「羅衫新試到城南」也點出府城居民掃墓的地點是府城市郊而非大陸，表示當時居民已經開始在臺地落葉生根，視臺灣為祖居地所在了。寒食節時，民眾也有踏青的習俗，所以有「隊隊肩輿簇簇衣，澆墳酒罷未言歸。深情兒女原無限，又向荒祠拜五妃（五妃祠在臺城南門外，事蹟詳見《府志》）」〔註45〕（〈寒食日郊行〉）的活動。除了施瓊芳外，陳維

〔註39〕收於施懿琳等編，《全臺詩》第伍冊，遠流出版公司，2004年，頁369～370。
〔註40〕同前註，頁376。
〔註41〕同前註，頁386。
〔註42〕同前註，頁393。
〔註43〕同前註，頁395。
〔註44〕同前註，頁372。
〔註45〕同前註，頁409。

英〈寒食偶成〉〔註46〕也提到因「諸生祭掃俱歸里」，因此夫子無所事事，「寂寥幾入禪」。而「飯冷青精廚禁火，盤供苜蓿日生煙」也點明「寒食」的習俗，以及寒食、清明因時間接近而常混爲一談的誤解，「來朝況值清明節，貪逐蠅頭只自憐」；曹敬〈清明歌不拘體不限韻〉〔註47〕也說「今朝報道清明節，忽聽高歌鬧野田。逸響傳來芳草地，新聲唱暖杏花天。低徊紫陌停香騎，感慨青山泣紙錢。一曲紅腔人去後，惟餘杜宇叫春煙。」詩中提到「忽聽高歌鬧野田」、「逸響傳來芳草地，新聲唱暖杏花天」的清明「唱歌」情形，不見於其他文人作品，所以無法判定曹敬所記的是屬於當時臺地祭掃時的習俗？抑或只是單純遇到有人在清明時節唱歌而記錄下來。至於李逢時〈清明二首〉〔註48〕之一提到「斜風細雨嘆蹉跎，愁煞床頭金叵羅。縱有送窮文字巧，酒錢不比紙錢多。」就不是單純清明祭掃描寫了，詩中提到「金叵羅」及「酒錢」，又提到「縱有送窮文字巧，酒錢不比紙錢多」，在清明時期家家祭祖焚燒紙錢，陰間親人有錢可用，但陽間的人卻無錢買酒，對於現實生活中的困窘，詩人是很有感慨的。

黃敬〈咏上元夜〉〔註49〕則是強調元宵燈景，「明月燈光盡錯過」、「明月燈光不肯留」，認爲此景更甚中秋「人說中秋景最幽，元宵美景勝中秋」，林占梅作品中的歲時節日之作，最能展現風俗記錄的，也是關於元宵的作品，重點同樣在描寫燈會，〈元宵燈下即目〉〔註50〕：「簇簇香塵擁錦棚，幾家庭院弄簫笙。花看酒後容尤艷，月照天中色倍明。牆外潛窺憐宋玉，筵前平視許劉楨。春遊不負風光好，此夜何須秉燭行。」提到元宵賞燈不僅視覺上可以看到花、美人與月亮：「花看酒後容尤艷，月照天中色倍明」，因爲燈數眾多，甚至「此夜何須秉燭行」，在聽覺上也有著「幾家庭院弄簫笙」的享受，以及嗅覺上「簇簇香塵擁錦棚」的芳香，在感官上獲得莫大滿足的林占梅，無怪乎會對這一歲時節日如此偏愛，〈元宵〉〔註51〕說「燈光月色兩交輝，

〔註46〕收於施懿琳等編，《全臺詩》第伍冊，遠流出版公司，2004 年，頁 173～174。
〔註47〕收於施懿琳等編，《全臺詩》第陸冊，臺南：國立臺灣文學館，2008 年，頁 364。
〔註48〕收於施懿琳等編，《全臺詩》第玖冊，臺南：國立臺灣文學館，2008 年，頁 78。
〔註49〕收於施懿琳等編，《全臺詩》第肆冊，遠流出版公司，2004 年，頁 120。
〔註50〕收於施懿琳等編，《全臺詩》第柒冊，臺南：國立臺灣文學館，2008 年，頁 150。
〔註51〕同前註，頁 149～150。

歌管嗷嘈酒令揮」、「莫道滿城春信早，看花只許看銀花」，另一首〈元宵〉
〔註52〕也是一樣「春色綺羅千戶共，花光桃李十分饒。笙歌欲歇盃猶引，鐘
鼓初沉燭未消」不只賞燈賞月賞花，還有「歌管嗷嘈酒令揮」、「笙歌欲歇
盃猶引」的宴飲同歡之樂，詩中透顯出「莫負春光」與「及時行樂」的感
受，反倒取代了元宵燈節的原始舉辦意義了。以林占梅對於元宵節賞燈的書
寫為例，就是一種「經由聽覺、嗅覺、味覺、觸覺所強化的親切的關聯性」
〔註53〕，臺地元宵活動之於林占梅，不是只有用「視覺」賞燈這麼單一的感
受而已，在視覺進行的同時，伴隨而來聽覺與嗅覺的刺激，在在深化詩人
對這塊土地的印象，陳維英〈壬辰元日〉〔註54〕提到「天開暖氣鼓聲中，爆
竹爭凌戲小童」可知當時過年時節，是有敲鑼打鼓、燃放爆竹的習俗的，他
的〈元旦〉〔註55〕說「幾聲爆竹滿城春」、「家家爆竹送迎頻」（鄭用錫〈過
年〉）〔註56〕、林占梅〈除夕〉〔註57〕也說「臘鼓頻催欲晚天，人聲爆竹雜喧
闐」，都是相同的記載。至於貼春聯「楹帖門前又換新」（鄭用錫〈過年〉、
「門外桃符處處新」（陳維英〈元旦〉）、「鄉閭共貼宜春字」（林占梅〈除
夕〉）、「簇簇桃符颺戶紅」（林占梅〈除夕漫賦〉）〔註58〕；分壓歲錢「兒女爭
分壓歲錢」（林占梅〈除夕〉）以及祭祖「拜罷遺容又愴然」（林占梅〈除
夕〉）以及「行春」的習俗「花街柳巷盡遊人」（陳維英〈元旦〉），也是與內
地相同。

　　值得一提的是鄭用錫稿本有〈俗以臘月送神元月迎神不知起自何時戲作
以供一笑〉〔註59〕：「閶闔鷳班首乍聯，如何諸佛亦朝天。雲車風馬家家送，
卯酒辛盤處處虔。乞奏綠章祈福命，望來紫闕卜筶簽。行程屈指無多日，只
此新年接舊年（折竹卜曰「筶」，即今之跌筊也）。」似乎對於習俗有所批判，

〔註52〕收於施懿琳等編，《全臺詩》第捌冊，臺南：國立臺灣文學館，2008年，頁1。
〔註53〕參考夏鑄九、王志弘編譯，《空間的文化形成與社會理論讀本》，明文書局，
　　　　2002年12月再版四刷，頁86～87。
〔註54〕收於施懿琳等編，《全臺詩》第伍冊，遠流出版公司，2004年，頁177～178。
〔註55〕同前註，頁193。
〔註56〕收於施懿琳等編，《全臺詩》第陸冊，臺南：國立臺灣文學館，2008年，頁
　　　　94，註285。
〔註57〕收於施懿琳等編，《全臺詩》第柒冊，臺南：國立臺灣文學館，2008年，頁
　　　　73。
〔註58〕同前註，頁147。
〔註59〕收於施懿琳等編，《全臺詩》第陸冊，臺南：國立臺灣文學館，2008年，頁
　　　　77，註231。

但他同時卻又有〈送神〉〔註60〕一詩「紙馬風輪到玉京，一年一度送行旌。
豈眞閶闔晨趨覲，可有簿畫歲考成。丹闕梯挑雲渺渺，銀河筏渡水盈盈。天
皇若問凡間事，乞爲斯民道苦情。」一方面進行批判，一方面有難以跳脫傳
統習俗帶來的桎梏，可以看出其思想雜揉的性格。

　　其他文人雖有節日的應景之作，但多是抒發內心感懷，而非風俗采錄，
如鄭用鑑的〈清明〉、〈七夕〉、〈九日登高〉、〈除夕〉；陳肇興〈清明〉、〈冬至〉、
〈臘日〉、〈除夕〉、〈元旦〉、〈人日〉、〈上元夜看煙火有感〉；林占梅〈元旦望
闕〉、卷七〈元旦〉、〈除夕〉、〈除夕夜半感占〉、〈辛酉除夕〉、〈壬戌元日〉都
屬此類，而李望洋《西行吟草》中，「節日」一直是促使李望洋書寫思鄉之作
的主要誘因，其中又以年底及除夕之作最多，因爲書寫地點不在臺灣，因此
也無法從中看出臺地風俗。

（三）茶農與漁家生活展現

　　李逢時有〈采茶歌〉〔註61〕，就是以山歌吟唱的方式創作，是道咸同時
期文人，唯一一首采茶的山歌記載：

> 香茶阿春到阿葉阿兒青嗳喲，有女如雲的山上行嗳喲到處是歌聲，嗳喲
> 嗳喲嗳喲斜陽萬壑明嗳喲。

> 歌聲阿不斷阿采阿茶忙嗳喲，春雨初晴的茶葉香嗳喲，林深下夕陽嗳喲
> 嗳喲嗳喲，阿母倚門望嗳喲。

> 奴家阿本是阿貧阿家女嗳喲，明朝相約的采茶去嗳喲，路險步難移嗳喲
> 嗳喲嗳喲，得錢驚又喜嗳喲。

> 一帶阿青枝阿綠阿葉綢嗳喲，摘盡茶兒的春又秋嗳喲，纖纖快女手嗳喲
> 嗳喲嗳喲，相顧貌嬌羞嗳喲。

> 山徑阿紆迴阿蓮阿步移嗳喲，竹籃斜挂的小腰肢嗳喲，郎君閒坐處嗳喲
> 嗳喲嗳喲，是妾采茶時嗳喲。

> 春山阿半壑阿白阿雲斜嗳喲，春茶采盡的又秋茶嗳喲，乍聽歌聲罷嗳喲
> 嗳喲嗳喲，還拈茉梨花嗳喲。

〔註60〕收於施懿琳等編，《全臺詩》第陸冊，臺南：國立臺灣文學館，2008 年，頁
　　　　227。
〔註61〕收於施懿琳等編，《全臺詩》第玖冊，臺南：國立臺灣文學館，2008 年，頁
　　　　79～80。

因爲不是口語化的采茶歌，所以應該是李逢時實際聽到茶農吟唱之後重新創作的，儘管如此，從中仍可以看成是當時臺地庶民生活的一項記錄。

鄭用鑑則有〈漁家雜詠〉〔註62〕八首，描寫漁家生活的恬淡：這一組詩中，有沙鷗（「沙夢鷗驚醒」）、有漁罟（「汀洲挂漁罟」）、有漁燈（「漁燈入紅蓼」）、有腥風（「腥風渡遙浦」）、有荻花（「西風荻花發」）、有明月（「移舟泊明月」）、有寒雲（「溪口渡寒雲」、「寒雲結層陰」）；有人（「炊煙起寒林」）、有「我」（「酒醒起推蓬，驚看滿簑雪」）、也有「客」（「有客披羊裘，垂釣坐秋色」），但是很奇怪的是，就是沒有最重要的主角「漁人」；鄭用鑑本身並不具有漁民生活經驗，而是以一個「旁觀」者的角度，把漁村在一年四時、一天早晚的變化，都囊括在這八首詩作中，讓讀者感覺到強烈的「與世無爭」的氛圍，是相當傑出的作品：

> 滄江蕩歸橈，涼蟾墮寒影。夜榜擊空明，悠悠泛清景。餘音雜浩歌，沙夢鷗驚醒。（〈夜月鳴榔〉）

> 日落江水空，汀洲挂漁罟。炊煙起寒林，腥風渡遙浦。但得吞舟魚，不辭住江滸。（〈夕陽曬網〉）

> 溪水淺且清，西風荻花發。投竿淡忘歸，移舟泊明月。酒醒起推蓬，驚看滿簑雪。（〈蘆花淺水〉）

> 蕭蕭楓樹林，清陰覆漁石。霜風日夕起，落葉忽已積。有客披羊裘，垂釣坐秋色。（〈楓葉危磯〉）

> 溪口渡寒雲，揚舲泊前渚。手把一絲風，孤吟對秋雨。竟忘軒冕榮，扁舟淡容與。（〈清溪釣雨〉）

> 彼美忘機人，愛此忘機物。悠悠滄海心，浮沉共朝夕。只恐夢前灘，清期遂相失。（〈滄海鷗盟〉）

> 洲渚生煙暝，漁燈入紅蓼。淡影浸寒波，清輝獨幽島。斜照閃空山，分明見沙鳥。（〈沙汀寒渚〉）

> 寒雲結層陰，六出飛花冷。江水夕流清，寒禽絕飛影。鼓枻起中流，高風獨堪領。（〈江天暮雪〉）

是否有其他理由，促使本土文人在道咸之後，開始進行竹枝詞的書寫？前

〔註62〕收於施懿琳等編，《全臺詩》第陸冊，臺南：國立臺灣文學館，2008 年，頁279～280。

面提到，道光時期民變和盜案頻繁，顯示清政府在臺灣統治力量的開始鬆動，但在同一個時間，卻也是本土文人陸續綻放異彩的時候，當清初遊宦文人在臺灣文壇大量創作竹枝詞時，本土文人因為尚未完成培養，所以在這一塊書寫版圖上是缺席的，到了道咸時期，本土文人陸續產生，他們開始寫作以填補這一塊空缺，但是由於政治與社會環境的不安定，文人的關注眼光也就自然地落在現實民生的關懷上，從日常生活中發生的社會事件，從中挖掘可供反省的題材，並提供深刻的觀察，使當時臺灣人產生一個反思的空間。除此之外，以書寫全臺灣為主的「臺灣竹枝詞」大量出現，並在遊宦文人手中完成建構時，本土文人所能夠另闢蹊徑的，就是局部地域性竹枝詞的書寫，另外則是庶民生活的記錄，尤其以不常被描寫的茶農及漁民為主。

陳香在〈竹枝詞在臺灣的流變〉一文中指出：「臺灣的竹枝詞，引進播種者（郁永河而外尚有不少人續貂）雖多屬『宦遊人』（官吏或幕客），而勤加耕耘灌溉的，則全係地方的『士君子』，以及一般平民（樵漁農牧、販夫走卒，甚至於括盡三教九流）。因此，臺灣的竹枝詞，非只確確實實可謂『雅俗合作』的產物，而且真真正正堪稱為『雅俗共賞』的成品。」〔註63〕這一點在道咸同時期開始有所印證，以遊宦文人和本土文人書寫的人數比例來看，除卻劉家謀及周凱外，其餘竹枝詞的作者均為本土文人。至於陳香歸納出竹枝詞在臺灣的流變中，第一是「鄉土俚氣極濃、淺顯可誦」〔註64〕，第二是「專諷詠一些單純的『土俗瑣事』，並能以『精』、『微』見長。……將諷詠『土俗瑣事』的範圍，縮小到一物或一事上。」〔註65〕這二點都能在道咸時期看到轉變，尤其是第二點，本土文人的「瑣事」書寫，在空間上從全臺縮到局部地區，從全面風俗記錄，轉而只記載一物，都是在這時期開始。至於陳香提到的「廣納方言俗語，使竹枝詞的地方氣氛更踏實，更活潑」〔註66〕及「岔入旖旎香豔的幽徑，令人儼有『峰迴路轉』之感」〔註67〕二點，則見於光緒之後的竹枝詞，已經是後期的轉變了。

〔註63〕陳香，《臺灣竹枝詞選集》，臺灣商務印書館，頁279。
〔註64〕同前註，頁280。
〔註65〕同前註。
〔註66〕同前註。
〔註67〕同前註，頁282。

第二節　臺灣本土文人的中元普渡書寫

一、本土文人對中元普渡的批判

　　同治十年，福建省曾頒布〈嚴禁迎神賽會〉，這是繼乾隆三十年〈禁迎神賽會〉再次發出的禁令，地方政府之所以頒布禁令，主要原因在於「查閩省向有迎神賽會惡習。本部院自幼親泛澎臺外海，還經八閩地方，每見誕妄之徒，或逢神誕，或遇令節，必呼朋引類，旗鼓喧鬧，或睽駕閹神，或迎賽土鬼。」〔註68〕地方豪強，常趁迎神賽會滋事，故而查禁，但顯然績效不彰，因此同治十年又再頒布一次禁令，主要理由大抵如前，仍是「閩省俗尚虛誣，崇信神鬼。刁徒惡棍，藉賽會之名，為染指之計。甚有澗殿、塔骨等項不經名目。疊次諭禁，未盡斂效。他如神廟之夜戲，道旁之淫祠，門條之詭異，治病之荒謬，有降童以惑眾，亦魑魅而殺人。婦女入廟燒香，青年尤乖禮法。民人結會遊戲，醜態更駭聽聞。」〔註69〕其中第一點提到「至普渡清醮，雖非賽會，亦袛許刻日誦經，不宜踵事增華，並多用紙箚等項，以節靡費。」〔註70〕較諸前令更加詳盡具體，點明因為普渡的過度奢華，站在官方立場，不得不予以查禁的立場。從同治十年再次頒布禁令來看，可以發現，百姓對於民間信仰的熱衷，是連官方明文禁止都無法根絕的。這跟臺地泛神信仰的形成背景，有著密不可分的聯繫。

　　徐宗幹在〈壬癸後記〉中曾記載臺地普渡習俗：

> 七月中元節，臺人為醮會，名普渡。男女雜沓，俳優喧呶，飯山肉
> 林、箔金紙錢，費以千萬計。勸其減省，少殺生禽，而不能從也；
> 曰為消災禳禍耳。〔註71〕

王凱泰〈臺灣雜詠〉也說：「道場普渡妥幽魂，原有盂蘭古意存：卻怪紅箋貼門首，肉山酒海慶中元（閩省盛行「普渡」，臺屬尤甚。門貼紅箋大書，慶讚中元，費用極侈；已嚴禁之）。」〔註72〕劉家謀《海音詩》有：「鷄似鸞鳳麂似山，梨園子弟演分班。怪來海外都隨俗，聲味全無佛亦艱。」是指「七月

〔註68〕見《福建省例》，〈雜例（十六案）〉，臺灣銀行經濟研究室，1964年，頁1201。

〔註69〕同前註，頁1218。

〔註70〕同前註，頁1219。

〔註71〕見徐宗幹，《斯未信齋雜錄》，臺灣銀行經濟研究室，1960年，頁72。

〔註72〕收於施懿琳等編，《全臺詩》第捌冊，臺南：國立臺灣文學館，2008年，頁351。

普度，日夜演劇，有四、五臺相連者。以雞鴨作鳳鸞狀；以豬作山，布人物其上以供佛。」〔註73〕同樣也是指普渡一事。幾位道咸同時期的遊宦文人，對於臺地普渡習俗的書寫，都側重在「費以千萬計，勸其減省」或「費用極侈」上，這一個書寫面向和本土文人鄭用錫的立場倒是頗為一致，北臺竹塹地區的本土文人鄭用錫，在他的筆下，不管是「盤堆珍果酒傾壺」、「喧天簫鼓魚龍舞」、「冥財堆積滿街衢」（〈盂蘭之會遞傳已久惟臺灣極奢麗而淡水為甚亦風俗尚鬼之偷也書以慨之〉）〔註74〕或是「殽堆珍錯羅山海，飯貯筐篝黍稻粱」（〈塹垣普施惟南壇備極奢靡四方男女觀若堵牆可發一笑感而賦此〉）〔註75〕都明白指出清代臺灣普渡祭品的豐盛，已達「極奢」的情形。

而從「如果陰司有地獄，不應暫放歲為常」、「須知內祭宜豐潔，佞鬼佞神總笑愚」（〈盂蘭之會遞傳已久惟臺灣極奢麗而淡水為甚亦風俗尚鬼之偷也書以慨之〉）〔註76〕則可看出鄭用錫對於這種現象的批判之意。因為就儀式本身來說，如果地獄是為懲罰作惡多端者而設，就不該再有「赦罪」的普渡儀式出現，讓生前作惡多端的惡鬼，還有被慰勞的機會，因此詩人認為「中元赦罪亦荒唐」，這種看法同樣見於彭廷選〈盂蘭竹枝詞十二首〉〔註77〕之一「祀典原來肅屬壇，民間禳醮祝平安。若云冤鬼須超度，何必森羅設判官」、之四「見說酆都城不閉，陰司也有縱囚時」及之五「冥府緣何不賑災，鬼猶飢餓亦堪哀。生前想必饕貪慣，又向人間乞食來」，可以看出同為竹塹文人的鄭用錫及彭廷選，在這一點立場上頗為一致。

此外，「男女挨肩擁路旁」則顯然忽略了男女之防（〈塹垣普施惟南壇備極奢靡四方男女觀若堵牆可發一笑感而賦此〉）〔註78〕。普渡所帶來的社會風氣大壞，讓詩人同樣不以為然，至於同樣為竹塹文人的林占梅，在〈與客談及嵌城妓家風氣偶成〉〔註79〕則指出臺郡妓家的風氣：

〔註73〕收於施懿琳等編，《全臺詩》第伍冊，遠流出版公司，2004年，頁300。
〔註74〕收於施懿琳等編，《全臺詩》第陸冊，臺南：國立臺灣文學館，2008年，頁113，註357。
〔註75〕同前註，頁58，註147。
〔註76〕同前註，頁113，註357。
〔註77〕收於施懿琳等編，《全臺詩》第伍冊，遠流出版公司，2004年，頁51～52。
〔註78〕收於施懿琳等編，《全臺詩》第陸冊，臺南：國立臺灣文學館，2008年，頁58，註147。
〔註79〕收於施懿琳等編，《全臺詩》第柒冊，臺南：國立臺灣文學館，2008年，頁285。

臺郡盛秋娘，相欣馬隊裝（各境七月盂蘭會，夜放水燈，多以妓女
裝成故事。年紀至二十餘者，尚辦馬隊；殊不雅觀）；倩粧簪茉莉，
款客捧檳榔。最尚巫家鬼，頻燒野廟香；儘觀花與柳，須待送迎王
（有神曰南鯤身王爺，廟在鹿耳口。每年五月初至郡，六月初始回；
迎送之際，群妓盛服，肩輿列於衝道兩傍，任人玩擇）。

可以得知，北臺地區的普渡之風，除了極盡奢華之能事，遭本土文人詬病之
外，因為奢靡之風連帶的降低男女之防，也是當時本土文人相當不以為然的
地方。

　　第三，用錫對於普渡的批判也在於，活著的人都吃不飽了，卻大魚大肉
祭祀已經往生的人，這種本末倒置的現象，讓他有所感嘆，〈中元觀城隍賑孤〉
〔註80〕第二首說「恤祭陰孤飯滿筐，拋遺塵土亦餘糧。可憐南邑珠同貴，莫
貸監河半粒償（時聞臺郡米價騰貴，民有或食薯葉者，適因事嘆及之）」即是
如此。同樣的批判也見於彭廷選〈盂蘭竹枝詞十二首〉〔註81〕之十一「金錢
糜費萬千償，何不存留備救荒。生渡方為真普度，捨人渡鬼總茫茫」。

　　中部地區的陳肇興〈到鹿津觀水陸清醮普度〉〔註82〕則提到「一片靈風
閃彩旛」、「萬枝燈火綺筵開，金紙如山化作灰」、「狼藉杯盤等布金，給孤
園裏肉成林」、「帷天冪地耀紅綾，九曲屏風萬炬燈。也似石王鬥元寶，紫
絲錦障一時增」、除了同樣對臺地普渡的奢華一事提出負面批判之外，「年年
苦被西僧累，一個蘭盆誤十方」、「一樣無辜皆就死，雞豚終古怨西天」等
句，表達了以殺生普渡的另一種不適當，更重要的是「人自茹蔬鬼逐羶」、
「世間不少窮饕餮，冷炙殘羹未許餐」也是針對普渡的「事鬼不重人」而發
的感嘆。

　　鄭用錫〈童子普〉〔註83〕一詩，則提到參與普渡的成員，甚至還有兒童：
「盂蘭勝會到兒童，想是彭殤一例同。嬉戲何知陳俎豆，安排未免累家翁」，孩
童參與普渡，是因為有夭殤而亡的孤魂需要祭祀，所以讓兒童祀兒童，然而，

〔註80〕收於施懿琳等編，《全臺詩》第陸冊，臺南：國立臺灣文學館，2008 年，頁
　　　　115，註 367。
〔註81〕收於施懿琳等編，《全臺詩》第伍冊，遠流出版公司，2004 年，頁 51～52。
〔註82〕收於施懿琳等編，《全臺詩》第玖冊，臺南：國立臺灣文學館，2008 年，頁
　　　　249～250。
〔註83〕收於施懿琳等編，《全臺詩》第陸冊，臺南：國立臺灣文學館，2008 年，頁
　　　　114。

年紀尚小的幼兒，那裡知道祭拜的意義？於是準備祭品的父母就很累了。

二、本土文人對中元普渡的認同與接受

　　然而，並不是每一位本土文人都像鄭用錫一樣，對普渡抱持不以爲然的否定看法的，施瓊芳〈中元觀放燈歌〉〔註84〕提到「嘗聞黑海腥波毒，千斤吞舟恣其欲。茫茫大劫中，淪爲黑暗獄。又聞兵後更凶年，白骨荒郊無似續。落月冷秋墳，夜夜棠梨曲」就指出先民渡海來臺，有的死於海難，有的亡於兵災，這一些無主孤魂，要靠著「惟佛婆心敕眾僧，大德十方禮上乘。苦海將把慈帆濟，法炬先從慧眼潋」才能得救，所以普渡一事，並不如用錫所說，都是負面存在的。只是，施瓊芳本身的思想是儒釋道雜揉的，他本身是接受儒家思想成長的知識份子，但對於神異之事的接受度卻很高，以本詩爲例，他在中元節觀放燈，放燈的目的是「超引餓魂沈魄齊上懺齋壇」，因此看到「風酸火變青」時，就認爲「應是幽魂已到候」，這種聯想就「很不儒家」，瓊芳認爲「人間亦有渡亡會，水陸道場燈盡然」的舉行，可以「從此故鬼騰歡新鬼解恨，檀越得福僧得財。大家利市各如願」，是「功德之量莫與京」的，而他詩作中呈現的「梵場眞樂國，喜氣徹幽明」，是側重在「鬼界」的描述，就像他在〈盂蘭盆會竹枝詞〉〔註85〕之二「倒懸無限人間苦，偏是冥曹解脫頻」以及之四「給孤園內靡金錢，懺徧空王願力堅」所說，希望藉由普渡的舉行，解救冥界眾鬼，相較於鄭用錫，施瓊芳對於孤魂的賑濟，顯然更爲「人道」。

　　當時臺地盂蘭節有放水燈的習俗，而且群眾會積極參與，除放水燈外，還有「百戲齊至」，當天甚至還破例不宵禁，讓活動舉辦可以到隔天清晨，林占梅〈觀盂蘭放水燈〉〔註86〕就是描寫這樣的情景：

　　　　一派繁華眼欲迷，瑜伽接引向西溪。燈光燦爛千家共，人語喧呼百
　　　　戲齊。直使水神驚耀蚌，重教鱗族詫燃犀。今宵暫弛金吾禁，歸路
　　　　頻開報曉鷄。

在這裡，我們同樣嗅不到批判的意味，占梅只是忠實采錄風土民情，將之化爲文字記錄而已，這和施瓊芳的〈盂蘭盆會竹枝詞〉之三「十萬河燈齊放夜，

〔註84〕收於施懿琳等編，《全臺詩》第伍冊，遠流出版公司，2004 年，頁 371～372。
〔註85〕同前註，頁 426～427。
〔註86〕收於施懿琳等編，《全臺詩》第柒冊，臺南：國立臺灣文學館，2008 年，頁
　　　　298。

棠梨月冷鮑家墳」及彭廷選〈盂蘭竹枝詞十二首〉之七「處處笙歌徹夜喧，
香車寶馬爛盈門。河燈萬點飛星斗，應改中元作上元」相同，也是記載中元
放燈的習俗，屬於單純的風俗記錄，這同時可以看出，中元放燈是全臺性的
風俗，而且顯然都相當盛大，因此能引起本土文人的關注。而施瓊芳〈盂蘭
盆會竹枝詞〉之一「大地風颺紙蝶灰，浮屠舊事目連開」和彭廷選〈盂蘭竹
枝詞十二首〉之二「相傳孝子方成佛，底事當年早出家」都是寫目連救母一
事，交待普渡的由來。

　　從文人分佈的地域性來看，可以看出這種現象是全臺性的，鄭用錫認爲
臺地「風俗尚鬼」（〈盂蘭之會遞傳已久惟臺灣極奢麗而淡水爲甚亦風俗尚鬼
之偷也書以慨之〉）〔註87〕，林占梅也說「最尚巫家鬼」（〈與客談及崁城妓家
風氣偶成〉），而臺俗「尚鬼」一事，屢見於方志凡例之中，六十七的《重修
臺灣府志》及余文儀《續修臺灣府志》〈凡例〉都提到「臺郡分野揚州，習俗
尚鬼，與荊、楚同。」〔註88〕魯鼎梅《重修臺灣縣志》〈凡例〉也說「附以楚
宮、社廟而弗削者，邑俗尚鬼，欲悉數其來歷，俾民聽不惑耳。」〔註89〕可
知修志者所認爲的臺地尚鬼風俗，幾乎成爲臺灣的標誌，這其實相當程度交
待了臺灣普渡之所以大盛，以及官方無法禁絕的原因。

　　但是臺灣何以「尚鬼」呢？

　　這就跟「渡臺禁令」的政策密切相關了，〈渡臺三禁〉的第二條說「渡航
臺灣者，不准攜伴家眷，既渡航者不得招致之」，因爲不准攜眷，不能在臺婚
配，導致臺地「羅漢腳」的盛行，陳盛韶《問俗錄》〈鹿港廳〉「羅漢腳」一
條所說：「臺灣一種無田宅、無妻子、不士、不農、不工、不賈、不負載道路，
俗指爲羅漢腳。嫖賭、摸竊、械鬥、樹旗，靡所不爲。曷言乎羅漢腳也？謂
其單身，游食四方，隨處結黨，且衫褲不全，赤腳終生也。」〔註90〕而俗諺
中的「死無人哭」，也指出了「羅漢腳」的無嗣，許廷崙〈羅漢腳〉〔註91〕說：

〔註87〕收於施懿琳等編，《全臺詩》第陸冊，臺南：國立臺灣文學館，2008 年，頁
　　　　113，註 357。
〔註88〕見范咸，《重修臺灣府志》，臺灣銀行經濟研究室，臺灣文獻叢刊第 105 種，
　　　　乾隆十二年，頁 14、余文儀，《續修臺灣府志》，臺灣銀行經濟研究室，臺灣
　　　　文獻叢刊第 121 種，乾隆三十九年，頁 10。
〔註89〕見魯鼎梅，《重修臺灣縣志》，臺灣銀行經濟研究室，臺灣文獻叢刊第 113 種，
　　　　乾隆十七年，頁 17～18。
〔註90〕陳盛韶，《問俗錄》，北京・書目文獻，1983 年 12 月一版一刷。
〔註91〕收於施懿琳等編，《全臺詩》第伍冊，遠流出版公司，2004 年，頁 84～85。

「羅漢腳，不爲商賈不耕作，小者游惰大飲博。游手好閒勿事事，酗酒搏擊
群猓猓。果爾擒至即撲死，一時風俗爲之馴。作法於嚴弊難止，作法於寬復
何恃。藉以負戈役，驅以就未耜，不然百人坐食一人耕，鳩化爲鷹橘爲枳。
刑法重，恩德深。金剛目，菩薩心。」因爲隻身在臺，所以這些「羅漢腳」
但求溫飽，缺乏可以打拼的目標，許廷崙還有一首〈伽藍頭〉〔註 92〕：「伽藍
頭，爾何不生莊嚴香界，忉利梵天。雪山之頂，鷲嶺之巔，親見世尊定後禪。
木樨花發共馥郁，菩提樹影同連蜷。伽藍頭，來何由，得非仙風吹實落炎州，
坐使交梨火棗忽無色，瑤草琪花皆生愁。色香味，無與儔，伽藍頭。」連橫
在《臺灣詩乘》有註說「按臺人謂丐首曰伽藍頭，每月初二、十六兩日向各
舖戶求錢，以管束乞丐。」〔註 93〕就是描寫「羅漢腳」們得過且過的心態。
也因爲不能婚配而無嗣，所以死後無人祭拜，民間信仰認爲這麼多的無主孤
魂若流離於人世間，容易招致災禍，因此多半會舉辦水陸法會予以超渡，臺
地的「王爺信仰」與「恩主公信仰」都跟這樣的背景密切相關。連橫在《臺
灣通史》〈宗教志〉說「宗教之事，各地俱有，所處不同，即所祀之神亦異。
是故山居者祀虎，水居者祀龍，陸居者祀牛，澤居者祀蛇。則不得以祀虎者
爲是，而祀龍者爲非。跡其所以崇奉之者，莫不出於介福禳禍之心，而以此
爲神也。」〔註 94〕很能說明民眾抱著「介福禳禍之心」，而「以此爲神」的心
態，這種「山居者祀虎，水居者祀龍，陸居者祀牛，澤居者祀蛇」的「泛神」
式的信仰，正和「王爺信仰」、「恩主公信仰」有異曲同工之妙，都是民眾爲
了消弭災阨所設。連橫是站在知識份子的角度，去批判臺灣這些民間信仰的
「迷信」層面，但他也嘗試從另外的角度解釋臺地宗教的正面意義，他說：「夫
臺灣之人，閩粵之人也，而又有漳、泉之分也。粵人所至之地，多祀三山國
王，而漳人則祀開漳聖王，泉人則祀保生大帝，是皆其鄉之神，所以介福禳
禍也。若夫士子之祀文昌，商人之祀關帝，農家之祀社公，藥舖之祀神農，
木工之祀魯般，日者之祀鬼谷，所業不同，即所祀亦異。是皆有追遠報本之
意，而不敢忘其先德也。」〔註 95〕假若「介福禳禍之心」是帶著迷信的話，「追
遠報本之意，而不敢忘其先德」就是比較正面中肯的理由了，而不管民眾是

〔註 92〕收於施懿琳等編，《全臺詩》第五冊，遠流出版公司，2004 年，頁 85。
〔註 93〕見連橫，《臺灣詩乘》卷四，收於《連雅堂先生全集》，臺灣省文獻委員會，
　　　　1992 年，頁 137。
〔註 94〕連橫，《臺灣通史》，卷二十二〈宗教志〉，「回教」，頁 583～584。
〔註 95〕同前註。

持哪一種理由，或多或少對於「尙鬼」這樣的風氣有所助長。

第三節　可憐毒鴆沿中土，竟爲漏巵鐵鑄錢——是全國也是全臺的鴉片問題

　　本土文人對於鴉片的爲害，常給予強烈的批判，因而形成另一個最受關注的主題，不少文人都有對於鴉片的批判之作。李喬在〈新樂府六章〉中，有一首〈烏煙鬼〉〔註96〕提到：

> 烏煙鬼，少年狀貌眞魁偉。如何轉盼須臾耳，竟化魑魅難嚮邇。可憐畫亦如夜時，生亦如死期。寄言三五少年子，莫向紅塵作鬼嬉。烏鬼含冤白鬼笑，故鬼前驅新鬼嘯。風雨回首一燈昏，數點青燐猶照耀。區區蠻觸越南都，令行禁止風霜俱。白日如鏡照寰宇，鬼乎何處藏其軀。

即是提到吸食鴉片之後，相貌從「魁偉」變成「魑魅」，而成爲「鬼」，李喬勸戒那些少年子「莫向紅塵作鬼嬉」，並舉出烏鬼、白鬼；故鬼、新鬼作爲對比，不要爲了一時的快樂，而賠進大好的青春。連橫在《臺灣詩乘》爲此詩作註時說「按阿片煙傳入臺灣，始於荷蘭之時，其後滋盛。道光十年詔禁各省種賣，從閩浙總督孫爾準之奏也。十九年復禁，遂與英人開戰，而立江甯之約，至今爲害。臺人謂吸煙者爲烏煙鬼，以其與鬼爲伍也」〔註97〕同樣收於《瀛州校士錄》的還有許廷崙〈戒鴉片歌〉〔註98〕：

> 遊戲習所移，因循過已積。上智不如愚，請歌三可惜。鴆毒日以深，脂膏日以竭。金錢易糞土，耗用亦可惜。誤學韋蘇州，晏起日已夕。一月得幾日，分陰亦可惜。揠苗傷苗根，淺水涸水脈。匆匆百年間，此身亦可惜。

許廷崙認爲鴉片的吸食，會「鴆毒日以深，脂膏日以竭。金錢易糞土，耗用亦可惜。誤學韋蘇州，晏起日已夕」，鄭用錫〈吃鴉歌〉〔註99〕也是類似的看法：

〔註96〕收於施懿琳等編，《全臺詩》第伍冊，遠流出版公司，2004 年，頁 106～107。
〔註97〕見連橫，《臺灣詩乘》卷四，收於《連雅堂先生全集》，臺灣省文獻委員會，1992 年，頁 137。
〔註98〕收於施懿琳等編，《全臺詩》第伍冊，遠流出版公司，2004 年，頁 86。
〔註99〕收於施懿琳等編，《全臺詩》第陸冊，臺南：國立臺灣文學館，2008 年，頁 215～216。

　　莫吃鴉，莫吃鴉，吃過了鴉似人耙。膏粱美味不去吃，只要一枝斑
管對燈花。口中吐煙霧，榻上臥雲霞。身如束筍骨如柴，遇著好友
當姻家。爾一嘴，我一嘴，彬彬禮讓靜無譁。此是黑甜飲、安樂窩，
有業有錢都拋棄，無日無夜昏欹斜。設逢報道雷霆急，且遲遲，再
吃些。勝似一枕邯鄲夢，又如劉邕癖嗜痂。迨至財已盡，癮愈加，
哮聲類虎狀類蛇。到此日，悔念差，怎奈無錢沒處賒。空床裡，只
搔爬。墮淚來目睫，流涎出齒牙。有誰哀進王孫食，垂頭搖尾不自
嗟。求奶奶，拜爹爹。敢望爾，賜煙渣。但望爾，賜癬疤。乞得一
撮來，賽過黃金奢。速將滾湯下，卻不管中有土泥沙。嗚呼！人生
憂患死安樂，何苦自尋毒鴉爭吃鴉。

因為吸食鴉片，所以「膏粱美味不去吃」，而且「身如束筍骨如柴」，用錫用
了許多「反諷」：「遇著好友當姻家，爾一嘴，我一嘴，彬彬禮讓靜無譁」、「此
是黑甜飲，安樂窩」，去形容吸食者的心態。然而當「財已盡，癮愈加」時，
那種痛苦是難以忍受的，「空床裡，只搔爬。墮淚來目睫，流涎出齒牙」是何
等的難捱？「求奶奶，拜爹爹。敢望爾，賜烟渣」、「速將滾湯下，卻不管中
有土泥沙」把為人的尊嚴都喪盡了，吸煙吸到這樣的地步，人生還有何價值
可言？鄭用錫對於鴉片的批判是最多的，他的詩集中共有三首描寫鴉片的詩
作，除卻上首之外，〈鴉片〉提到「鴉毒來夷國」，一旦吸食，會「能使心肝
黑，兼教面目黧」，至於〈喫鴉感嘆〉〔註100〕可以算是〈吃鴉歌〉的簡略版，
最重要的是最後二句，「可憐毒鴉沿中土，竟為漏卮鐵鑄錢」，強調吸食鴉片
所導致的社會經濟問題，這就不是單純的個人行為，而是影響國家社會的重
大事件了。

　　施瓊芳的〈惡洋煙（借藏十二辰相）〉〔註101〕，則是匠心獨運的將十二
生肖嵌入詩中，生動刻畫出販煙者與吸煙者的情狀：

　　何年夷舶上邦通，封豕長蛇薦食同。肥己利憑雞兔算，誘人情似馬
牛風。癖耽片臠羊羶慕，眼瞪終宵虎視雄。糟粕舔殘淮犬鼎，衣冠
瘠盡楚猴躬。可憐鼠矢餘渣似，偏道龍涎雅味融。十二時中無簡事，
醉生夢死一牀中。

〔註100〕收於施懿琳等編，《全臺詩》第陸冊，臺南：國立臺灣文學館，2008 年，頁
　　　　225。
〔註101〕收於施懿琳等編，《全臺詩》第伍冊，遠流出版公司，2004 年，頁415。

就像鄭用錫提到「鴆毒來夷國」一樣，「何年夷舶上邦通」也在交待鴉片的來處，因為販煙者的唯利是圖，罔顧鴉片帶來的傷害，以致百姓受害。吸食者一旦成癮，容易傾家蕩產，而這一項高消費的活動，也非一般百姓所能負擔，只能吸食「煙渣」，部分駐軍班兵更開設煙館牟利，種種醜態都在一吸一呼之間盡現。

我們想接著探討的是，何以本土文人會特別關注鴉片問題？

這是因為「鴉片問題」在道咸同時期，不只是全臺的問題，同時也是清廷全國的大問題，這一個社會現象，甚至還引發後來的「鴉片戰爭」。

徐宗幹在與臺民所立的〈全臺紳民公約〉中，有一條是「以上各條，其大略耳。未盡事宜，尚須大眾妥議，以期周備。而其要在先清本源，惟共嚴鴉片之禁。我百姓有吸撰者與為娼同，有賣膏者與為盜同，有販土者與謀反同；大家齊心告戒，勒限禁止。萬人一心，奸民絕而夷鬼遁；我臺百姓，子子孫孫，萬年太平之福也。此約。」〔註102〕將「吸撰者」視為娼，「賣膏者」視為盜，「販土者」視為謀反，這是何等嚴厲的口吻？如果不是因為積習日深、影響日廣，徐宗幹也不會用如此慎重的方式和百姓立約。我們無法得知立約的成效如何，但至少可以確定主事者對於禁絕鴉片這件事是有著相當決心的。王凱泰《臺灣雜詠》三十二首說：「有味青燈短榻橫，米囊流毒到書生；癡心欲立回頭岸，一一笭吹識姓名（臺屬士子近多染食鴉片，令書院監院官擇敦品之士各給一簿，將食煙者注名於上；悔悟自新，即行登注；按月呈送，以備查核）。」〔註103〕他的〈奏整頓臺地營伍士習民風摺〉也說：

> 臺郡僻處海隅，見聞已隘；況□庠序以容豪滑、刀筆以為饗顯者乎？
> 臣進諸生而親試之，仍諭以為學之道四端：曰立志、曰敦品、曰積
> 善、曰用功，其大較也。有吸食鴉片者，並令教官設簿稽查，嚴為
> 勸誡，俾漸錮習而勵矜修。臺灣四面汪洋，其土饒、俗悍；故民生
> 其間，游惰而奢侈、僻處而鬥狠：則轉移民風尤亟亟也。臣創為俚
> 歌，家喻戶曉賭博之害人與鴉片之流毒，鸙陋習以敦倫樸、正錮婢
> 以召祥和。詞訟之多牽控也，則嚴禁羅織；城廟之多隙地也，則廣

〔註102〕見徐宗幹，《斯未信齋文集》，〈軍書〉，臺灣銀行經濟研究室，1960年，頁29。
〔註103〕收於施懿琳等編，《全臺詩》第捌冊，臺南：國立臺灣文學館，2008年，頁350。

勸樹藝。時祀、清醮，奢費必戒；械鬥、紮厝，重犯必懲；庶幾積

漸挽回，地方日有起色。〔註104〕

可以看出，道咸時期的臺灣，吸食鴉片的階層，已經涵蓋士子、營伍，到了
之後的劉銘傳〈臺灣府行催妥議禁止官員士子兵丁吸食鴉片〉〔註105〕一文，
更可看出連官員都在吸食之列，而光緒年間的唐贊袞，在其《臺陽集》一書
中，有一首〈臺地鴉片盛行男女皆嗜惜無法禁之〉〔註106〕，指出不論男女，
同樣都吸食鴉片，顯然，這在當時已經成爲臺地民眾的「全民運動」，劉家
謀《海音詩》中，有二首是以鴉片爲主題的詩作，「靈根轉眼化枯荄，毒火
銷磨百事乖。學得顧長康食蔗，漫云漸入境能佳。」自註云「臺人以甘蔗
爲鴉片煙桿，上者一根值數金。」〔註107〕另一首則爲「舐罷餘丹尚共爭，淮
南雞犬可憐生。漫將上下床分別，如豆燈光數不清。」提到「煙渣館，多
營卒所開；收鴉片煙灰，熬而賣之。地狹不足度床，每隔爲兩、三層以待
來者。無賴之輩囊無一錢，至爲小偷，覓數十文以求度癮。」〔註108〕《觀
海集》中也有一首〈鴉片鬼〉〔註109〕，在在都凸顯遊宦詩人對這一現象的
重視：

形骨猶存精氣死，雖曰生人鬼而已。地獄變相一十八，古來閻羅不
識此。竹棺尺許橫空床，幽火照君歸北邙。可憐無數纍纍土，還向
春風種米囊（臺地有三棺之目，狎妓，肉棺也，猜寶，銅棺也，吃
鴉片煙，竹棺也）。

正因爲鴉片在臺灣的大爲風行，已經遍及各個階層，甚至不論男女，不論
階層，都瀰漫在重重煙霧底下，因此本土詩人才會嚴厲指責，這是臺灣當
時社會實相的反映，詩人挑選最具代表性，爲禍也最烈的事件記錄，他們
的關注面向也許沒有遊宦文人多元而廣泛，卻無疑是更深入，也更貼近民
間的。

〔註104〕收於《臺案彙錄壬集》卷二，臺灣銀行經濟研究室，1966 年，頁 43。
〔註105〕收於《劉銘傳撫臺前後檔案》檔案（一），臺灣銀行經濟研究室，1969 年，
　　　　頁 11。
〔註106〕收於施懿琳等編，《全臺詩》第拾貳冊，臺南：國立臺灣文學館，2008 年，
　　　　頁 615。
〔註107〕收於施懿琳等編，《全臺詩》第伍冊，遠流出版公司，2004 年，頁 299。
〔註108〕同前註，頁 299。
〔註109〕同前註，頁 327。

第四節　現實民風的批判

　　道咸同時期，本土文人對於臺地風俗的批判，可以鄭用錫〈風氣〉〔註110〕
一詩爲代表：

> 靜裏觀風氣，滔滔遞變遷。何當今日老，迴憶此生前。狡險心逾薄，
> 驕奢富自便。誇多因鬥靡，踵事更增妍。媚鬼兼趨佛，輸誠共獻虔。
> 堆排饈品果，禱祝卜筮籌。珍錯窮山海，香資費萬千。持齋葷去肉，
> 賽會跡隨肩。子弟多紈錦，嬉遊滿市廛。賭場爭齒列，妓院競頭纏。
> 到處昏鴉鳩，沿門食火煙。朋來邀下榻，客至當開筵。閨閣機梭息，
> 妻孥井臼捐。髻皆新樣整，服總不時鮮。鳳織羅文綺，鴛釵艷翠鈿。
> 人情忘儉朴，惡習復綿延，剽悍攜刀劍，乖張逞棒拳。蝸爭分氣類，
> 鈴劫起山淵。國帑慮須補，民財困可憐。米糧低論價，鉛鐵鑄爲錢。
> 無怪卮傾漏，何殊井竭泉。黔妻惟賣子，豪富亦售田。俗已囂難靜，
> 憂能望復元。不知從此後，流極到何年。

「驕奢」二字，可以大致涵蓋道咸同當時的臺地風氣；其中因爲「驕」而引
發「鬥靡」，不管是「剽悍攜刀劍，乖張逞棒拳」或是「蝸爭分氣類，鈴劫起
山淵」的分類械鬥，鬥爭頻繁，都或多或少影響國庫收入與民生。而「奢」
字反應在二方面，一是「子弟多紈錦，嬉遊滿市廛」，連帶帶動「賭場爭齒列」
及「妓院競頭纏」二項行業，至於鴉片，也要在富裕的環境中才能存在。而
女子「閨閣機梭息，妻孥井臼捐。髻皆新樣整，服總不時鮮。鳳織羅文綺，
鴛釵艷翠鈿」也同樣反應這樣的社會風向。第二是中元普渡的奢華，如「珍
錯窮山海，香資費萬千」，顯然也與臺地驕奢之風有關；弔詭的是，民風向奢，
卻不見得有良好的生活品質與資產，鄭用錫提到「人情忘儉朴，惡習復綿延」，
人民好鬥的結果，是「國帑慮須補，民財困可憐」，並造成「黔妻惟賣子，豪
富亦售田」的慘況。

　　用錫的〈近有一班惡少爭學梨園自鳴得意令人一見輒爲側目是亦風俗之
衰也賦此誌慨〉〔註111〕則提到當時少年不肯讀書上進，卻爭學梨園戲，扮相
上男不男，女不女，令人爲之側目的情形：「豈有霓裳一曲誇，甘爲微賤自豪
華。歡場袍笏相徵逐，優孟衣冠共笑譁。未免郎當羞舞鶴，縱教粧抹似塗鴉。

〔註110〕收於施懿琳等編，《全臺詩》第陸冊，臺南：國立臺灣文學館，2008 年，頁
　　　　51。
〔註111〕同前註，頁 223。

閨房妻女如窺見，竊恐增慚面半遮。」而感嘆「風俗之衰」。

　　林占梅的〈與越客偶談風土〉〔註112〕則凸顯了臺地的氣候特色，以及這樣的氣候特色所形成的物產：

> 海甸炎涼旦暮更，隨時變態似人情。魚鱗雲縐風將起，鴨卵天開雨乍晴。木葉少從冬裏落，禾苗每自臘中生。一般地氣分南北，南富檳榔北富橙。

至於占梅的〈俗訛嘆〉〔註113〕則談到臺地方言以訛傳訛的現象：

> 俗語傳易訛，方言洵可嗤。清晨來婦子，自謂娘與兒。詢渠來何故，云欲請「布司」。此地非省會，其言實可疑。兒謂母言誤，係欲延布師。茲語更莫解，盤問轉支離。囁嚅重申告，被盜不知時。昨日始覺察，尋踪嘆已遲。欲請「布師爺」，神靈為覓追。廳幕無此姓，即有不在斯。沉吟忽噴飯，憬然心已知。乃係城隍廟，兩廡六司隨。一司曰「速報」，顯赫有威儀。凡有被盜者，請禱無停期。聞神在我家，半嚮致嗟咨。方言訛相襲，俗語真匪思。「速」字簡截去，「布」「報」渾參差。足見抄舊方，不可輕為醫。因訛而傳訛，日久誤愚癡。然亦未足怪，曾聞杜十姨。

詩一開始就開宗明義說「俗語傳易訛，方言洵可嗤」，藉由詩人與一對母子因以方言對話，結果溝通不良，三個人對同一個名稱有著「布司」、「布師」及「速報司」的差異，以致雞同鴨講，除了說明俗語傳訛的現象外，占梅同時也指出百姓家中被盜，不去求助地方官，卻求助城隍的迷信風氣，詩末二句「然亦未足怪，曾聞杜十姨」，藉由杜甫的「杜拾遺」被誤為「杜十姨」，回應句首「俗語傳易訛」，顯示此非特例。

　　本土文人對於臺地風氣的批判重點，和遊宦文人顯然有所不同。遊宦文人頗為著重在「賭風」興盛的面向，乾隆年間來臺的朱仕玠在〈瀛涯漁唱〉中有一首詩是「輕縑作袴白羅襦，那識家仍儋石無。明燭華燈喧夜半，分曹到處快呼盧（臺地賭博，比戶皆然矣）。」〔註114〕就反應這樣的風氣。蔣毓英在《臺灣府志》卷之五的〈風俗〉記載：

〔註112〕收於施懿琳等編，《全臺詩》第柒冊，臺南：國立臺灣文學館，2008 年，頁63。

〔註113〕收於施懿琳等編，《全臺詩》第捌冊，臺南：國立臺灣文學館，2008 年，頁134。

〔註114〕收於施懿琳等編，《全臺詩》第貳冊，遠流出版公司，2004 年，頁413。

　　最滋害者，莫甚于賭博。夫賭博，惡業也。不肖之子，挾貨登場，
　　呼盧喝雉以為快。以一聚兩，以五聚十，成群逐隊，叫囂爭鬥，皆
　　由於此。至于勝者思逞，負者思復，兩相負而不知悔。及家無餘資，
　　始則出於典鬻，繼則不得不出於偷竊，亦長奸之囮也。臺習，父不
　　禁其子，兄不禁其弟。當令節新年，三尺之童，亦索錢于父母，以
　　為賭博之資。遂至流蕩忘返，而不知所止。〔註115〕

顯然這樣的風氣由來已久，而且起源的時間非常早，郁永河《裨海紀遊》也
說：「屠兒、牧豎，腰纏常數十金。每遇摴蒲，浪棄一擲間，意不甚惜。」句
中的「摴蒲」就是「賭博」，這樣的風氣一直延續到光緒年間，馬清樞〈臺陽
雜興三十首〉之二十六說「壓寶誰將蠱俗情（臺人賭博，名曰壓寶）」，之後
的王凱泰在〈臺灣雜詠三十二首〉之十二也提到「車馬分排局陣新（賭具，
仿象棋式），場中熱鬧往來頻。牧豬奴戲成風氣，半是同袍同澤人（營兵開場，
汛弁得規。嚴禁徹查，以清其源）」，然而本土文人對於這種現象，並非全然
不以為意，陳維英有〈新春戒賭〉〔註116〕組詩，適可反應這樣的現象：

　　摴蒲喧鬧遍鄉閭，惡習迷人恨莫除（世俗多以賭博為新春常例）。若
　　謂春正合消遣，試詢此例載何書。
　　大呼雉采決雌雄，小利蠅頭計較工。誰信骰盆深似海，許多家產墜
　　其中。
　　無論人勝己愁顰，縱勝於人亦失身。拋卻光陰荒事業，壞將品行損
　　精神。
　　動輒相爭平地雷，囊錢輸盡竊機開。賭場流弊原非小，盜賊巢窠械
　　鬥媒。
　　聚賭偏如祭祖先（甚至有父子叔姪兄弟聚賭者），左昭右穆列堂前。
　　專心致志爭成敗，比祭先人十倍虔。
　　因貪財貨賣倫常，不論尊卑論短長。名教之中真樂地，詎疑變作牧
　　豬鄉（晉陶侃曰：摴蒲者牧豬奴戲耳）。
　　子弟趨邪責勿寬，不加嚴責反朋奸。他時教正身非正，令出難行只
　　自歎。
　　家運勝衰聲調基，書聲為盛賭聲衰。倘將呼擲換吟誦，二阮三蘇寔

〔註115〕見蔣毓英，《臺灣府志》，卷之五〈風俗〉，北京：中華書局，1984 年重印，
　　　　康熙二十四年，頁 92。
〔註116〕收於施懿琳等編，《全臺詩》第伍冊，遠流出版公司，2004 年，頁 180～181。

五枝。

這即是蔣毓英所言「當令節新年，三尺之童，亦索錢于父母，以爲賭博之資。遂至流蕩忘返，而不知所止。」〔註117〕陳維英認爲這種是「惡習迷人恨莫除（世俗多以賭博爲新春常例）」的，如果說這是新春時節最適合的消遣，他的疑問是「試詢此例載何書」？陳維英認爲賭博之宜戒，有幾個原因：一是會散盡家財：「許多家產墜其中」；第二是虛度光陰：「拋卻光陰荒事業」第三是會「壞將品行損精神」，因爲一旦家財散盡，就容易引發盜竊動機，也容易引來爭鬥是非：「動輒相爭平地雷，囊錢輸盡竊機開」、「盜賊巢窠械鬥媒」；第四則是倫常敗壞：「聚賭偏如祭祖先」、「比祭先人十倍虔」、「因貪財貨賣倫常，不論尊卑論短長」，本土文人中除了陳維英在這一點書寫上相應於遊宦文人外，並不見於其他文人的作品，這也凸顯出二大書寫社群的關注焦點並不相近。

第五節　一紙揮毫同畫券，千金論價只輸財——臺地文風衰落與不振

除此之外，本土文人最常感歎的，主要是臺地文風的衰落，對於「秀才」資格的可買賣，使得當時文人相當不以爲然，鄭用錫的〈刺時〉〔註118〕說：

桃李春風沒處栽，泮宮今日盡蒿萊。門眞如市沽應待，席果懷珍聘自來。一紙揮毫同畫券，千金論價只輸財。莫誇得意歸鄉日，索債人從背後催。

原本應該是栽培人才的地方，卻因「泮宮今日盡蒿萊」，而使得眞正的人才無從培養。「泮宮」變成可以買賣的市場，而「一紙揮毫同畫券，千金論價只輸財」，更道盡詩人對花錢鬻官一事的批判。由於鄭用錫是循正常科舉管道取得進士資格，因此他對於「捐納」得官一事，是相當有意見的，「清制，凡按照不同等級繳納捐款而授予捐款人虛銜或官職的辦法，稱捐納。此種捐納的規章稱捐例或事例。一般規定，京官自郎中以下，外官自道臺以下，武官自都司以下均可捐納。清初因財政匱乏，屢用捐納籌措餉銀，乾隆時曾辦

〔註117〕見蔣毓英，《臺灣府志》，卷之五〈風俗〉，北京：中華書局，1984年重印，康熙二十四年，頁92。

〔註118〕收於施懿琳等編，《全臺詩》第陸冊，臺南：國立臺灣文學館，2008年，頁219。

經常性捐納，稱常捐；亦有以例開捐，如暫行捐，又稱大捐，大半因解決財政一時困難而開捐，暫行捐捐款高，故往往減成。鴉片戰爭後廣開捐例，報捐種類除虛銜與實官之外，還有提前任用、免除處分、優先升級等名目。捐納出身者固亦有人材，然此制弊病不少。清末左宗棠等人諫請清廷廢止之。」〔註 119〕

只要有錢，就算沒有實力，也能獲得一官半職，「捐納」是清廷爲了紓解財政困頓的因應措施，但鄭用錫並不針對朝廷政策本身去批評，而是批評藉由這一途徑取得官位的官員，提出「莫誇得意歸鄉日，索債人從背後催」，以這樣的方式衣錦還鄉，並沒有什麼值得高興的，同樣的情形也見於他的〈嘆所見〉〔註 120〕：

學優始登仕，誰知正不然。今朝纔納粟，明日已備員。取禾囷三百，估值貫萬千。不俟綸音逮，但憑長官權。名未躋天府，跡早列班聯。輿添健役舁，威叱奴隸鞭。此子之參政，觀者嘆息焉。寸長原莫展，一歲或三遷。倘必循資級，力疲眼成穿。如斯同拾芥，曳履上星躔。莫怪富豪輩，自誇美少年。

一領小青衿，仍不離下士。如何海外人，營求勝金紫。價即兩三千，揮金似棄屣。旁觀爭笑癡，謂此卑卑耳。倘以之納官。顯榮光閭里。繄余云不然，斯言殊足鄙。朝廷重科目，賣爵非得已。試看窮巷儒，寒窗習經史。功名難倖求，或終皓首止。茍得強有力，不妨造基址。寸進雖無多，雲衢此其始。一翮許聯翩，前程安所底。至是論高低，薰蕕總異揆，所恨自畫途，轉增辱泥滓。

原本應該要「學優始登仕」的官爵，因爲「朝廷重科目，賣爵非得已」，使得豪強得以藉由捐官納粟，而輕易備員，躋身進入官場。而一旦參政後，「輿添健役舁，威叱奴隸鞭。此子之參政，觀者嘆息焉」，底下吏胥的作威作福，更是令見者扼腕。用錫以「窮巷儒」和「富豪輩」作對比，當「富豪輩」因「取禾囷三百，估值貫萬千」而得以「今朝纔納粟，明日已備員」時，「窮巷儒」卻是「寒窗習經史。功名難倖求，或終皓首止」，可以看出捐官納粟的不公平處，用錫在詩末提出買官者不如寒窗學子能擔大任作結，也表現出對買官者

〔註 119〕許雪姬，《臺灣歷史辭典》「捐納」條，許雪姬撰。

〔註 120〕收於施懿琳等編，《全臺詩》第陸冊，臺南：國立臺灣文學館，2008 年，頁 223～224。

的批判。

　　如果我們要從鄭用錫詩作中，看出他對於朝廷政策的批判，是不容易的。
就像他不去批判臺灣吏治一樣，事實上整個捐官制度，最該受指責的是朝廷，
如果沒有上面這項賣官鬻爵的政策，自然也就不會有靠這項途徑出身的官
吏，但用錫的批判卻僅止於下方的「民」，而未能眞正達於上位者，這不能不
說是他的思想侷限。

　　至於〈感時〉〔註121〕一詩，研究者多以爲是用錫之作，原詩爲：

　　　秀才一個值三千，不論文章只論錢。利市襴衫當議價，膠庠弟子竟
　　　增員。莫誇司馬能掄士，須讓宏羊爲主權。剜肉原知非至計，那堪
　　　軍務望誰塡。

這一首詩作只見於「稿本」，而不見於龍文本，而陳維英同樣也有〈感時〉
〔註122〕之作，他的第一首說：

　　　秀才一個值千金，不論文章只論錢。利市襴衫當議價，膠庠弟子竟
　　　增員。莫誇司馬能掄士，須讓宏羊爲主權。剜肉原知非至計，那堪
　　　軍務望誰塡（八月九日同林丈文翰舍人，同年邱湯臣、進士家鏡颿
　　　比部，及門家洞漁中翰，出都豫楚江右回閩，途中漫興）。

陳維英曉綠抄本有一首〈感時〉，詩句爲「秀才一個值千金，不論文章只論錢。
利市襴衫當議價，膠庠弟子竟增員。莫誇司馬能掄士，須讓宏羊爲主權。剜
肉原知非至計，那堪軍務望誰塡」，而《臺北文物》誤爲此詩註解的「八月九
日同林丈文翰舍人，同年邱湯臣、進士家鏡颿比部，及門家洞漁中翰，出都
豫楚江右回閩，途中漫興」部分，卻是下一首詩的詩題，換言之，在曉綠抄
本中，有另一首詩題爲〈八月九日同林丈文翰舍人同年邱湯臣進士家鏡颿比
部及門家洞漁中翰出都豫楚江右回閩途中漫興〉，詩句內容爲「同譜同官同本
生，同餐同宿又同行。燕山楚水歡風俗，茅店蓬窗話月明。處處關心詢古跡，
時時屈指數歸程。五人外更添新體，秋塞南飛旅雁征。」的詩作，因此這是
二首詩而非同一首。

　　究竟這一首〈感時〉是鄭用錫或陳維英的作品？

　　筆者以爲當爲陳維英之作，主要原因在於曉綠抄本與臺北文物本均收有

〔註121〕收於施懿琳等編，《全臺詩》第陸冊，臺南：國立臺灣文學館，2008 年，頁
　　　　218。

〔註122〕收於施懿琳等編，《全臺詩》第伍冊，遠流出版公司，2004 年，頁174。

此詩，因此為陳維英之作當無疑問。這首詩之所以出現在鄭用錫稿本中，或許是因為陳維英的觀念與用錫接近，因此用錫「手錄」維英之作，但由於未署名之故，遂使後人誤以為此詩是用錫的作品。而楊浚之所以未收入刊本，可能是曾同時看過陳維英的作品，知道這首詩是維英之作，故予以剔除。

　　事實上，道咸同時期，整個臺灣本土文人社群中，提出對於捐納制度為官者不滿的，也只有鄭用錫跟陳維英而已，同為進士的施瓊芳對此現象卻未曾提及，如果說，鄭用錫是因為自己的進士身份，認為自己寒窗苦讀，卻和捐納者同朝為官，深感不滿而作出批判的話，施瓊芳的隻字未言，心態上就很令人玩味了，難道說，除了鄭用錫與陳維英之外，其他文人對於捐官的風氣已經習以為常，或是認為那根本是不值得記述的小事呢？

　　除了捐官，陳維英有〈嘲薄待塾師〉〔註123〕組詩很能看出臺地文風低落的面向，從家長對於塾師的「薄待」，反應出他們對於孩童教育的不甚重視：

　　八九童蒙蜂一窠，未除乳臭教吟哦。修金薄更小錢夥，膳米稀尤積稗多。

　　一年數節半無儀，過卻端陽節更奇。扇面百文儀一百，算來倒乞百錢虧。

　　終歲全無肉味聞，豈徒三月不知云。況衣無澣床無帳，王猛蝨兼吳猛蝨。

　　會文訪友或回家，觸怒東君大罵譁。罵道明朝麾使去，定應街上唱蓮花。

　　姑借牛欄挂絳帷，待師如待牧牛兒。天教子弟心茅塞，盡變成牛報不移。

　　從頭計算罄錢囊，僅可粗供一歲糧。草草蝸廬輸稅重，先生還要典衣裳。

因為薄待塾師，以致塾師生活陷入窘境，一年所得束脩，僅能勉強供應一年糧食，卻仍繳不出賦稅，以致「先生還要典衣裳」才行。吃的方面「終歲全無肉味聞」、生活方面「況衣無澣床無帳，王猛蝨兼吳猛蝨」，因為生活貧困，因此授課地點是「姑借牛欄挂絳帷」，這是何其寒酸？塾師除了面對生活上的困頓，還要面臨尊嚴的被踐踏，「會文訪友或回家，觸怒東君大罵譁。罵道明

〔註123〕收於施懿琳等編，《全臺詩》第伍冊，遠流出版公司，2004年，頁201。

朝麾使去，定應街上唱蓮花」、「待師如待牧牛兒」跟傳統「尊師重道」的觀念，根本背道而馳。陳維英的另有〈警諸生〉〔註124〕七絕二首，對於學生不求上進，只知嬉遊，有著嚴厲的批評：

> 館裡翻同傀儡棚，卻將嬉笑當書聲。詩多作賊文蠻語，滿眼狐狸亂戰爭。
>
> 黃鵠紛心放不求，三郎非睡即閒遊（中有三郎者）。教人究莫使人巧，善弈從茲笑弈秋。

從「詩多作賊文蠻語」、「三郎非睡即閒遊」都可以看出學童無心讀書，無心仕進的心態，陳維英的曉綠抄本中有一首題為「霞坡師」所作的〈村塾清冷歌〉〔註125〕，以戲謔的口吻，將不得志士子的心聲作了生動的描述：

> 清冷冷清，半間草舍。一箇先生，吃些疏食，飲些菜羹。兩肩山聳骨崢嶸，舉動不得，妄做妄行。言笑不得，亂講亂評。絕似怕舅姑的媳婦兒，起則五更，睡則二更。又似帶枷鎖的犯罪兒，來不任情，去不任情，出恭入敬誰送迎。教幾箇八九歲的童蒙，讀又不讀，無異蚊子亂飛鳴。改幾篇五六者的文章，通又不通，無異狐狸亂戰爭。觀書每為睡魔縈，欲睡每被書聲驚。有誰共剪窗前燭，有誰來伴案頭燈。為這些少孔方兄，千辛萬苦，也自吞聲，有懷莫吐，此心誰明。人生有酒杯須傾，男兒有志事竟成。所宜先登那龍虎榜，托足那鳳凰城。大展生平，一洩忠貞。掃盡妖氛壯帝京，鐘鼎留名，竹帛留名，豈能長作村夫子，受不過清冷冷清。

其中「教幾箇八九歲的童蒙，讀又不讀，無異蚊子亂飛鳴。改幾篇五六者的文章，通又不通，無異狐狸亂戰爭。」正和陳維英的「詩多作賊文蠻語」相近，「得天下英才而教之」是人生樂事，但當所教非英才，且學生又不思上進時，就成為苦差事了。當一位夫子只能守著冷清草舍，「吃些疏食，飲些菜羹」，甚至骨瘦如柴「兩肩山聳骨崢嶸」時，他所發出的「為這些少孔方兄，千辛萬苦，也自吞聲，有懷莫吐，此心誰明」心聲，也就令人格外感到惋惜，歌末提到「所宜先登那龍虎榜，托足那鳳凰城。大展生平，一洩忠貞。掃盡妖氛壯帝京，鐘鼎留名，竹帛留名，豈能長作村夫子，受不過清冷冷清」的自勉，也正是這些不得志士子的共同期許。

〔註124〕收於施懿琳等編，《全臺詩》第伍冊，遠流出版公司，2004年，頁194。
〔註125〕見陳維英曉綠抄本。

　　也因此陳維英詩作中出現許多祝賀門人入泮的詩作：〈曹生敬甫入泮〉〔註126〕要曹敬「士先論品後論文。梅因骨勁不驚雪，竹以心虛易入雲」、〈贈潘永清入泮〉〔註127〕勉勵潘永清說「美才最忌驕兼吝，大德方能實若虛。久因泮池因懶學，願君鑒我作前車」；〈雞籠謝生錫五入泮〉〔註128〕要謝錫五「品學慎毋安小就，不加沙石柱琳瑯」、〈贈張書紳〉〔註129〕則要門人張書紳「極目休誇千里界，此身纔上一層樓」，其他如〈施生希尹入泮〉〔註130〕、〈張博雲入泮（出其徒曹秀才敬甫之門）〉〔註131〕、〈賀李起鳳入泮〉〔註132〕、〈賀君治宗友生冠軍遊泮〉〔註133〕等，數量相當多。古代學宮之內有泮水，故稱學宮爲「泮宮」，學童考進縣學爲新進生員，須入學宮拜謁孔子，稱「入泮」或「遊泮」。本土文人中以陳維英對此最大書特書，更可見其對「文風」的重視。

　　黃敬作有〈勸學歌〉一首，也是爲勉勵當時士子而作：「列位諸君聚一堂，何人不是讀書郎。我今把筆閒敲句，奉勸知心語數行。書千卷，冊萬箱，君今不學曰無傷。盍念古人傳世句，爲人不學如牛羊。年方富，力方充，君今不學曰無妨。荏苒韶光不我待，老來方悔少年場。日又永，夜又長，勸君早學勿徬徨。寸陰易過時時惜，十載寒窗當自強。春交夏，秋交冬，勸君須早勿太康。自古聖賢皆苦讀，匡衡昔日尚偷光。槐花黃，桂花香，花花催迴少年狂。萬里青雲誠得志，功名早達帝王鄉。君不見古來名士，買臣負薪，李密掛角，孫敬懸樑。君不見當朝宰相，官居一品，位至三公。許時節，何等高超，何等軒昂。」至於他的〈勸學歌十則〉大抵不出上一首長詩的範疇，無非就是要愛惜光陰、努力讀書、減少嬉遊、及早立地志向等；但黃敬也點出閱讀的科目要有古經、詩詞、古文及佳篇，而課藝同樣不能偏廢：謝金鑾甚至認爲，臺地「械鬥」之好發，跟文風不振有關，《蛤仔難紀略》〈論證‧附：泉漳治法論〉的「械鬥」一條說：「居官固當愛秀才；獨械鬥一事，嚴其責於秀才者，所以重秀才以爲化始也。論以械鬥宜嚴其責於秀才，今鄉僻處

〔註126〕收於施懿琳等編，《全臺詩》第伍冊，遠流出版公司，2004年，頁197。
〔註127〕同前註，頁197。
〔註128〕同前註，頁199。
〔註129〕同前註，頁197。
〔註130〕同前註，頁197。
〔註131〕同前註，頁197。
〔註132〕同前註，頁198。
〔註133〕同前註，頁198。

文風日衰，有千百丁男而無一秀才者矣」〔註134〕此外，「重士」條所說，秀才生員幾乎爲地方亂事的「待罪羔羊」，因此「泉、漳之士，始以讀書爲患矣」，文風之不振，或與此亦有關，「械鬥之當治秀才也，予既得而詳之矣。……今泉、漳之俗，凡有控案必列生員；曰：『某某搶奪殺人，而生員喝令也』；『某某擄禁勒贖，而生員主謀也』。……蓋僅告兇人，則明知兇之不緝。控生員，則傳之而至，可以困辱之；傳之而不至，可以革其衣頂。由是，兇頑者有罪而逍遙、懦弱者無辜而受譴，泉、漳之士，始以讀書爲患矣！此風之成，實由於縣官。何也？搶奪殺人，擄禁勒贖，諸如此類者，亂民之行：其不干生員，官亦知之矣。而其搆訟既成，禍在鄉族，則會眾斂錢，飽官吏以全無罪之身家者，實賴之於生員也。……悚秀才以主謀之名，陰受其斂錢之益，而卒未嘗治其主謀者，縣官之長技也。其鳩貲不豐，來之不順；抑損其價，拖欠其餘：則以爲把持爭執、於中取利，是秀才之劣也；將實以主謀之罪，與爲讎矣。而秀才遂眞有把持爭執者、眞有於中取利者。嗟夫！以是日驅秀才於不善，秀才何趨焉？」〔註135〕陳維英之前的謝金鑾、鄭兼才時期尚且如此，則維英當時所面臨文風不振的窘況，也可從中推知。

第六節　本土文人隱微的吏治批判

徐宗幹〈答王素園同年書〉曾說：「各省吏治之壞，至閩而極；閩中吏治之壞，至臺灣而極。然猶是民也、猶是官也，豈其無可治之民、無可用之官而卒至束手無策者？一言以蔽之曰：窮而已矣。」〔註136〕可見當時臺灣的吏治相當敗壞，不過本土文人中，僅鄭用錫對於當時吏治問題有所反映，他的〈即事偶作〉〔註137〕一詩，對於當時新舊任官員交接，新官爲求表現，於是詆毀舊官，或是拒絕蕭規曹隨有著忠實反映，因爲這樣的意氣之爭，不只對百姓無益，有的甚至使已除積弊再次浮現：

> 新官接舊官，一時頓改易。新官莫雄誇，舊官莫怨謫。官衙如傳
> 舍，遞更圜轉石。今日下場人，前日上場客。大權既他屬，百事總

〔註134〕見丁曰健，《治臺必告錄》卷二，臺灣銀行經濟研究室，1959年，頁103。
〔註135〕同前註，頁109～110。
〔註136〕見丁曰健，《治臺必告錄》卷五《斯未信齋文集》，臺灣銀行經濟研究室，1959年，頁348。
〔註137〕收於施懿琳等編，《全臺詩》第陸冊，臺南：國立臺灣文學館，2008年，頁16，註33。

交責。要在見所長，何必生嫌隙。君不見遺愛比甘棠，人思菜公柏。
陸令稱神明，儀型圖掛壁。官去名長存，雪泥鴻印跡。又不見南陽
有召杜，官經前後隔。同是父母歌，奚區今與昔。倘或有不然，
輿情交指摘。盜賊聚蟻蜂，萑苻遍山澤。蝸蠻起戰爭，秦越分肥瘠。
既死灰復燃，已除弊仍積。彼此一相形，豈止差寸尺。吾儒本迂拘，
未免太刻畫。後來或居上，誰肯讓前席。杞人好憂天，徒憂終何益。

用錫提出「同是父母歌，奚區今與昔」，如果一意孤行，仍要「輿情交指摘」
的話，只怕「盜賊聚蟻蜂，萑苻遍山澤。蝸蠻起戰爭，秦越分肥瘠。既死灰
復燃，已除弊仍積」，一切只會前功盡棄，新舊官員流於意氣之爭，受害的都
是百姓，詩人希望官員們泯除成見，共同為百姓福祉努力。另一首〈塹垣因
粵匪截搶谷石民食恐有不足時前任唐公在艋未回紳士不得不權貼告白禁住出
口以防透漏迨新任馬公惑於奸商旋示開禁未及三日復諭停止朝令夕改可發一
笑〉〔註138〕說：

> 我本家居老腐儒，微言敢許動當途。為防枵腹伸鄉約，竟惹讒唇啓
> 宦誅（諭中有提及『紳士業戶未經稟官，即行告白，禁止出港，致
> 內山粵人藉口攔搶。』等語）。升斗價騰民共怨，車帆禁弛利爭趨。
> 如何渙汗旋收汗，未免紛更笑俗夫。

提出竹塹地區稻米被粵匪所劫，用錫因擔心當地居民糧食不足，在舊官離
開，新官未至的過渡時期，以知識分子的身份權貼布告，禁止米運出口，結
果新任官員為商人所惑，於是開禁，不到三天旋禁，對於官員的昏昧不察，
用錫相當不以為然，對此他有一首〈禁米運出口〉〔註139〕，詩中則轉而指責
商人「可鄙居奇輩，貪圖昧梓桑」的行徑；此外，稿本的〈前年賴得力羅慶
二兩渠魁尚未弋穫茲又有吳水妹在三叉河內山要結亡命匪徒各處橫劫而升庵
唐公無力勦捕反為入寨講和可嘆之至感而賦此〉〔註140〕一詩，更可見詩人對
無力緝補盜匪，甚至與之媾和的官員感到忿然：「到處聞鈴刲，山林盡賊窠。
晝行須帶劍，宵寢亦橫戈。官不嚴搜捕，民惟喚奈何。況無降虎力，更為虎
添奇。」官員不僅無法救百姓於水火，居然還跟盜匪同流合污，這是何等荒
謬的情形？稿本中還有一首〈□□□□□□□登場所由挑運谷石悉被內山粵

〔註138〕收於施懿琳等編，《全臺詩》第陸冊，臺南：國立臺灣文學館，2008 年，頁
57。
〔註139〕同前註，頁 33～34。
〔註140〕同前註，頁 167，註107。

匪截搶而廳司馬置若罔聞以致賊匪充斥可慨也夫〉〔註141〕，則在批評當時官員的姑息養奸：「水懦何如火烈雄，由來患積養癰中。登收正喜糧棲畝，輸運翻來莠伏戎。淵聚山陵皆米賊，損傷禾稼甚蟊訌。民生國計終奚補，怎奈當途耳轉聾。」這幾首詩作中，鄭用錫不似遊宦文人泛論式的總評吏治，而是以生活中的親身經歷，一一陳述臺灣吏治的劣敗，在這裡我們似乎只能感受到官員的「無能」，以及詩人的「無奈」，對於吏治能否清明？如何清明？詩人並未多談。

此外，李喬〈新樂府六章・草地人〉〔註142〕也可以看出對於吏治的隱微批判：

> 臺陽膏腴地，一歲或三熟。可憐草地人，不得飽糜粥。**里正催租吏**
> **捉人，林投有洞去藏身。晝伏夜歸饑不忍，歸來惟對甑中塵。**曩從
> 城中來，曾見城中客。峨峨稱大家，丹艧間金碧。豐衣美食如山積，
> 不如賣女圖朝夕。使儂莫作溝中瘠，女事貴人兩有益。吁嗟乎，墜
> 茵墜溷不可知，飛絮飛花豈有擇。**君不見，石濠別，幽怨聲，流民**
> **圖，淒涼色。**

我們能從詩中看出杜甫〈自京赴奉先縣詠懷五百字〉所說「朱門酒肉臭，路有凍死骨」的鮮明對比。李喬既然用杜甫的石濠吏相比，顯然造成草地人困境的根由就是吏治。如果吏治清明，自然不會有草地人因繳不出稅賦而倉皇躲藏。如果吏治清明，草地人也不會三餐不繼，而淪落到賣女的地步，如果吏治清明，也就不會有「幽怨聲，流民圖，淒涼色」的局面，李喬的吏治批判是相當隱微的。

相對於其他本土文人對於吏治問題的「視而不見」，遊宦文人顯然更為關注這一議題，林豪的〈逐疫行（同治丙寅在淡水作）〉〔註143〕更是其中代表之作：

> 炎風煽地如爐烘，妖雲十丈垂天紅。祝融熾炭旱魃舞，陽亢陰死蒸
> 蘊隆。十里五里成焦土，五月六月悲三農。疫鬼跳梁舞而出，白晝
> 攫人入其窟。十旬大索天亦驚，一城哭聲氣愁鬱。有司曰噫無他策，

〔註141〕收於施懿琳等編，《全臺詩》第陸冊，臺南：國立臺灣文學館，2008 年，頁
　　　　550。
〔註142〕收於施懿琳等編，《全臺詩》第伍冊，遠流出版公司，2004 年，頁106。
〔註143〕收於施懿琳等編，《全臺詩》第玖冊，臺南：國立臺灣文學館，2008 年，頁
　　　　327～328。

諭令爾民且逐疫。獰獰闖出丈六軀，眈眈四目射妖蟘。連宵鼓角喧通衢，欲蕩么魔禳此疾。疫鬼愀然語有司，公今誤矣逐何為。

溯公下車清和節，可有甘雨車前隨。公心為爐湯沸鼎，煆煉成獄張炎威。撲金校尉虎而冠，張牙舞爪如鷹飢。或摧鳳翅曬赤日，或肆狼餐剡膏脂。或入甕中醉其骨，或納一網蔽其皮。或頭為焦或額爛，大者剝膚小噬肌。纍纍犴獄如束溼，無辜籲天天豈知。未免閭左蓄怨毒，上干天怒災乃施。吾曹戾氣所醞釀，乘時為屬應奔馳。隨公一氣為消長，氣焰所趨不可醫。君不見南交吏酷珠盡徙，東海婦冤天不雨。蝗蝻入境市有虎，毋乃感召由天鼠。古來青祥黑眚為咎徵，雞禍犬禍隨所取。山妖水怪有由興，吾曹與公問誰使。公無杜陵忠愛之胸襟，縱誦子章髑髏能止災不侵。誤讀周官效安石，欲遣方相禳氛祲。執盾揚戈直戲耳，抱薪救火災愈深。而況吾曹縱欲手，未必公能舍此現婆心。區區小民何足惜，飽公之囊果吾腹。天若愛民不遣公，吾曹為禍公豈福。不然公如兩袖清風清，吾曹逝矣何庸逐。有司曰噫無他策，此曹鴟張何能斥。欲解蒼生命倒懸，安得青天一聲鳴霹靂。

詩文第一部分以「炎風」、「妖雲」、「祝融」、「旱魃」、「疫鬼」等物，營造出人民遭受接二連三災禍的苦況。緊接著藉由「疫鬼」與「有司」間的對話，指出災禍的頻繁嚴重，係源自官吏的暴虐無道，尤其是放縱底下爪牙（「撲金校尉」）對於百姓實行種種暴行，「或摧鳳翅曬赤日，或肆狼餐剡膏脂。或入甕中醉其骨，或納一網蔽其皮。或頭為焦或額爛，大者剝膚小噬肌」，以致於「上干天怒災乃施」，就連上天也看不下去，反應出當時吏治敗壞的實況，林豪在第三部分藉由「有司」的口吻，感歎疫鬼難斥，其實也點出自己的無能為力。

林豪的〈少婦哀〉[註144]，提到少婦的孩子死於天災，雖然傷心，但至少還能接受，因為有些孩子是被胥吏強行抓去「抵稅」的，這種對「苛政猛於虎」的批判，在詩文中相當忠實的展現：

西瀛天色昏如醉，西瀛少婦悲酸鼻。試問少婦一何悲，舉手指天淚潸墜。自從獻歲天災流，諾皋聯臂村中游。掌上珠與心頭肉，一一

〔註144〕收於施懿琳等編，《全臺詩》第玖冊，臺南：國立臺灣文學館，2008 年，頁371。

攫去無一留。鬼伯不仁乃太酷，赤子何罪胡相仇。我欲一言且慰若，
忽聞空際笑聲落。爲言少婦且勿悲，欲訴天耶天寂寞。從來災疫有
由興，如薪引火泉赴壑。獨不聞里胥敲門聲如雷，狂風暴雨隨之來。
怒容在面牒在手，呵叱老農猶嬰孩。或傾赤仄，或醉金罍。或呼少
婦席上陪，送婦者誰尤堪哀。一村復一屋，欲過還徘徊。十屋九屋
過，如洗道路以目不敢猜。昏昏世界死灰色，豈不呼天安在哉。此
時慳囊皆打破，剩有懷中兒一箇。匹夫懷寶罪堪誅，匹婦懷兒罪難
赦。此兒尚值幾文錢，急喚牙人來取價。兒啼覓母母啼兒，天涯哭
送不勝悲。吁嗟少婦且勿悲，與其有兒留不住，何不挈將泉下去。
莫言鬼伯果不仁，但索兒行不索賂。家無長物任高眠，免費里胥雙
目注。空中語畢罡風起，青畦如洗禾苗死。少婦路隅泣未已，回望
里胥聲至矣。

他的〈圖圄滿〉〔註 145〕也是表達對里胥的極端不滿，百姓因天災無錢繳稅，
於是被抓進監牢之中，因人數過多，以致人滿爲患：

君不見里胥捉人入內館，纍纍眼見圖圄滿。老耶病耶婦耶孺耶何紛
紛，縲絏之中繩苦短。試問何罪告者誰，主吏要錢他不管。無罪罪
人何其多，昨夕散賑朝催科。但見家家逋賦罪不赦，人人索逋無所
逃。撫字政拙催科勞，圖圄已滿奈君何。何如再拓三弓地，好把鳩
形鵠面一網繫。

假若道咸同時期的臺灣吏治，真如徐宗幹所言，是「各省吏治之壞，至閩而
極；閩中吏治之壞，至臺灣而極」的話，從林豪記述來看，顯然「臺灣吏治
之壞，至澎湖而極」了。

劉家謀《海音詩》有一首「公門折節競趨風，牽引都憑一線通。辛苦爲
人裝布袋，肯教妙手獨空空。」〔註 146〕自註說「出入公門、爲官弋利，曰『布
袋手』。」指出官員們貪污「調劑」的方式，在上位者尚且如此，下位者又豈
能愛民？《海音詩》中曾反應吏胥爲害：「一甲微租近一車，賦浮那得復言加。
多田翁比無田苦，怕見當門虎老爹。」〔註 147〕自註說：「臺邑地狹，而賦視其
他邑爲多。……計每甲賦十數倍內地不止。……一年所入，除各色費用外，

〔註 145〕收於施懿琳等編，《全臺詩》第玖冊，臺南：國立臺灣文學館，2008 年，頁
　　　　370。
〔註 146〕收於施懿琳等編，《全臺詩》第伍冊，遠流出版公司，2004 年，頁 299～300。
〔註 147〕同前註，頁 282。

不足以供賦。追呼之慘、稱貸之艱，有不忍言者矣。田地昔值百金者，今僅及半焉；鬻之則虧資，存之則受累，民亦何樂求田耶？臺穀每石爲一車。班役之家皆祀虎，謂之『虎老爹』；逋賦者拘押諸家，荼毒萬狀。」同樣的描寫也見於他的《觀海集》〈虎老爹〉〔註148〕一詩詩題註解說「胥役家多祀虎，久不獲利則祀以豚酒，稱曰虎老爹，博場亦祀之，曰虎相公」劉家謀之所以重複描寫，正可以看出吏胥爲禍之烈。這種「上下交相賊」的現象，再加上賦稅又遠較各省爲高，重重壓榨之下，居民幾乎無以爲生。

結果不止文官吏役如此，「班兵」及「營卒」也是社會亂源之一，《海音詩》說「五虎長牙舞爪來，秋風避債竟無臺。驚心昨夜西鄰哭，掌上明珠去不回。」〔註149〕自註云「每百錢，按日繳息五文；停繳一日，即前繳抹銷，謂之『五虎利』；亦營卒所爲。窮民不得已，貸之；無力償者，或擄其妻女而去。」營卒自己經營「高利貸」，專門欺壓善良百姓，而「分疆畫界立公廳，盤踞儼然犄角形。傳首已教心膽落，古來兵法本兼刑」〔註150〕則是言及「班兵」：「班兵各據一隅，私立『公廳』爲聚議之所。提標兵據寧南坊，漳鎮、詔安、雲霄兵據鎮北坊，同安兵據東安坊，本土募兵則分據西定坊之開仙宮、轅門街諸處，賭場、煙館、娼窩、私典皆其所爲。白晝劫奪財物、擄掠婦女，守土官不敢治，將弁亦隱忍聽之，懼其變也。不知臺兵多住家內地，一有叛亂，戮及妻孥，敢爲變乎？……」班兵除了「各據山頭」之外，還參與所有不法的勾當，除此之外，還在白天公然「劫奪財物、擄掠婦女」，簡直跟土匪沒有兩樣，家謀另有〈換臺兵〉〔註151〕一首，諷刺的意味更加濃厚「……樂莫樂於換臺兵，飽食可以忘從征。時平不識戰與守，團坐公廳但飲酒。……誰令門戶各分開，更結親家作憑仗。泉人惡漳漳惡泉，相逢狹路爭揮拳。如何臨陣卻退後，鄉勇屯番前（臺澎水陸十六營……在臺有兵餉，內地有眷米，喪葬有白事，婚嫁有紅事，班兵換回有盤費銀。班兵分據一隅，私立媽宮爲聚議之所，曰公廳。漳泉兵常分類，他營附之者爲親家。……）」。

這實在是很奇特，如果吏治敗壞及班兵問題是臺灣民變迭生的要因之一，何以不見本土文人對其的批判？若是單看本土文人的在地書寫，幾乎

〔註148〕收於施懿琳等編，《全臺詩》第伍冊，遠流出版公司，2004年，頁325。
〔註149〕同前註，頁295。
〔註150〕同前註，頁302。
〔註151〕同前註，頁326。

不見吏胥壓榨一事，也可能產生當時臺地吏治清明的錯覺，本土文人何以不願書寫吏治和班兵的問題？難道他們看不到嗎？筆者以為，「非不願也，是不敢也」，本土文人不是不想寫，是不敢寫。本土文人和遊宦文人不同，他們是要久居在這塊土地上的，如果對執政批評太過，恐怕會引來不必要的麻煩，而劉家謀、林豪這一些遊宦文人，短的任期不過三年，長的最多不過六年，臺灣不是他們久居的地方，而且他們本身也多是朝廷官員，在立場及身份上，都遠較本土文人超然及安全，也因此本土文人所不敢反應的層面，就可見於他們筆下。此外，就本土文人身份來看，用錫之所以出現批判吏治的詩文，是因為他的進士身份，以及曾經為官的背景，讓他較一般本土文人更為熟悉吏治，而施瓊芳雖為進士，卻未曾為官；林占梅跟團練關係密切，但也沒有為官的經驗，因此，本土文人的吏治批判只見於鄭用錫，原因或在此。

小　結

　　最後，這裡有幾個現象值得一提：清代臺灣的遊宦及本土文人，在竹枝詞與采風之作的書寫上，不只書寫內容相異，創作時間的集中點也不同。遊宦文人的竹枝詞寫作，從康熙時期開始，一直是其記錄臺地風俗的重要題材，時間集中在嘉慶之前，其側重點在於二岸文化風俗的「差異」，試圖比較二岸不同，凸顯臺灣的「特殊性」，說他們是帶著「覽異」眼光看臺灣，其實也不為過。而本土文人的竹枝詞寫作，則集中在道光之後，道咸同時期本土文人的「采風」之作，關注面向與角度，和遊宦文人有著不同，遊宦文人所大力批判的「吏治不良」及「賭風興盛」二點，少見於本土文人的描寫，而本土文人大力書寫的中元普渡，則少見於遊宦文人作品中。從時間縱向看，本土文人出現的時間較晚，在書寫的詮釋權上，已經失去掌權的先機，在廣度上遠遠不及遊宦文人，此外，遊宦文人因為有可供比較的「範本」（內地及臺灣），所以他們所「歸納」出來的臺地「特色」，可以說相當具有代表性，這種情形一直持續到道咸時期仍是如此，劉家謀的《海音詩》可說是代表之作。相形之下，本土文人在廣度上不及遊宦文人，因此在書寫內容為與其區隔，就勢必從「深度」上著手，他們以長期居住臺地的經驗，從臺地各方面去探討這塊土地的缺憾、並從中挖掘可改正的地方，以圖這塊土地有改善進步的空間。

　　地理學者段義孚在區分「地方」的概念時，適足以用來解釋遊宦文人與
本土文人，對於共同的臺地空間，各自呈現什麼樣的感受？

> 段義孚（Tuan, Yi-Fu）在某些例子之中還特意區分出：(1)透過視覺
> 方法而聞名的地方和(2)經由長期的接觸及經驗而聞名的地方，區分
> 二者之間的差異。就前者來說，地方感的獲得來自外在的知識、從
> 看到物體的「高度可意象性」，一個人可以被「訓練」成可以洞悉
> 「美」或「具有公共符號的意義」，實實在在地，且有權威地表現了
> 公共的生活、渴望需求，以及價值觀。就後者來說，地方感導源於
> 內在熟悉的知識；導源於「在一個實質環境中關懷領域（fields of
> care），人與人之間相互關懷網絡」的建立；導源於情感緊繫的物質
> 環境，以及意識可覺察到的環境「認同和空間界線」；導源於長久以
> 來「經由聽覺、嗅覺、味覺、觸覺」所強化的親切的關聯性；導源
> 於「連續發展、莊重而快樂的慶祝活動」的傳統復現，或與其他聚
> 落居民之間的競爭；導源於「週遭環境的整體經驗」──赤足走在
> 草地上的感覺、不同季節的芬芳和天籟、在散步時候和朋友碰面的
> 地方和時間、每天退潮的時刻、擠乳的片刻、三餐、閱讀、思考、
> 睡覺和甦醒的川流不息。……主張一個具有公眾象徵感的地方比較
> 適於和較大的單元聯接──人所住居的城市或區域，國家。而一個
> 有關懷領域的地方感，則比較適於和較小的單元聯接──如某人所
> 住居的房間的角落，或都市的街道、農村或鄉下的角落。〔註152〕

簡言之，遊宦文人是「透過視覺方法而聞名的地方」，是「來自外在的知識、
從看到物體的『高度可意象性』」藉由各項風土書寫，「權威地表現了公共的
生活、渴望需求，以及價值觀」，但本土文人對於地方的認知，卻是「經由長
期的接觸及經驗而聞名的」，他們對於臺灣這塊土地的關懷，是因為「在一個
實質環境中關懷領域，人與人之間相互關懷網絡的建立」，他們對歲時年節風
俗的書寫，是「『連續發展、莊重而快樂的慶祝活動』的傳統復現」，他們對
於外在環境的書寫，是「長久以來『經由聽覺、嗅覺、味覺、觸覺』所強化
的親切的關聯性」，我們在一開始時就指出，本土與遊宦二大社群的寫作中，
其中同時為遊宦與本土文人記載反映的有：講究奢靡、鴉片盛行、樹旗糾眾

〔註152〕參考夏鑄九、王志弘編譯，《空間的文化形成與社會理論讀本》，明文書局，
　　　　2002 年 12 月再版四刷，頁 86～87。

械鬥、民變時生、節令活動等。只見於遊宦文人書寫，卻不見本土文人記錄的，還有反映道咸年間米穀賤價，賦役繁重、徵租不均、螟蛉繼承、婚姻曠怨、婦德不彰、結拜要盟、崇信巫醫、婚喪習俗等問題，可見本土文人對於臺地現實民生的關懷，並不如遊宦文人全面，但卻更為深刻。當他們經過思考而挑選出來呈現的臺灣圖象，其實是更有在地性格的一面。

第七章　民變與災變
——本土文人的災難書寫與觀察位置

　　道光年間的臺灣，是相當動亂不安的，就發生民變的次數來看，以道光年間最多，發生頻率也最密集：康熙治臺三十九年，發生 6 次，雍正十三年中發生 4 次，乾隆六十年中只有 17 次，嘉慶二十五年中發生 10 次，道光三十年的時間就有 19 次，是歷代之冠，咸豐十一年發生 7 次，同治十三年只有 1 次，至於光緒二十一年則有 9 次〔註1〕。

　　就盜案發生件數來看，道光年間同樣是發生次數最多，也最為密集：乾隆朝共 60 件，嘉慶朝 53 件，道光是 187 件，咸豐 7 件，同治 11 件，光緒 31 件〔註2〕。

　　道光時期民變和盜案頻繁，顯示清政府在臺灣統治力量的開始鬆動，但在同一個時間，卻也是本土文人陸續綻放異彩的時候，開臺進士鄭用錫在道光三年中式，開澎進士蔡廷蘭是道光二十四年，臺南施瓊芳是道光二十五年進士，自此之後，本土文人取得舉人、進士的人數開始超越前代。本土文人的素質大幅提升，流傳作品也較諸之前多了許多，了解這樣的環境背景，也就不難理解，何以本土文人作品別集，會在道光之後大量產生，他們的作品中，何以會出現許多關於民變的敘寫？除此之外，風災、水災、震災等「災

〔註 1〕　參考劉妮玲「民變發生頻率表」，見《清代臺灣民變研究》，國立臺灣師範大學歷史研究所專刊（九），1983 年 9 月，頁 255。

〔註 2〕　參考王秀玲「乾隆朝一般盜案一覽表」、「嘉慶朝一般盜案一覽表」、「道光朝一般盜案一覽表」「咸豐朝一般盜案一覽表」、「同治朝一般盜案一覽表」、「光緒朝一般盜案一覽表」，見《清代盜案之研究》，國立臺灣師範大學歷史研究所碩士論文，1994 年 6 月，頁 28～41。

變」，帶給文人強烈的感受，同樣也反映在作品數量中。為了能更清楚這些災害與民變發生的原因與背景，筆者已於「附表二」整理出和本章相關的歷史事件，以資對照。

第一節　本土詩人眼中的臺灣民變、外患與中國內亂

「民變」是本土文人最亟力描寫的主題，這是因為社會動亂所帶來的影響，遠比天災來得更深遠，而臺灣地區的民變與動亂，背後常跟社會環境與政策不當有著密切關係，相對於天災的不可預知，人禍原是可以避免的緣故。既然是「人禍」，文人在記錄臺灣的民變與動亂時，也就有了「觀察位置」，筆者在此想要探討的是，本土文人是以什麼樣的角度去觀察記錄這些民變、外患與內亂？是否會隨著事件性質的不同，進而改變他們對於起事者的看法？或是站在一視同仁的批判角度，以官方立場去看待每一個可能危害清廷統治的事件？

一、仙拼仙，拼死猴齊天——本土文人眼中的分類械鬥

《福建省例》〈刑政例上（六十三案）〉中，一連有「勸改械鬥」、「申禁械鬥」、「勸誡械鬥」及「禁械鬥」四項禁文，可以看出當時「械鬥」頻繁與為禍之烈，其中〈勸改械鬥〉中甚至提出「照得殺人者抵，律有明條。然斬絞重犯，苟有一線可生之路，無不仰邀恩旨予以緩決。惟械鬥之犯，毋論起釁附和，一傷人命，概擬情實，即行處決，原以痛懲海疆好勇鬥狠之惡俗。」〔註3〕的重刑，以及連坐法的實施「倘示禁之後，仍有違犯，本人冥頑不靈，死無足惜，定將失察縱容之族正、房長、鄉保、地鄰，分別嚴究，決不寬貸。各宜凜遵。」〔註4〕目的都是為了扼阻械鬥的盛行，但是即使祭出重刑重罰，械鬥仍無法根除，因此後續才會又有三篇禁文出現。

械鬥的起因在於臺地民風剽悍，丁紹儀在《東瀛識略》卷三〈學校習尚〉的「習尚」〔註5〕條就交待臺灣居民的組成成份「臺民皆徙自閩之漳州、泉州、

〔註3〕 見《福建省例》，〈刑政例上（六十三案）〉，「勸改械鬥」，臺灣銀行經濟研究室，1964 年，頁 847。
〔註4〕 同前註。
〔註5〕 見丁紹儀在《東瀛識略》，卷三〈學校習尚〉「習尚」，臺灣銀行經濟研究室，1957 年，頁 32。

粤之潮州、嘉應州。其起居、服食、祀祭、婚喪，悉本土風，與內地無甚殊異。惟氣性剛強，浮而易動」之所以造成與內地不同的性格，丁紹儀認為和明鄭「寓兵於農，暇即以戰爭角力為事，一呼並集」的訓練有關，即使經過二百年的教化，「而好勇鬥狠之習，迄未盡除」，分類械鬥的起因是「往往睚眥之仇，報而後快」，這一點即「申禁械鬥」中所提「如有爭墳、爭水、爭地等項，仍前糾眾持械互鬥者，該保、族、鄰即預行阻止」〔註6〕，只是「爭墳、爭水、爭地」就能引發械鬥，「片言不合輒鬥，甚則械鬥，更甚則分類：或閩與粤分，或泉與漳分。分則至親密友，白刃相加不相認，雖富家巨室，亦必出資以助，從而遷徙。其始也，臨以兵戎，悍然弗顧；逮憤氣稍紓，徐以官法繩之，則亦弭耳聽命而已。」但丁紹儀也提到，這些分類械鬥的起事者，仍有可取之處「輕財尚義，見有流離窮乏者，振之必使得所。尤重同鄉、同姓，設受陵辱，傾家拯援，身罹法網所不卹，頗有朱家、郭解風。」只是對於同姓、同鄉者如此重視，但對於近親卻漠然不聞不問，「獨於近支昆弟間，間有坐視顛連，漠然勿問。更有鬩牆訐訟，頻年不已者。」難怪作者會覺得「其故殊不可解」。

　　分類械鬥一直是臺地動蕩不安的主因，但本節主要不在分析分類械鬥的成因與過程，故對械鬥分身的發展不予詳述，關於這個部分，可參酌林偉盛《羅漢腳·清代臺灣社會與分類械鬥》〔註7〕一文。本文重點主要放在本土文人究竟是用什麼眼光看待臺地的分類械鬥？分類械鬥又對於文人造成什麼樣的影響？

　　連橫在《臺灣通史》曾記載鄭用錫在「咸豐三年，林恭、吳磋以次起事，而漳泉又分類械鬥，全臺俶擾。奉旨偕進士施瓊芳等辦團練勸捐，兼以倡運津米，給二品封典。」〔註8〕一事，當時鄭用錫雖沒有寫下跟分類械鬥有關的詩作，卻留下了一篇〈勸和論〉：「分類之害，甚於臺灣，尤甚於淡之新艋。臺為五方雜處，自林爽文之後，有分為閩粤焉，有分為漳泉焉。閩粤以其異省也，漳泉以其異府也。然同自內地播遷而來，則同為臺人而已。……淡屬

〔註6〕見《福建省例》，〈刑政例上（六十三案）〉，「勸改械鬥」，臺灣銀行經濟研究室，1964年，頁856。

〔註7〕林偉盛，《羅漢腳·清代臺灣社會與分類械鬥》，自立晚報社文化出版部，1993年3月。

〔註8〕見連橫，《臺灣通史》，卷三十四〈列傳六·流寓列傳〉「鄭用錫」，臺灣銀行經濟研究室，1962年，頁967。

素敦古，新艋尤爲菁華所聚之區，游斯土者嘖嘖稱羨。自分類而元氣剝削殆盡，未有如去年之甚也。干戈之禍愈烈，村市半成邱墟。問爲漳泉而至此乎，無有也。問爲閩粵而至此乎，無有也。蓋釁由自作，鬩起閱墻，大抵在非漳泉、非閩粵間爾。自來物窮必變，慘極知悔。天地有好生之德，人心無不轉之時。……願今以後，父誡其子，兄告其弟，各革面，各洗心，勿懷夙忿，勿蹈前愆，既親其所親，亦親其所眞，一體同仁，斯內患不生，外禍不至。漳泉閩粵之氣習，默消於無形。譬如人身血脈，節節相通，自無他病。數年以後，仍成樂土，豈不休哉？」〔註9〕

　　這一篇文章後來刻石於後壠，據連橫說法是「眾得書感動，鬥爲之息」，用錫提出「然同自內地播遷而來，則同爲臺人而已」的觀念，認爲四海之內皆兄弟，何必彼此分類？接著提到因爲械鬥之故，「自分類而元氣剝削殆盡，未有如去年之甚也。干戈之禍愈烈，村市半成邱墟」，最後提出「既親其所親，亦親其所眞，一體同仁」，回應前面「同爲臺人」的說法，希望「漳泉閩粵之氣習，默消於無形」。田啓文在〈修補族群的傷口──鄭用錫〈勸和論〉試析〉一文中，認爲用錫此文是「勸導族群融合的第一篇作品，而且也是臺灣本地文人勸導族群融和之首作」，這樣的定位是可以成立的〔註10〕。咸豐三年持續到咸豐九年的「頂下郊拼」，是蔓延艋舺一帶的大型械鬥。「事件的起因據說是因買菜口角所引起，但眞正擴大的原因卻是同安人的『下郊』想藉此奪取三邑人『頂郊』的地盤。」〔註11〕經歷過這一段械鬥，而有詩文流傳下來的文人，除了鄭用錫，還有跟鄭用錫一起偕辦團練的施瓊芳以及陳維英。此外，四位本土文人對於臺地分類械鬥的書寫，正好各自囊括分類械鬥的幾個面向：

因牛爲水芝蘼鬙，一鬥經年血漲河──分類械鬥的起因

　　無名氏〈械鬥竹枝詞四首〉〔註12〕不是客觀的采錄，而是主觀的批判，

〔註9〕　見連橫，《臺灣通史》，卷三十四〈列傳六‧流寓列傳〉「鄭用錫」，臺灣銀行經濟研究室，1962年，頁967～968。

〔註10〕　見田啓文，〈修補族群的傷口──鄭用錫〈勸和論〉試析〉，《靜宜語文論叢》1卷2期，2005年12月，頁153。

〔註11〕　見吳密察監修，《臺灣史小事典》，遠流出版事業股份有限公司，2000年9月，頁69。

〔註12〕　此詩收於陳香，《臺灣竹枝詞選》，題爲陳肇興之作。但顧敏耀認爲此組詩不應列爲陳肇興所作，而認爲作者另有其人，茲從其說，見顧敏耀，《陳肇興及其《陶村詩稿》研究》，國立中央大學中國文學研究所碩士論文，2004年1

詩中提到械鬥的發生、蔓延區域及影響：

> 無人拓殖不居功，動輒刀槍奮起戎。利益均沾天地義，強爭惡奪是
> 歪風。
> 淡水環垣病最多，漳泉棍棒粵閩戈。因牛爲水芝蔴鬩，一鬥經年血
> 漲河。
> 災及後龍彰化間，禍延錫口至宜蘭。羅東亦效相殘殺，人命如絲似
> 草菅。
> 起止紛爭數十年，時停時作互牽連。腥汙血染開疆史，斲喪菁英笑
> 失筌。

其中的「因牛爲水芝蔴鬩」更是挑明了分類械鬥起因不過就是「芝蔴鬩」而
已，陳肇興的〈感事〉〔註13〕也說「豈有同仇關切齒，並無小忿亦亡身」，林
占梅在林恭事件發生時所經歷的分類械鬥更誇張，〈途間見分類難民痛述時事
（時漳、泉、晉、同各分類焚殺）〉說「吳越分爭火燭天，問渠何事竟茫然
（各無宿嫌，猝然分類）」是連爲什麼爭鬥都不清楚。但這樣的小事，卻能夠
演變成「一鬥經年血漲河」的情形，而且延燒的範圍從「淡水環垣病最多」
到「災及後龍彰化間」，再到「禍延錫口至宜蘭」，最後是「羅東亦效相殘
殺」，從西到東，從北到南，蔓延全臺，難怪「起止紛爭數十年，時停時作互
牽連」。

　　無名氏認爲，逞一時之快的結果，是「腥汙血染開疆史，斲喪菁英笑失
筌」，因爲動亂持續數十年，一些菁英份子都在這些動亂中喪生，阻礙了社會
的進步。所以詩人在第一首詩就點明「無人拓殖不居功，動輒刀槍奮起戎。
利益均沾天地義，強爭惡奪是歪風」，如果只是爲了小利小益，動不動就干戈
相向，只怕日後的損失會更大。

　　然而也有一些分類械鬥的起因，是眞的源於「深仇大恨」的，謝金鑾在《蛤
仔難紀略》的「械鬥」中即提到「殺父、殺兄之讎，所在多有。甚或剒及數代
之祖墳，出其骸臠諸市，題曰『某人之幾世祖骨出賣』；列諸墟，眾瓂觀之。此
其不共戴天，非國法所能止也。」〔註14〕這對於受害一方而言，即是不共戴天

〔註13〕月，頁108。
〔註13〕收於施懿琳等編，《全臺詩》第玖冊，臺南：國立臺灣文學館，2008年，頁
207。
〔註14〕見丁曰健，《治臺必告錄》，卷二〈蛤仔難紀略〉「論證」〈附：泉漳治法論〉「械
鬥」，臺灣銀行經濟研究室，1959年，頁102。

之仇，也因此一旦爆發械鬥，必定非死即傷，甚至極盡殘忍之能事。

揮戈舞盾賊攻賊，吮血吞心人食人——分類械鬥的慘狀

陳肇興的〈感事〉寫道：「蕭墻列戟究何因，滿眼郊原草不春。豈有同仇關切齒，並無小忿亦亡身。揮戈舞盾賊攻賊，吮血吞心人食人。自愧未能爲解脫，空將兩淚哭斯民。」從可以看出當時殺伐的慘烈，陳肇興提出疑問「蕭墻列戟究何因？」是因爲有些分類械鬥的發生，是再微細不過的小事，誠如上文所言，只是「爭墳、爭水、爭地」就能引發械鬥，而付出的代價卻往往是人命，甚至到了「吮血吞心人食人」的地步，這是何等怵目驚心？李逢時〈漳泉械鬥歌〉〔註15〕也說「殺人如草死如眠，骷髏屯積血飄灑」，陳維英〈癸丑（咸豐三年）八月八日會匪激成分類蔓延百里誠可哀也〉〔註16〕第一首則說「塗炭生靈灰屋宇，萬民雙淚一聲天。」，這種「人命如絲似草菅」（無名氏〈械鬥竹枝詞四首〉）的情形，常見於分類械鬥中，但在詩人眼裡，卻是相當令人難過的事，詩人提到分類械鬥時的慘狀，其中雖不乏誇飾語氣，但也多少也反應當時的真實面向。

泉漳閩粵分偏合，翁婿舅甥親亦疏——分類械鬥的特性

陳維英〈癸丑（咸豐三年）八月八日會匪激成分類蔓延百里誠可哀也〉第一首提到：

> 遏抑多方惱煞予，奈天降禍莫驅除。**泉漳閩粵分偏合**（舊泉漳分類，
> 茲則同安屬泉而附漳，晉南惠安屬閩而附粵），**翁婿舅甥親亦疏**（論
> 藉故也）。

這即是上文所說，丁紹儀覺得「其故殊不可解」的地方，謝金鑾在《蛤仔難紀略》的「械鬥」中有一段文字的分析可算合理：「泉民之鬥以鄉鬥，漳民之鬥則以姓鬥。以鄉鬥者，如兩鄉相鬥，地畫東西；近於東者助東，近於西者助西，其牽引嘗至數十鄉。以姓鬥者，如兩姓相鬥，遠鄉之同姓者必受累；受累則亦各自爲鬥，其牽引亦能至數十鄉。若漳浦之紅白旗會，則近似泉民。究之以鄉鬥者，必大族爲之首；以姓鬥者，必大姓爲之首。則治大族、大姓，宜加意焉。」〔註17〕這表示械鬥時，「地緣」關係遠大於「血緣」，鄭

〔註15〕收於施懿琳等編，《全臺詩》第玖冊，臺南：國立臺灣文學館，2008 年，頁 46。

〔註16〕收於施懿琳等編，《全臺詩》第伍冊，遠流出版公司，2004 年，頁 154～155。

〔註17〕見丁曰健，《治臺必告錄》，卷二〈蛤仔難紀略〉「論證」〈附：泉漳治法論〉「械

用錫在〈勸和論〉也說「今以異省、異府各分畛域，法所必誅。矧更同為一府，而亦有秦越之異。是變本加厲，非奇而又奇者哉？夫人未有不親其所親，而能親其所親。同居一府，猶同室兄弟之至親也，乃以同室而操戈，更安能由親及疏，而親隔府之漳人，親隔省之粵人乎？」正是反映這樣的歷史情境。

　　從「舊泉漳分類，茲則同安屬泉而附漳」可知，陳維英家族顯然參與了這一次的械鬥，從陳維英所處時間點及地域來看，他應該是親身經歷過咸豐三年到九年的「頂下郊拼」，但是維英另有〈癸丑之變兄弟俱死於難〉〔註18〕一詩，林偉盛據此詩推斷他的兄長陳維藻在這一次的械鬥中喪生，五弟陳維藩也在此次事件的參與名單中〔註19〕。然《臺北文物》的原抄本註卻說：「咸豐三年（1853）之械鬥，並有謂此詩，恐非迂谷先生所作」，曉綠抄本在題目下也註明「一曰此恐非迂谷先生之詩」，同樣情形見於曉綠抄本的〈哭三歲兒〉〔註20〕，其詩題下註明「一曰此恐非迂谷先生之作」，可知這二首作品在《臺北文物》及曉綠抄本的抄錄者的認知中，都覺得並非維英之作，除此之外，〈癸丑秋長兄四弟為拒匪俱死於難張程九以書及詩來慰聊裁以答〉〔註21〕也被懷疑非維英作品。據謝志賜的研究，這幾首詩之所以非陳維英之作，是因為「考先生長兄維藻卒於道光十五年，且先生排行第四，而三大房中先生之兄弟、堂兄弟並無人去世於癸丑年（即咸豐三年），故知二詩非先生所作。」〔註22〕此外，維藻是「二次北上春幃，途中卒於蘇州」〔註23〕的，而非卒於臺灣。因此，顧敏耀在〈仙拚仙，拚死猴齊天——以分類械鬥為主題的臺灣古典詩文作品比較〉一文中，以〈癸丑之變兄弟俱死於難〉及〈癸丑秋長兄四弟為拒匪俱死於難張程九以書及詩來慰聊裁以答〉來論證出陳維英「他的家族也實際參與了械鬥，屬於敗戰的下郊陣營。他的長兄與四弟皆陣亡於這場『內

　　　鬥」，臺灣銀行經濟研究室，1959年，頁102。
〔註18〕收於施懿琳等編，《全臺詩》第伍冊，遠流出版公司，2004年，頁155。
〔註19〕林偉盛，《羅漢腳‧清代臺灣社會與分類械鬥》，自立晚報社文化出版部，1993年3月，頁146。
〔註20〕收於施懿琳等編，《全臺詩》第伍冊，遠流出版公司，2004年，頁153～154。
〔註21〕同前註，頁155～156。
〔註22〕見謝志賜，〈道咸同時期淡水廳文人及其詩文研究——以鄭用錫、陳維英、林占梅為對象〉，國立臺灣師範大學國文研究所碩士論文，1995年6月，頁108。
〔註23〕見陳培漢，〈先曾叔祖維英公事蹟〉，《臺北文物》2卷2期，1953年8月15日，頁89。

戰』當中，他的房子還有別莊都被敵對陣營焚燒一空，是當時的在地古典詩人之中，受害最深的。」〔註 24〕是很有問題的，因爲這幾首詩作都不是陳維英的作品。

陳維英另有〈癸丑械鬥家舍及別業俱付祝融甫平歸日以釣魚爲事〉〔註 25〕及〈九月十九日朱丹園太守造廬商辦止鬥事並囑代撰文以祭屬變理陰陽地方漸靖〉〔註 26〕二詩，寫到分類械鬥之後的生活，一是因家舍別業盡毀於械鬥時的大火中，無事可作，只好以釣魚爲事；另一件是太守朱丹園囑咐陳維英代爲撰文，準備「祭屬變理陰陽」，這種作法跟遊宦文人林豪的〈招魂曲有引〉〔註 27〕頗類似，引文提到「淡北自丁巳、戊午間，連年分類械鬥，死亡者以萬計。事平，里人爲道場於艋舺龍山寺，超薦亡魂。時陰雨連日，天色愁慘，余感之，爲此詩也。」這裡提到的「丁巳、戊午」係指咸豐七、八年，此時發生的械鬥，應該就是鄭用錫、施瓊芳及陳維英共同經歷的「頂下郊拼」：

> 君不見，龍山寺口白幡浮，香壇煙繞風颸颸。是日陰霾匝地氣悽慘，新鬼故鬼聲啁啾。不知妻哭夫兮父哭子，但聞哭聲震天天爲愁。去年蠻觸苦相怒，忽地烽煙不知故。朝驅子弟尋仇家，暮挺干戈逢狹路。生靈刈盡村爲墟，碧血消沉萬骨枯。化作蟲沙歸未得，魂招何處徒嗟吁。吁嗟魂兮歸來些，莫向沙場猶醉臥。懺悔應悲殺業償，皈依且禮空王座。空王座下眾生愁，汝曹任俠夫誰尤。何不荷戈去殺賊，死爲忠義猶千秋。

自咸豐以來，淡水廳的分類械鬥一直未止息，一直到同治年間林豪來臺，亂

〔註 24〕見顧敏耀在〈仙拚仙，拚死猴齊天——以分類械鬥爲主題的臺灣古典詩文作品比較〉，http://www.fgu.edu.tw/~wclrc/drafts/Taiwan/gu-min-yao/gu-min-yao_02.htm。

〔註 25〕關於此詩，謝志賜認爲是「可疑者」，即不確定是否爲維英之作，見謝志賜，〈道咸同時期淡水廳文人及其詩文研究——以鄭用錫、陳維英、林占梅爲對象〉，國立臺灣師範大學國文研究所碩士論文，1995 年 6 月，頁 108～109。然筆者以爲，此詩應爲維英之作，主要原因在於詩題中明顯點出是械鬥後所寫，和〈癸丑之變兄弟俱死於難〉及〈癸丑秋長兄四弟爲拒匪俱死於難張程九以書及詩來慰聊裁以答〉二詩在用詞上並不相類。收於施懿琳等編，《全臺詩》第伍冊，遠流出版公司，2004 年，頁 155。

〔註 26〕收於施懿琳等編，《全臺詩》第伍冊，遠流出版公司，2004 年，頁 156。

〔註 27〕收於施懿琳等編，《全臺詩》第玖冊，臺南：國立臺灣文學館，2008 年，頁 313～314。

事才算大致底定，於是百姓設置道場，以超渡亡魂；超渡當天陰風慘慘，哭聲震天，而龍山寺外的白幡飄動與香煙裊裊，更加深悲涼的氣氛，「去年蠻觸苦相怒，忽地烽煙不知故。朝驅子弟尋仇家，暮挺干戈逢狹路。生靈刈盡村爲墟，碧血消沉萬骨枯」寫出分類械鬥時的情況，林豪在詩末指出參與者不智與不值，實爲呈現百姓哀苦之作。至於顧敏耀另外提出「在咸豐七、八年（歲次丁巳、戊午）以來，臺北地區發生的械鬥案件，文獻可考者有兩起：其一、1859 年（咸豐九年）九月七日，枋寮街發生火災，導致漳同互鬥，並燒港仔嘴瓦窯、加蠟仔等莊，旋而擺接、芝蘭（以上地名皆在今臺北縣市）一二堡亦鬥，焚燒房屋；其二、1860 年（咸豐十年）九月十五日，漳、泉械鬥，漳人攻進新莊，波及桃園大坪頂、桃仔園一帶（《淡水廳志》，366；《新竹縣志初稿》，212；林偉盛 1988，80～81；許達然 1996，55），這些事件發生時，林豪都不在臺灣」〔註 28〕恐怕是有問題的，因林豪序文所提是「淡北自丁巳、戊午<u>間</u>」而非自丁巳、戊午「之後」，因此林豪所指，當爲「頂下郊拼」而言。

漳人不服泉州驢，泉人不服漳州豬——分類械鬥的類別

　　無名氏〈械鬥竹枝詞四首〉「漳泉棍棒粵閩戈」指出臺灣分類械鬥的主要類別有「漳泉械鬥」及「閩粵械鬥」，劉家謀在《海音詩》中提到臺地分類械鬥的情形說「同是萍浮傍海濱，此疆彼界辨何眞。誰云百世讎當復，賣餅公羊始誤人。」〔註 29〕自註尤爲詳盡「臺郡械鬥，始於乾隆四十六年；後則七、八年一小鬥，十餘年一大鬥。北路則先分漳、泉，繼分閩、粵；彰、淡又分閩、番，且分晉、南、惠、安、同。南路則惟分閩、粵，不分漳、泉。然俱積年一鬥，懲創即平；今乃無年不鬥、無月不鬥矣……」事實上，「漳泉械鬥」及「閩粵械鬥」的確佔了分類械鬥極大部分的比例，此外宗姓間之鬥（如西螺三姓（李、鍾、廖）之鬥）、村落間之鬥或職業團體間之鬥（如挑夫與演員之鬥）也屢屢見於分類械鬥的二方對立人馬中。

　　李逢時在同治四年經歷的械鬥，是噶瑪蘭地區發生陳、林、李三姓械鬥。這場械鬥中，李、陳聯合對抗林姓，後林姓因有板橋林本源相助，加上陳姓

〔註 28〕見顧敏耀在〈仙拚仙，拚死猴齊天——以分類械鬥爲主題的臺灣古典詩文作品比較〉，http://www.fgu.edu.tw/~wclrc/drafts/Taiwan/gu-min-yao/gu-min-yao_02.htm。

〔註 29〕收於施懿琳等編，《全臺詩》第伍冊，遠流出版公司，2004 年，頁 293。

開槍擊敗勇頭，為免械鬥擴大，遂與林本源議和〔註30〕。〈十二月二十日（乙丑，同治四年）三姓械鬥避居大湖莊賦此志慨〉〔註31〕說：「里巷傳聞執殺聲，當時自悔不埋名。衣裳縱有蒼蠅污，萋斐終難貝錦成」，顯然李逢時曾因「李姓」而牽連其中，「萋斐貝錦」比喻讒言，由此可見李逢時應該是被迫加入三姓械鬥中的李姓，而非自願。再從〈元日書懷〉〔註32〕來看：「又是春回別恨牽，山巖兀坐思悠然。狂風驟雨來三姓，昨夜今朝忽兩年。爆竹無聲聲破竹（林家催匪類幫鬥，聲言剿滅陳、李，勢如破竹），烽煙不斷斷炊煙（良民被累者，焚搶一空，炊煙為斷）。林園往往花空好，寄語東風莫鬥妍。」註解中說「林家催匪類幫鬥」，這裡的匪類可能指林本源，他所襄助的林姓，和李逢時所屬的李姓處於敵對地位，而這次的械鬥結果，是陳姓為避免亂事擴大，遂主動與林本源議和，所以和陳姓結盟的李姓等於失敗，當李逢時因械鬥而避居大湖莊時，即使大湖莊是「窮巖愁聽掛林猿」、「荒陬月色無人管」、「柴扉日日借雲關，臥看床頭一尺山」的與世隔絕狀態，卻因為他是「莫怪素衣易成皂，洛陽難避是風塵」，為避難而來，所以一直無法好好安居，耳中仍不時響起「鄒魯無端起鬧聲，霜天雪地刀鎗鳴」，顯得惴惴難安。因此即便眼前所見是「忒有閒情是熟番」，但內心那種「一種離愁向誰愬」的心境，卻仍然無法解套。

由於這一次屬於漳泉械鬥性質，襄助林姓的林本源，本身就是漳邑七郡頭人。所以李逢時才會有〈漳泉械鬥歌〉，從詩句中更可以看出他對分類械鬥的憎惡之情：

> 漳人不服泉州驢，泉人不服漳州豬。終日紛紛列械鬥，田園廬舍相侵漁。臺灣自昔稱樂土，漳人泉人久安處。邇來強悍風氣殊，更望何人固吾圉。宵長敬，林國芳，挾富挾貴無王章。艋川搖動鯨鯢竄，蟲沙猿鶴罹奇殃。我聞干豆有古寺，土人於此驗災異。今年鐵樹又開花，械鬥從中有天意。天意冥冥不可解，紅羊換劫總堪駭。殺人如草死如眠，骷髏屯積血飄灑。君不見，漳人泉人鷸蚌持，粵人竟得漁人利，漳人是豬泉亦豬。又不見，長敬國芳號令行，漳泉各受二人制，泉人是驢漳亦驢。

〔註30〕 見周榮杰，〈從臺灣諺語來談分類械鬥〉，《史聯雜誌》十五期，頁36。

〔註31〕 收於施懿琳等編，《全臺詩》第玖冊，臺南：國立臺灣文學館，2008年，頁82。

〔註32〕 同前註，頁83。

詩中措辭之強烈，用「泉州驢」、「漳州豬」的字眼稱呼二個敵對陣營，不管李逢時身處那一邊，他對於械鬥所帶來的不便與影響是極端痛惡的，詩中的「甯長敬，林國芳，挾富挾貴無王章」，林國芳屬漳州人，道光二十一年捐款濟海防，授郎中，賞戴花翎，咸豐九年恩賜舉人，屬知識份子階層，卻在咸豐十一年於桃園大溪因土地爭墾，與黃龍安再度械鬥〔註33〕。甯長敬，安徽青陽人，咸豐九年曾臺灣淡水廳同治，當時閩浙總督慶瑞上〈督帶屯番兵勇查辦淡水地方民人分類鬥搶摺〉時，曾提到：「再上年九月間（按：即咸豐九年），奴才訪聞臺灣淡水廳轄之塹北地方，有漳州同安民人分類鬥搶情事……並飭署淡水同知甯長敬遍歷各莊，懲勸兼施，兩造猜嫌即盡釋，地方一律相安……」〔註34〕，但是從李逢時的行文語氣判斷，甯長敬恐怕也曾介入械鬥之中，對於百姓造成或多或少的傷害，所以作者才會將之與林國芳並舉，認為他們「挾富挾貴無王章」，李逢時同時也指出，漳泉械鬥的結果，是讓粵人坐收漁翁之利，無怪乎他會說出「君不見，漳人泉人鷸蚌持，粵人竟得漁人利，漳人是豬泉亦豬」的重話。

陳肇興對械鬥書寫的時間點在咸豐之後，主要指的是〈遊龍目井感賦百韻〉所提到的二次械鬥，一次是發生在道光二十四年的「陳結案」，是為漳泉械鬥，陳肇興對於此次械鬥的描述是「一人攜其黨，千百持械隨。甥舅為仇敵，鄉里相爛糜。村莊縱燎火，田園罷耘耔。所爭非城野，殺人以為嬉。遺禍及泉石，阿護神不支。健兒持刀來，僉謂龍在斯。長繩曳之走，斫碎如蛤蜊」，另一次就是咸豐三年十二月間的「東螺堡械鬥」〔註35〕，「邇來又十載，人情更險巇。得失起雞蟲，殺戮到妻兒。發塚拋骸骨，剖腹吞心脾。浮雲淡白日，十里無人窺。去歲東螺人，溝澮角雄雌」，藉由詩中野叟拉淚以告，可以知道原本安居樂業的「龍目井」之所以讓陳肇興「對叟發長噫。我昔按圖經，龍目不似茲」，主要原因在於「點吏若狻鬼，健役如虎貔。道逢剽劫賊，搖手謝不知。肩輿下菶屋，凜凜生威儀。從行六七人，沿路索朱提。更誘愚頑輩，鷸蚌互相持。就中享漁利，生死兩瑕疵。死者臥沙礫，生者受鞭箠。黔妻殺黎首，倚頓遭羈縻。一紙縣官帖，十戶中人資。因之昇平民，漸漸相

〔註33〕　林偉盛，《羅漢腳‧清代臺灣社會與分類械鬥》，自立晚報社文化出版部，1993年3月，頁146～148。

〔註34〕　引自 http://www.sinica.edu.tw/~pingpu/library/fulltext/npmdatabase/xian001.htm。

〔註35〕　參考顧敏耀，《陳肇興及其《陶村詩稿》研究》，中央大學中國文學研究所碩士論文，2004年1月，頁108～110。

凌欺。或以眾暴寡，弱肉強食之。或以貧虐富，攘奪耕田犧。以此積習久，氣類判蚩蚩」，因而引發分類械鬥，造成生靈塗炭，詩人對於吏治不良與班兵的爲害，有著一針見血的評判。

鄭用錫在〈勸和論〉提到「余生長是邦，自念士爲四民之首，不能與在事諸公竭誠化導，力挽而更張之，滋愧實甚。」陳肇興〈感事〉也說「自愧未能爲解脫，空將兩淚哭斯民」，本土文人對於械鬥的態度，和劉家謀純粹風俗記錄的態度是不同的，對於分類械鬥頻繁，卻由於是文人身份，無力弭平，只能眼睜睜看著事件發生，有著極深沉的無力感，除了「滋愧實甚」、「自愧」之外，也只能「空將兩淚哭斯民」了。其實，鄭用錫還實際參與過團練，並不是全然置身事外，毫無貢獻的，有真正出力的本土文人尚且有這樣的感覺，更不用說那些沒有參與的文人，除了跟著逃難、避難外，也無法有更進一步的行動了。幾乎沒有例外的，每一位文人對於分類械鬥都是亟力抨擊，不管械鬥的理由多麼正當，都或多或少影響文人的生活空間，他們無法置身事外，有時甚至還頗受連累，像李逢時就因械鬥之故影響到仕途，陳維英因械鬥而避難，算是影響本土文人最深的一項事件。

依顧敏耀在〈仙拚仙，拚死猴齊天——以分類械鬥爲主題的臺灣古典詩文作品比較〉一文所整理的資料來看，清代臺灣文人中，涉及到分類械鬥議題的「有遊宦／幕文人藍鼎元、曹謹、劉家謀、查元鼎、林豪，以及在地文人鄭用錫、林占梅、陳維英、陳肇興、葉廷祿等」〔註36〕，可以看出，本土文人對於這項議題的寫作，全部集中在道咸同時期。葉廷祿〈勸中壠泉漳和睦碑文〉作於道光己酉年（1849）六月，陳維英、鄭用錫及林占梅，都是針對咸豐三年「頂下郊拚」而寫，至於陳肇興，顧敏耀提到他「也有很多首以械鬥爲主題者（主要皆是針對「漳泉械鬥」），包括有：作於1853年的〈賴氏莊〉、〈感事〉、〈玉田〉；1854年的〈與韋鏡秋上舍話舊，即次其即事原韻〉、〈清明同友人遊八卦山〉、〈遊龍目井感賦百韻〉；1859年的〈葫蘆墩〉；1860年的〈肚山漫興〉；1861年的〈揀中感事〉」〔註37〕，然而這幾首詩作中，除了1853年的〈感事〉和1854年的〈遊龍目井感賦百韻〉明確提到跟分類械鬥有關之

〔註36〕 參考顧敏耀，〈仙拚仙，拚死猴齊天——以分類械鬥爲主題的臺灣古典詩文作品比較〉，http://www.fgu.edu.tw/~wclrc/drafts/Taiwan/gu-min-yao/gu-min-yao_02.htm。

〔註37〕 同前註。

外，其餘諸作，能夠看出跟亂事有關，但無法具體區分出陳肇興所記是分類械鬥，抑或戴潮春事件。儘管如此，陳肇興對械鬥書寫的時間點也是在咸豐之後，這一點是毋庸置疑的，這樣的情形顯示出道咸同時期本土文人對於械鬥的書寫，所投注的心力遠較遊宦文人爲高，關於這一點，顧敏耀的分析可以成立：

> 在地詩人與來臺遊宦／幕者的寫作特色頗有不同，前者在詩歌中往往帶有濃厚的感情，自己的鄉里發生分類械鬥，貧者要四處流離避難（如陳肇興），富者要捐輸破財（如林占梅）；甚至自己的親人也有死傷（如陳維英），縱使勉能自保，卻看到桑梓故里成爲廢墟、厝邊頭尾流離失所，自己心中也很不好過（如鄭用錫）。所以，往往在作品中帶有濃厚的感情，或如雪邨的愁思哀嘆，或如陶村一灑悲憐之淚，或如葉廷祿之激憤斥責，不一而同。至於來臺遊宦／幕的文人在作品中多是理性的聲明、勸導、批判（如藍鼎元、曹謹、劉家謀），或者是著重於戰後景象的描寫（如查小白、林豪），大抵都少有濃烈的個人情感摻雜其中。〔註38〕

除了「自己的親人也有死傷（如陳維英）」一句，因資料解讀有誤，陳維英的長兄四弟並非死於械鬥而必須更正之外，其他的論述可算是相當中肯的。

張丙事件

　　道光十二年十月，發生「張丙事件」，主要發生地在嘉義縣境。鳳山及彰化縣都受到波及，往北則蔓延到淡水廳。這個事件先是因官逼民反，「道光十二年夏，旱：各莊禁米出鄉。有陳壬癸購店仔口米數百石，不得出，以貲求生員吳贊庇送。贊之族吳房，逸盜也；與詹通劫諸途。店仔口之禁米，張丙爲首；贊牒縣謂丙通盜。嘉義縣邵用之獲吳房，解郡伏誅，並捕張丙。丙怨令不治米出境、專治搶奪，欲擄吳贊」〔註39〕；後又因「閩粵械鬥」擴大而成民變，「嘉義縣迤北閩、粵莊民，因強牽牛隻起釁；旋有閩莊匪徒造謠煽惑，陳辦（陳連、張丙、詹通、黃奉）等乘機糾夥，欲攻雙溪口粵莊」這等於是

〔註38〕參考顧敏耀，〈仙拚仙，拚死猴齊天——以分類械鬥爲主題的臺灣古典詩文作品比較〉，http://www.fgu.edu.tw/~wclrc/drafts/Taiwan/gu-min-yao/gu-min-yao_02.htm。

〔註39〕見周凱，〈記臺灣張丙之亂〉，《內自訟齋文集》，臺灣銀行經濟研究室，1960年，頁124。

分類械鬥的一環，同時又有官逼民反的因素，為開啟下一主題，故筆者今之置於此處，以作為承上啟下之用。

　　道光間鳳山縣附貢生黃文儀，有一組〈紀許逆滋事五古十二首〉〔註40〕是記錄「張丙事件」的重要詩作，內有〈用人犧〉、〈立帥府〉、〈青樓軍〉、〈袈裟賊〉、〈截援兵〉、〈再嘯聚〉、〈攻陂城〉、〈打漢門〉、〈擊林投〉、〈守火庫〉、〈獲巨砲〉、〈迎官軍〉共十二首詩。詩題的「許逆」指「許成」，鄭蘭在〈勦平許逆紀事（並序）〉曾記錄「許成，邑觀音里人，病蠱，綽號大肚。聞嘉匪茲事，遂於十月十三日首豎逆旂。賊眾推為大哥，札偽營於角宿莊）：麻旺□呼鮮群兒，擲筊希圖起事。用人犧而祭纛，嚇道士以銷魂（方旺，維新里人）。堅旂時，戮仇人以祭，延道士詛咒，一見驚眩仆地，久而復甦，手足糾顫，牙齒作聲，不能終事；及歸，病壊月」〔註41〕，因為「用人犧而祭纛」相當殘忍，故黃文儀才會有〈用人犧〉一詩批判：

> 北匪戕官後，南疆恣劫攘。揭竿起伏莽，烏合成鴟張。祭纛用人犧，
> 順天幟飄揚。……將官守火庫，民勇護城廂。蔓延蘇逆來，乘時跳
> 陸梁。……大軍快來蘇，焚香祝上蒼。

張丙一案分為「北路賊」與「南路賊」，「張丙……是為北路賊。鳳山許成、臺灣林海攻鳳山，奪羅漢門，應張丙；為南路賊。」〔註42〕起事過程是先北路後南路的，因此詩人才會說「北匪戕官後，南疆恣劫攘」。

　　〈立帥府〉一詩提到的是李受，主要指其「藉王衍慶諭札，約各莊頭人斂銀穀、聚義勇。匪徒日集，製臺灣府『義民旗』六。因許成有『滅粵』之語，以自保為辭，不赴郡，乘機搶掠閩人」〔註43〕一事，詩云：「粵匪毒於賊，攻莊恣殺虜。列幕掛帥旂，榜起中軍府。主幟惟李受，偉中誤為輔。飛檄調三軍，分營併設伍。……」這件事在周凱的〈記臺灣張丙之亂〉中記載不詳，而見於鄭蘭的〈勦平許逆紀事（並序）〉一文，李受本身是「鳳山粵莊監生」〔註44〕，「藉義民李直之名目，主幟中軍，凡諸粵匪攻莊燬社，

〔註40〕收於施懿琳等編，《全臺詩》第伍冊，遠流出版公司，2004年，頁132～135。
〔註41〕盧德嘉，《鳳山縣采訪冊》，臺灣銀行經濟研究室，臺灣文獻叢刊第73種，光緒二十年，頁426。
〔註42〕同前註。
〔註43〕同前註，頁129。
〔註44〕見周凱，〈記臺灣張丙之亂〉，《內自訟齋文集》，臺灣銀行經濟研究室，1960年，頁129。

悉聽號令，逆首許成，遜其威風」〔註45〕而曾偉中是粵籍舉人，鄭蘭的記
載說他「粵舉人李受，自分不足服其鄉人；邀同立營保莊，並署中軍府印
名，迨屢出焚搶，始將名挖去，迂腐之儒，不早自引決，其獲軍罪也，宜哉」
〔註46〕，因為李受跟曾偉中都是粵籍，所以黃文儀才用「粵匪」形容，除了
李受及曾偉中是知識份子階層外，生員吳贊也因為涉及米運出鄉，而與張丙
發生衝突：因此張丙事件的特殊處在於知識份子的參與非常高，但對於百姓
的劫掠燒殺卻沒有減少，反而變本加厲，手段更加兇殘。

　　除了忠實記錄南路許成、李受一行人的作亂過程外，黃文儀在這組詩中
記錄了兩組特殊的組成份子，一是「青樓軍」：

　　　　鳳姑誰家女，青樓之俠妓。立馬提金刀，軒袖時流視。簇擁少年男，
　　　　盎盎花粉氣。觀者列如堵，爾賊誠游戲。

至於「鳳姑」究為何人？不見於其他記載，但鄭蘭提到「一簇侍嬖男，花番
婆（番婆姓花，觀音里名妓。年二十餘，尚有姿態，從盡狡童，林大聰其最
者；給賊首偽令，乘聰玩耍。大軍至，與聰俱獲。聰斬，花發縣取領）儼然
三娘子（明李番婆俺答爭此，幾致傾國；見西堂明史樂府）」應該就是指這一
批「青樓軍」，但「花番婆」是否就是「鳳姑」，因為缺乏資料，故不得而知，
僅能由「番」字得知其當有原住民血統。而從「觀者列如堵，爾賊誠游戲」
一句來看，這批「青樓軍」並沒有實際殺敵的能力，恐怕是用以鼓舞軍心而
已，事實上，相對於鄭蘭的記錄而言，黃文儀對於這批女子軍隊算是「手下
留情」了，稱她們為「俠妓」，至少不是全面否定的用語，相較之下，他對於
另一個奇特組合的批判就很嚴厲了，〈袈裟賊〉說：

　　　　禿奴敢作賊，樹幟岡上殿。一陣袈裟兵，箇箇羅漢面。背負金觀音，
　　　　漫云佛助戰。菩薩如有知，汝曹豈得免。

黃文儀在這裡並沒有指名道姓，只有提到作亂者的身份是「禿奴」、「袈裟兵」，
進而提出批判說「菩薩如有知，汝曹豈得免」。黃文儀在詩中提到「背負金觀
音，漫云佛助戰」的現象，關於這一點，鄭蘭曾記錄「幾箇袈裟賊，林和尚
（岡山寺僧）獨佩小觀音（沙門作亂，代有其人；至邀菩薩作賊，則未之前
聞。錄此以誌異云）。逆理必然獲罪，偽幟敢云順天；出家不作好人，真佛那

〔註45〕盧德嘉，《鳳山縣采訪冊》，臺灣銀行經濟研究室，臺灣文獻叢刊第73種，光
　　　　緒二十年，頁428。
〔註46〕同前註，頁429。

肯助戰（禿奴竪旂岡山巖，恐人不附，造謠云：天變地變，觀音媽來助戰）。」因此可知這批「袈裟賊」是以「林和尚」爲首，而且因爲「獨佩小觀音」惹人側目，因此屢見於文人作品中。

　　至於〈截援兵〉提到「援兵一旅餘，時自郡南下。行次楠梓院，環宿王宮社。一卒警夢呼，有諜來謀夜。起視賊紛紛，礫石浪擲瓦。急擊槍連環，竟爾衆避寡。彼賊固無能，神助亦非假」，鄭蘭對此事亦有記錄「援兵次楠梓院，有神示夢：逆賊攻元帥廟，聞砲驚奔（守備陳雲蛟帶兵南下，次楠梓院，札營元帥廟。夜半，一卒在夢中呼曰：賊來謀營。衆皆抖擻以待賊，果千餘人至，發砲擊之，始驚潰）。」〔註47〕黃文儀將結果推到「神助亦非假」，主要也是爲彰顯這批起事者的所作所爲是「天理不容」的緣故。

　　〈攻陂城〉說「得勝通軍號，綠葉插上頭。天寒夜昏黑，長驅過敵樓。如入無人境，北風鳴颼颼。進薄焚前署，殺聲喊咻咻。火砲連擊之，逃生無處求。隘巷遇民兵，飛彈紅亂投。顛倒蒺藜內，截屠血漲溝。⋯⋯」即是鄭蘭所記「⋯⋯傳密號爲得勝。闖北門，直進重關，如入無人之境；攻前衙，突遭兩砲，竟同遊釜之魚（自北門抵縣衙，數重木柵，關鎖甚牢。十月晦夜，賊未臨城，時有爲賊內應者，盡啓以待，密約插榕葉門首及帶身上，便不加害。相撞呼『得勝』爲號。以故賊前驅直入，進焚縣門，兩路偪及，賊蜂擁照牆前庭，大砲一開，無地可躲，擊斃者甚多）。鐵蒺藜四佈，東倒西顛（賊既退，兩路預佈之腳馬，一觸便跌，遍體受傷）；草房屋一燒，焦頭爛額（縣前右偏一座廢草房，賊逃入，被砲火誤灼，焦爛靡遺。禿賊斃於此，如來亦遭回祿）」〔註48〕由此可知口喊「得勝」及「綠葉插上頭」都是賊軍〔註49〕用以區分誰是內應的方式，也因爲有內應，所以即使前署「數重木柵，關鎖甚牢」，還是讓敵人如入無人之境。至於二軍交戰的慘烈也可從詩作中窺知，待「火砲」、「飛彈」、「（鐵）蒺藜」並用，才終於迫使賊軍「鼠竄與鹿奔，星星急散休」，因此賊軍才要謀求羅漢門爲根據地。

　　〈打漢門〉一詩中的「蘇大哥」主要記蘇講等人攻打羅漢門一事，因羅漢門險固，故欲以此爲巢穴。蘇講一事不見於周凱記載，依鄭蘭所記，他是

〔註47〕盧德嘉，《鳳山縣采訪冊》，臺灣銀行經濟研究室，臺灣文獻叢刊第73種，光緒二十年，頁426～427。

〔註48〕同前註，頁429。

〔註49〕本節所謂「賊軍」用語，係從黃文儀的角度進行書寫論證，非指筆者的立場及視野。

「番仔糕人,最狡,豎旒後,即勾通房胥,詐言欲擒許成並諸股首來獻,騙給一札,便其勒派搶劫,蕩平又可作護身符」〔註50〕而且「綽號豆變,言其反覆無常也。平定後,竟被漏網,殊為憾事」〔註51〕:

> 縣東有一境,號曰羅漢門。此地稱粵區,賊伺為巢屯。陂頭既敗北,
> 兔窟營孔殷。爰集三千旅,旌旗颷風雲。伊誰獻此策,蘇逆計超群。
> 揚威齊奮武,一戰棄甲奔。乃復持兩端,擒渠約官軍。嗟嗟蘇大哥,
> 狡猾猶如貐。原來豆變子,眾唾不堪聞。

從「狡猾猶如貐」、「眾唾不堪聞」可以看出詩人對他是很負面的看法,相較之下,黃文儀對於李受及曾偉中本人的批判還不如蘇講強烈,詩人對於曾偉中甚至是同情而欲為其緩頰的,這難道是因為他們同屬知識階層,不願深責的緣故嗎?黃文儀也對守備陳雲蛟的草木皆兵,膽小如鼠不以為然,〈擊林投〉說「畏賊陳騎尉,分壘護陂城。屯軍北郭外,刁斗夜丁丁。未曾見一卒,那有賊謀營。發砲擊投樹,官軍空夜驚。」,用「畏賊陳騎尉」,其實很不客氣了,據鄭蘭所記「陳守備屯武洛塘之上,草木皆兵(武洛塘在北郊,陳雲蛟屯兵於此,夜望林投樹搖曳,疑是賊伏,開砲擊之,城中急出應援,了無蹤跡)」〔註52〕這裡的「陳騎尉」就是陳雲蛟,除了他之外,黃文儀也罵了另一位守城者翁遊戎,〈守火庫〉說:

> 數間火藥庫,僻在城東裏。環植竹四圍,用以藏軍器。堂堂翁游戎,
> 潛身此依據。賊來不出勤,干城枉爾寄。藉非民勇力,逆黨何由避。
> 散財得民心,託公善為計。

認為他怠乎職守,對照鄭蘭所記「按兵不動,沈巡司憤揭翁遊戎(沈守舊城,屢請添兵,翁以兵少辭不可。沈憤作遺稟,囑其器曰:吾無嗣,汝吾半子,城破,義必死,汝將遺稟呈繳上憲,以雪吾冤。後幸保全,遂獨具通稟,揭翁按兵自衛。時託署府駁以越職言事,即摘印離任。託去,軍局知府許元青為之敘功,陞分縣)」〔註53〕,以「兵少辭不可」,寧可用以自衛而不願添兵,此舉引起沈巡司不滿,寫下遺囑準備殉職,若非沈氏保全性命,得以讓事實昭雪,後人恐怕難以得知真實情形。事實上,翁遊戎的行為不只

〔註50〕 盧德嘉,《鳳山縣采訪冊》,臺灣銀行經濟研究室,臺灣文獻叢刊第73種,光緒二十年,頁431。
〔註51〕 同前註,頁432。
〔註52〕 同前註,頁427。
〔註53〕 同前註,頁433。

於此，他同時也是位膽小怕死之輩，「阿公店幾嚇翁遊戎（兵至阿公店，衙眾望軍如望歲，塞滿康衢，有登屋觀者，翁疑是賊，手足抖顫，不寒而慄）」〔註54〕，就是接二連三被這樣的守軍延誤，以致陷百姓於水火，亂事才無法早日消弭。

至於〈獲巨砲〉說：「巨砲何年物，沈埋沙礫中。斑駁久韜晦，猝獲稱神功。量彈裝斗餘，正苦藥難供。百觔由郡來，一試響徹空。霹靂噴天花，衝突滾火龍。聞之皆膽落，逐寇走匆匆。幸哉此一隅，賴茲免粵鋒。」這應該是鄭蘭所記「掘巨砲，獲全民命（下淡二里，居縣之半。被粵匪攻不破者，惟畢支尾、水底糖、坊糖三莊。其民慣習鹿銃，稍稍支持，幸人家地墳裂起巨砲一尊，受藥彈甚多，恐不繼，正籌慮問，適郡郊商人運到鉛藥百餘斤，足資抵禦。蓋天不忍此一隅盡受其毒，故不先不後偏來湊巧，俾稍挫其鋒，不至長驅入縣，多損生靈耳）。」一事，有了巨砲的協助，才不至於讓「粵匪」長驅直入，殘害生靈，至於最後一首〈迎官軍〉，則是記載亂事弭平後，百姓歡欣鼓舞的情形：

> 北鄙功成後，南轅返旆時。盆香迎道路，父老望旌旟。赫赫馬提軍，
> 桓桓列虎貔。揚威掃蘖豎，鳴鉦震鼓鼙。聞風賊股栗，一矢怕交馳。
> 星散獸竄伏，執醜爭戲之。我民素知方，先驅義勇為。擒渠致麾下，
> 曾不勞王師。善後宜籌畫，毋貽惡蔓滋。

馬提軍就是馬濟勝，鄭蘭說「民有歸心，陣陣雷奔皆效命。聯莊起義旅，四處捕搜；中路遇民兵，一網打盡（臺屬義民截擒小股方春勇並賊黨解郡，賊因不敢北竄）。遂訊馘於軍中，用獻俘於麾下（馬提軍至楠梓院，適擒股首李來、甘旦，立斬營前，萬姓歡呼，喜見天日）。潔我壺漿，迎提軍於馬首（陸路提督馬公濟勝，督師平臺，軍容嚴肅，好整以暇。削平南北，功推第一）」〔註55〕至於黃文儀說「我民素知方，先驅義勇為。擒渠致麾下，曾不勞王師」，其實也不著痕跡表達對官軍援助遲遲未到的不滿，從〈用人犧〉「大軍快來蘇，焚香祝上蒼」開始，詩人就一直翹首盼望官軍到來，可以盡快弭平亂事，到了〈再嘯聚〉時，詩人再度提出「舉頭望青天，何時見官軍」，而〈攻陂城〉則更為急切「誰提一旅師，逐寇出捕搜。孽氛立掃淨，逆豎敢稽留。如何再

〔註54〕盧德嘉，《鳳山縣采訪冊》，臺灣銀行經濟研究室，臺灣文獻叢刊第73種，光緒二十年，頁431。

〔註55〕同前註，頁431～432。

延蔓，猖獗爲民憂」，顯然詩人對於官軍的平亂速度是深有不滿的。

　　除了忠實記錄戰事演變外，詩人也極力描寫在這事件中，無辜百姓的種種苦況，「驀地縱剽掠，哀鴻目慘傷。……勒金與封穀，冤慘不可當」(〈用人犧〉)這是何等慘烈的情狀？〈立帥府〉也說「溪南五百莊，一炬成焦土。我民竟何辜，風餐夜宿露。呼天喊地來，栖身竟無所。死者紛狼籍，生者猶罹苦」、〈再嘯聚〉則云「慘茲離亂日，民命誠難豚」、「村莊罄劫掠，冤聲不可聞」，如果再對照鄭蘭所記「壙野橫屍，莫認誰家之子」、「悅忘遺子（婦人忙急，致孩上背襁鬆，兒墜，稍定，反手一摸，方悟遺失），佩解匪夫（忙時有婦人解包袱與夫，誤落他手）。蓮襪沒泥，最苦淩波步步（女人行淤泥中，辛苦萬狀）；麻衣被體，剛逢雨雪霏霏（是冬嚴寒，下雨如雪，逃難貧民有以麻布袋爲衣者）。半綻尚含，蜂遭亂采（難女有被賊強污者）；一枝聊借，雉自爲媒（投宿家有男，即以女妻之，不索聘，不用媒）。保抱攜持，珠忍擲於掌上（日食難度，愛女隨便賣人）。緘縢扃鍵，篋即肽於懷中。躲粵鋒，仍遭賊手（賊匪伏鬼仔埔、墓庵、龍眼宅一帶，截搶避粵難民）。當瑣尾，復病膏肓（家破親亡，憂鬱內傷，風餐露宿，死者甚多）。冤上加冤，慘中更慘。」〔註56〕眞是會讓人一掬同情之淚，因爲有鄭蘭的〈勦平許逆紀事（並序）〉一文爲對照，所以我們更可看出黃文儀這一組詩的地位：可信度極高，批判也很中肯多面。對於起事者的殘忍無道，詩人固然是亟力指責，但對於官軍的勦敵不力，他也多所批評，至於百姓面臨的苦況描述，詩人也都照顧到。這一詩一文，可以說相當全面地保留張丙事件當時南部地方的淪陷情形，也補足周凱等「官方」記錄的不足，黃文儀與鄭蘭的立場雖然也是官方的，但他們指責的對象除了「作亂者」的「行動」外，還有「作亂者」的「身份」，尤其是知識份子和僧侶的投入作亂，黃文儀與鄭蘭都是相當不以爲然的。

二、官逼民反？——本土文人看待林恭案及戴潮春事件的觀察　　視野

林恭案

　　或許和團練經驗有關，林占梅對於民變或械鬥的關注，遠較其他文人爲多，咸豐三年四月發生「林恭案」，鳳山林恭在蕃薯寮（今高雄縣旗山）起

〔註56〕盧德嘉，《鳳山縣采訪冊》，臺灣銀行經濟研究室，臺灣文獻叢刊第73種，光緒二十年，頁428。

事，戕臺灣令高鴻飛、嘉義令王廷幹。是趁內地太平天國起事，豎旗糾眾爲
亂的事件，地點遍及鳳山、臺灣、嘉義及彰化諸縣。關於這一事件，不見於
其他本土文人的描述，只見於林占梅筆下，而且數量高達八首：〈聞警（時臺
鳳匪徒滋擾，各處騷動）〉〔註57〕、〈臺鳳土匪滋事聞警戒嚴〉〔註58〕、〈書
嘆〉〔註59〕、〈往各莊安輯馬上口號〉〔註60〕、〈亂後逢李靄雲感作〉〔註61〕、
〈癸丑歲暮苦苦行〉、〈劉將軍殺賊歌并序〉、〈途間見分類難民痛述時事（時
漳、泉、晉、同各分類焚殺）〉〔註62〕。亂後各地所見，不是「征途處處生荊
棘，戰地家家廢陌阡」（〈書嘆〉），就是「荒郊燐碧悲凝血」（〈亂後逢李靄雲
感作〉）；其中以〈癸丑歲暮苦苦行〉〔註63〕最具代表性，和林恭事件相關
者有：

> 苦苦苦，頻年苦，頻年未有今年苦。兵燹紛紛百事乘，道途梗塞財
> 源杜。公私逼窘年已殘，借貸何從覓阿堵。……復因臺鳳賊猖狂，
> 銷患焉能先及此。豈料兇徒藉此誘窮民，因饑奪食成群起。一朝嘯
> 聚盈綠林，王道平平忽爾爾。出沒無常肆剽掠，如虎負嵎險足恃。
> 可憐頑敵難成功，未發先洩事危矣。健卒群誇曳落河，登壇自詡將
> 門子。探穴思裹鄧艾氈，渡河旋陷張方罍。滿胸銳氣陡然平，風聲
> 鶴唳盡疑兵。梟獍從茲益無忌，百里溪山日縱橫。亦知惡極難逃咎，
> 思將分類避賊名。訛言四起民搖動，漳泉疆劃鬬禍成。兩造攻攻焰
> 燭天，人人到處氓無廛。我爲池魚禍並及，凡百如掃成雲煙。此時
> 生命輕於紙，殺人食肉類屠豕。控肝刳肆肆強兇，餘骸枕藉燒無已。
> 燒無已，痛如何！乃父空踽踽，乃祖徒嬛嬛。掉頭渾不顧，同室任
> 操戈。更有慘禍絕今古，伐幽毀骨傷天和。鮮血既流蕩陰里，枯骨
> 空拋無定河。……

全詩提到自己面臨財務危機，而久雨不止，穀價不高，影響占梅的田租收入，
就更雪上加霜。後有林恭事件，引誘爲久雨所苦的窮民參與，以致「因饑奪

〔註57〕收於施懿琳等編，《全臺詩》第柒冊，臺南：國立臺灣文學館，2008 年，頁
　　　　136。
〔註58〕同前註。
〔註59〕同前註，頁 137。
〔註60〕同前註，頁 139。
〔註61〕同前註，頁 143。
〔註62〕同前註，頁 137。
〔註63〕同前註，頁 146。

食成群起」，等到官府開始平亂，這群人又「亦知惡極難逃咎，思將分類避賊名。訛言四起民搖動，漳泉疆劃鬪禍成」，以致蔓延全島，也反應出吏治不良及昏庸。全詩所言，集中在咸豐三年事，包括久雨、窮民、林恭案、分類械鬪及吏治等，幾個事件又交相影響，該詩對於當時社會，有著詳實的反映。

占梅的〈劉將軍殺賊歌并序〉〔註64〕，是以列傳式的記錄，將劉飛龍參與林恭事件的經過，作了簡單的敘述，其中序文提到「咸豐三年，土匪騷動，勿猝變起，臺、鳳二邑令，均及於難，南北連得凶訊，郡垣大震。鎮軍某，以勳陰得官，未經行陣，逼於時勢，勉強出師。行半里而止，屯營於大北門外，都閫倪君敏堂（名捷陞，晉江人），以將軍薦，遂引置行間。時賊匪圍，迫城下，勢甚猖獗。將軍以單騎破賊壘，斬其渠魁，乘勝長驅，獲奏肅清之績。事定後，鎮道錄功入告：乃酬庸之。詔未頒，而將軍竟以積勞病歿矣！功成而身遽隕，抑何其數之奇也！」好不容易功成名就之際，卻已身卒，而身後又「寡妻弱息，煢煢無依」，所以占梅秉著「紀之，以俟採風者，錄取焉」的態度，將他的事蹟予以記錄下來。詩中提到林恭，仍然是以「妖氛」、「伏莽」、「小醜跳梁」等負面用詞稱之，而相較於劉將軍殺敵的英勇，那些「紈袴子弟方將兵」的「驚聞警報魂魄褫」、「畏賊如虎思遷延」醜態盡現，可以作為林恭事件的一項側寫。

至於原題陳維英的〈癸丑之變兄弟俱死於難〉及〈癸丑秋長兄四弟為拒匪俱死於難張程九以書及詩來慰聊裁以答〉二詩，前面部分已經提到，謝志賜認為均非維英之作。然而，即使非維英之作，這二首詩仍然很有價值，我們可以看出：該位詩人及家人同樣在「癸丑」年經歷亂事，而且其親人顯然參與其中，所以才會有「裹革沙場未幾時」（〈癸丑之變兄弟俱死於難〉）、「荷戈豈盡吾兄弟，何事沙場革裹尸」（〈癸丑秋長兄四弟為拒匪俱死於難張程九以書及詩來慰聊裁以答〉）的詩句，此外，這位詩人的親人應該不少，如果有長兄、四弟，則兄弟最少有六人，長兄與四弟同時於咸豐三年過世，過世時家中尚有高堂在「也知天數莫能爭，無奈難忘手足情。常恐高堂隨我哭，幾回下淚又吞聲」（〈癸丑秋長兄四弟為拒匪俱死於難張程九以書及詩來慰聊裁以答〉），此外，詩人與「張程九」相善，張程九既然可作詩文，顯然也屬於知識階層。長兄、作者與四弟均在臺灣，則其為臺灣本土文人的可能性也就極高，非屬遊宦文人。

〔註64〕於施懿琳等編，《全臺詩》第柒冊，臺南：國立臺灣文學館，2008年，頁290。

筆者以為，此位詩人所經歷的，應非北部地區「頂下郊拼」，除了詩文中未曾言及「械鬥」外，這裡還用到「拒匪」的字眼，可知詩人一家恐怕是站在官方立場與當時作亂者對抗，而〈癸丑之變兄弟俱死於難〉提到「飲恨難消龍目井，洗冤空對虎形陂」，其中「龍目井」在雞籠、彰化縣、鳳山縣都有此地名，《重修福建通志臺灣府》的「鳳山縣」說「龍目井：在阿猴林內竹仔寮，為小竹橋、觀音山二莊交界。兩井相連，狀如龍目，故名。相傳沉痾者飲其即愈。」〔註65〕而虎形陂同樣可見《鳳山縣采訪冊》：「虎形陂，在赤山里（濫埔莊口），縣東北八里，周里許，源受濫埔山雨水，南行半里許，下注興化厝圳，溉田十五甲。」〔註66〕而不見於其他地區。從二個地名所在地來看，詩人所處位置應在臺灣南部一帶，咸豐三年，發生於臺灣南部的民變，是四月發生的「林恭案」。因此這應該是對於林恭案的記錄。廖毓文在《臺北文物》二卷四期〈偷閒錄（二）〉後面的代東第二條曾補充「前稿發表，即蒙陳培漢先生指摘，〈癸丑秋長兄四弟為拒匪俱死於難張程九以書及詩來慰聊裁以答〉一詩，係迂谷先生之高徒周貢生鏘鳴所作⋯⋯」〔註67〕，周鏘鳴是光緒九年「安平縣」歲貢，一作「淡水縣」，此筆資料目前只見於《臺灣通志》〈選舉〉，且校者提到「安平、淡水，名多雷同，姑兩存之；此外，亦有類此情形。」〔註68〕同治四年，鄭用鑑過世，陳維英率領門人所送的輓聯中，周鏘鳴還是「生員」的身份，若周鏘鳴是「淡水縣」歲貢，與他是陳維英學生的身份似乎更為貼近，但筆者以為，從詩中所透露的地名訊息，周鏘鳴應該還是「安平縣」歲貢為是。

戴潮春事件

從同治元年三月起事到同治四年間，臺灣爆發有史以來歷時最久，規模最大的人民起義──戴潮春事件，歷時三年，事件發生當時，用錫早已過世，所以自然不會有相關書寫，但奇怪的是，施瓊芳當時仍健在，卻同樣不見其對這一事件的記述，本土文人對於戴潮春事件的書寫，以李逢時、林占梅、

〔註65〕見劉良璧，《重修福建通志臺灣府》，臺灣銀行經濟研究室，臺灣文獻叢刊第74種，乾隆七年，頁465。

〔註66〕盧德嘉，《鳳山縣采訪冊》，臺灣銀行經濟研究室，臺灣文獻叢刊第73種，光緒二十年，頁87。

〔註67〕見《臺北文物》2卷4期，1954年1月20日，頁106。

〔註68〕見蔣師轍，《臺灣通志》〈選舉〉・「貢生」・「淡水縣」條，臺灣銀行經濟研究室，臺灣文獻叢刊第130種，光緒二十一年，頁420。

陳肇興和陳維英最具代表性。

　　戴潮春是彰化縣涷東堡四張犁（在今臺中市北屯區）人，原籍福建省漳州府龍溪縣。家境富裕，世爲北路協稿識，家鉅富。咸豐十一年冬季，戴潮春因拒絕北路協副將夏汝賢的勒索，而被夏汝賢革去世襲的武職，其遂回鄉擴大組織其兄戴萬桂所創的八卦會。一方面與地方豪強鬥爭，另一方面以團練爲名，隨官府捕盜，並私下結黨，陰謀叛亂。

　　同治元年三月九日，臺灣道孔昭慈因聽聞會黨滋蔓，遂派淡水同知秋日覲前往彰化縣辦會黨。當時林日成首先發難，在大墩殺淡水同知秋日覲；戴潮春的黨羽也攻入彰化城，舉手一指即攻下彰化，自立爲王並以「大元帥」自居，分封林日成、陳弄、洪欉爲南王、西王、北王，自爲東王，又封大將軍、國師、丞相等官職，設置中央政府各機關，安撫百姓。時臺灣道臺孔昭慈、臺灣鎮總兵林向榮都相繼自殺，續任臺灣道臺洪毓琛也病故；其間，清廷派來援臺的官兵有：同治元年福建福寧鎮總兵曾玉明，福建水師提督吳鴻源，同治二年記名總兵曾元福，都無法扼止戴潮春的勢力。

　　由於戴潮春等勢力強大後，便急於與霧峰林家解決長久的世仇，再加上竹塹仕紳林占梅率義勇守大甲，於是使戴潮春的勢力無法北上。同治二年十月新任臺灣道丁曰健來臺，由淡水登陸往南進攻，福建陸路提督林文察亦由府城往北攻擊。十二月丁曰健攻下斗六門，戴潮春被殺。同治三年一月林文察也攻下四塊厝，林日成被擊斃。其他將領陳弄、洪欉仍擁地自重。三月陳弄被捕，十一月官兵圍剿洪欉，事件才告結束〔註69〕。

　　戴潮春事件本身有著官方與民間的二種記錄，其中屬於官方的，依丁鳳珍在〈用誰的語言？解釋啥人的歷史？——「臺灣歌仔」與臺灣知識份子對「戴潮春抗清事件」論述的比較〉將之名爲「統治論述」，並分成「清國內地人的著作」及「臺灣人的著作」；而屬於民間的爲「臺灣說唱」，即「歌仔冊」。官方與民間在記錄戴潮春事件的立場上顯然有所不同，依丁鳳珍的研究結果來看，代表民間的《辛酉一歌詩》與《相龍年一歌詩》等歌仔冊，不見得認同統治者「聚眾公然攻擊官員、反抗政府⋯⋯是亂黨逆賊，大逆不道，禍及子孫」的看法，因此，當「彰化縣舉人陳肇興的《咄咄吟》、林占梅的詩集《潛園琴餘草》、吳德功《戴案紀略》、蔡青筠《戴案紀略》都站在統治者的立場，否定戴潮春等人的謀逆行爲，並稱這些起義者爲『賊匪』、『逆賊』、『賊黨』。」

─────────────

〔註69〕見林偉盛，「戴潮春事件」條，許雪姬編《臺灣歷史辭典》，遠流出版社。

〔註70〕時，民間的「《辛酉一歌詩》與《相龍年一歌詩》中，對所有參與反抗陣營的主要領導者，都一律以『大哥』、『眾大哥』來稱呼他們。由此可見，歌者對這些反抗政府的人物，採取比較肯定的作法，因此使用反抗陣營的尊稱『大哥』來稱呼這些人。」〔註71〕在丁鳳珍所據的文本中，顯然少了李逢時這一位詩人。相對於陳肇興和林占梅對於戴潮春起事的不能諒解，李逢時則多了同情，他的〈協安局感懷七首兼呈袖海王縣佐（有序）〉〔註72〕序文提到「同治元年春三月，彰化縣民戴潮春者，爲強族所逼，立善人會，商賈以及胥徒皆往歸之，聲勢日大，土匪藉名摽掠，而不能禁。」對於戴潮春之所以起事，李逢時的交待是「爲強族所逼」，而序文提到幾位官員，「兵備道孔名昭慈往撫之，方用連鄉保甲法，而隨員馬慶釗以爲彰俗強悍，且居民每藉金錢會之名以惑眾，非窮治不足以示儆；適淡防秋名曰觀至，自竹塹以語激之，秋乃遽率壯勇往捕，爲賊夥林虎成所殺，時三月十九日事也。」這裡對孔昭慈沒有好壞評價，但李逢時筆下的馬慶釗及秋日觀則顯然不是那麼正面，馬慶釗強調嚴刑峻法，認爲「非窮治不足以示儆」，而秋日觀顯然不夠沉穩，因此只是「以語激之」就「遽率壯勇往捕」，以致殉職。而城陷之時「官弁或逃或降，無一在公廨者」，批評的語氣就更重了，序文末交待在宜蘭天后宮設協安局的由來，也等於指出若非「官弁或逃或降」，也無須靠民間自己的力量設協安局，如果官吏可靠，同樣也不會有此局的設立，因此就序文來看，李逢時對於當時官吏是頗有微詞的。關於這一點，也可於第一首「坐客談兵皆氣阻，行人罵賊忽聲低。眞無用物金休惜，爲不平鳴筆漫提」及末首中「官多失算追窮寇，民鮮知方起義兵」二句看得出來。

　　李逢時對於孔昭慈、林向榮等於是沒有評價的，但〈贈丁觀察（曰健）〉〔註73〕、〈贈林提師（文察）〉〔註74〕等詩作，則是對於官方立場的勦匪官員一個文字紀錄。他稱丁曰健是「筆下誅群醜，刀邊活眾靈」，這樣的評價和林

〔註70〕見丁鳳珍，〈用誰的語言？解釋啥人的歷史？——「臺灣歌仔」與臺灣知識份子對「戴潮春抗清事件」論述的比較〉，http://iug.csie.dahan.edu.tw/giankiu/GTH/2004/LanguageRights/lunbun/3B03-hongtin.pdf#search='%E6%88%B4%E6%BD%AE%E6%98%A5'。

〔註71〕同前註。

〔註72〕收於施懿琳等編，《全臺詩》第玖冊，臺南：國立臺灣文學館，2008 年，頁61。

〔註73〕同前註，頁 69。

〔註74〕同前註。

占梅相似，因爲占梅稱丁曰健也是「東瀛建節來儒將」（〈丁述菴觀察督師剿匪至淡賦呈〉）〔註75〕，強調其「文武雙全」的一面，可以看出丁曰健在本土文人心中的形象是相當正面的。相形之下，李逢時稱林文察卻是「宰官從暴客，佳賊竟功臣」，從「竟」字的用法，其實很能看出詩人的批判意味。而負面的評價也就從「宰官／暴客」和「佳賊／功臣」的對舉中展現。

相對於李逢時的持平，陳肇興對於殉職的朝廷官員，卻是一面倒的給予稱讚，〈十八日秋雁臣司馬殉節大墩（大墩臺中）〉〔註76〕說秋日觀「越境偏將死事勤，英雄肝膽迥超群。威行虎豹聲如震，血灑郊原氣奪雲。殺賊猶期爲厲鬼，斷頭還不到將軍。九重他日逢褒卹，青史千年姓氏芬。」對於孔昭慈有〈孔觀察殉節詩〉〔註77〕，此外，〈鈕貳尹殉節詩〉〔註78〕、〈王副戎殉節詩〉〔註79〕、〈顏協戎殉節詩〉〔註80〕等詩的評價之高，顯然就違背常理與現實了。這和丁鳳珍提到「在臺灣知識份子陳肇興《咄咄吟》（1862～1863）與林占梅《潛園琴餘草》的詩作中，則歌頌孔昭慈、林向榮。陳肇興誇讚孔昭慈是中流砥柱，誇贊他的自殺是『千秋存大節，一死表孤忠』的義行：死前還『罵賊眥皆裂，憂民淚未終』。陳肇興在詩中稱讚林向榮是『千騎將』，又稱贊林向榮自殺的行爲無愧『大義』……可見陳肇興對孔昭慈和林向榮的高度評價。而，林占梅以『大星黯淡落空營』來哀悼孔昭慈與林向榮的死，『大星』一詞是一種尊稱。」〔註81〕的說法是相合的。

李逢時不像林占梅，有著團練的實務經驗，可以參與平亂，但他也不能置身事外，成爲一個全然旁觀的記錄者，因此李逢時對於戴案的觀察視野，就百姓這一角度看，並不是非常深刻寫實，他的詩中多呈現「民是無懷與葛天，采風下邑往時然。扶鄉杖履人多壽，蔽野桑麻歲有年。習見絃歌通曲巷，

〔註75〕收於施懿琳等編，《全臺詩》第捌冊，臺南：國立臺灣文學館，2008 年，頁212。

〔註76〕收於施懿琳等編，《全臺詩》第玖冊，臺南：國立臺灣文學館，2008 年，頁269。

〔註77〕同前註，頁 270。

〔註78〕同前註。

〔註79〕同前註，頁 287。

〔註80〕同前註。

〔註81〕見丁鳳珍〈用誰的語言？解釋啥人的歷史？——「臺灣歌仔」與臺灣知識份子對「戴潮春抗清事件」論述的比較〉，http://iug.csie.dahan.edu.tw/giankiu/GTH/2004/LanguageRights/lunbun/3B03-hongtin.pdf#search='%E6%88%B4%E6%BD%AE%E6%98%A5。

不聞兵馬起東川。漁郎錯指桃源洞，欲結紅羊劫外緣」的「淡漠感」，如果有反應民生之作，大概要以〈協安局感懷七首兼呈袖海王縣佐（有序）〉第二首較爲深刻：

> 戎馬紛紛一宦遙，爲愁喬梓阻塵囂（時廳主尚在郡）。倉無粒米量沙唱（自逆磋亂後，府庫空虛，倉廒亦壞），境有空營樹幟飄（營中帷有老羸之卒）。兵火況當沿地起，金錢眞個讓天驕。區區撫字黎元意，但使吾民不惑謠。

因爲不是義民，也沒有參與平亂，更不是團練首領，因此李逢時會有「無奇自愧遼東豕，有用常慚櫪下駒。人鮮同心多毀謗，士方嘗膽且踟躕」的慨嘆，認爲自己對於百姓民生是無用的，這其實也是他詩作會呈現淡漠，並不深刻的主要原因。

至於林占梅，因爲是地方團練的領導者，所以他的「位置」與觀看角度和李逢時有很大的不同，林占梅的〈戒嚴〉、〈聞警戒嚴作（戴匪滋事彰城失守）〉、〈團練〉、〈兵餉支絀勸輸感作〉、〈大甲土堡失守賊勢將欲北趨義勇力戰攻復複之扼溪而軍塹城始能安堵聞捷喜賦〉、〈丁述菴觀察督師剿匪至淡賦呈〉、〈南征八詠有序〉、〈南征紀事〉、〈臺灣保舉多有遺議作詩勸勉之〉、〈有感〉等詩，是一系列跟戴潮春事件有關的作品，其中又以〈南征八詠有序〉探討最多，黃美娥、丁鳳珍等人都是以此作爲切入點。

占梅稱自己這一邊爲「王師」（〈戒嚴〉）、「起義師」（〈聞警戒嚴作（戴匪滋事彰城失守）〉）〔註82〕、「義旅」（〈大甲土堡失守賊勢將欲北趨義勇力戰攻復複之扼溪而軍塹城始能安堵聞捷喜賦〉）〔註83〕，認爲戴潮春這一方是「腥風吹海嘯長鯨，小醜跳梁敢橫行」、「莫道黃巾氛甚惡，么魔螻蟻不難平」（〈聞警戒嚴作（戴匪滋事彰城失守）〉），或是直接稱戴氏爲「戴逆」、「戴匪」，都可以看出占梅所處的官方立場。占梅對於戴潮春之所以起事的原因隻字未提，更遑論對其有同情的理解。此外，占梅也常用「長鯨」、「鯨鯢」稱呼，不過，如果和下文的艇匪黃位之亂書寫對照，這樣的用詞就顯得不倫，這是因爲戴潮春本人並無海洋經驗，用這樣的語詞形容他並不適當。

〈南征八詠有序〉中充滿了對勦匪成功的自信，所以處處可見「斬蛟膽

〔註82〕收於施懿琳等編，《全臺詩》第捌冊，臺南：國立臺灣文學館，2008 年，頁 210。

〔註83〕同前註，頁 596。

氣豪看劍，汗馬功名壯請纓」、「釜魚穴蟻終誅滅，何事潢池敢弄兵」（〈師出香山途中作〉）〔註84〕、「眼中螻蟻尚紛紛」、「料他破膽將宵遁」（〈營山腳莊夜望賊壘作〉）〔註85〕、「奪險料應寒賊膽，降幡瞬見豎城頭」（〈一戰獲勝進攻葭投村破之〉）〔註86〕、「驚逃蝨賊尚糊塗」（〈初三日全軍入彰化城呈丁述菴曰健廉訪周子玉懋琦主政〉）〔註87〕的豪氣干雲之作，我們反而無法從占梅的描寫中看出百姓在戴案中究竟是什麼樣的「苦況」？勉強將視野放在百姓的，當屬〈南征八詠有序〉的〈傍晚登西城樓感述〉〔註88〕一詩：

> 極目烽煙接遠蒼，哀聲幾處斷人腸。雲含殺氣迷征旆，沙逐腥風過戰場。四野荒莊同陸氏，滿城廢屋類昆陽。撫民但願來陽寇，卹典頻邀降建章。

不同於李逢時及陳肇興的是，占梅因為「毀家紓難」，投入團練心力尤多，因此在「勸輸」上的無力感與經驗，也就比他人更甚，〈兵餉支絀勸輸感作〉說「肉食何人有遠謀，可憐未雨失綢繆。一朝聞警忙擐甲，半夜量沙枉唱籌。中澤嗷鴻聲倍苦，孤城掘鼠事堪憂。男兒莫作守錢虜，納粟曾聞卜式侯。」而他的〈南征八詠有序〉的序文說「**予今春兩番出師，均為嫉妬者所阻**，前鋒五百軍，已克梧棲，絕賊人內通要隘，惜不果行。此次兵備道述安丁公曰健，奉命剿辦，**余因餉項維艱**，至十月十八日，始親統一軍，直抵山腳莊紮營」，這其實很能看出占梅對此事的熱衷，以及面對嫉妬者阻事的無奈。尤其是「男兒莫作守錢虜」一句，如果和〈臺灣保舉多有遺議作詩勸勉之〉〔註89〕一詩對照，就能看出他不重利益的性格：

> 將略嘗推細柳營，純臣郭令至今稱。瘦羊博士廉猶讓，大樹將軍廣且平。謙退由來皆叶吉，驕矜自古鮮完名。不須擊柱頻揮劍，碑口傳紛有定評。

占梅用「瘦羊博士」及「大樹將軍」二個典故，前者說不要利，後者說不要名，只待留予「碑口傳紛有定評」。筆者不說占梅不重「名利」，是因為他的

〔註84〕收於施懿琳等編，《全臺詩》第捌冊，臺南：國立臺灣文學館，2008 年，頁233。

〔註85〕同前註。

〔註86〕同前註。

〔註87〕同前註，頁 234。

〔註88〕同前註。

〔註89〕同前註，頁 285。

「毀家紓難」的確是不重利益的舉措，但他積極投入軍事團練，最終目的仍在「名聲」，因此即便他在〈南征八詠有序〉的〈凱旋大甲道中作〉〔註90〕說「掃盡妖氛歸去後，此心依舊玉壺冰」，以表明自己心跡，我們卻只能認定他不是藉此謀取官位，至於名聲，詩人恐怕仍是相當在意的。

陳肇興本人就是義民的身分，和林占梅的領導身份又有不同，他之所以會成為義民，不只是單純的為了報效國家，更切身的利害關係在於保衛家園與家人。也因此，他對於戴案的描述比李逢時更多，是因為他是這一事件「受害者」的緣故。但他的批判角度多放在吏治班兵的不良上，因此詩中最常出現「肉食不知謀」的字眼：〈北投埔義士林錫爵招同林文翰舍人邱石莊簡榮卿孝廉洪玉崑明經及各巨姓頭人宴集倚南軒計議防亂事宜即席賦贈〉〔註91〕說「紛紛肉食不知謀，但坐高堂唯臥治」、〈孤憤〉〔註92〕之二提到「紛紛肉食總無謀，議撫招降半不酬」，〈祭旗日示諸同志〉〔註93〕說「兩年募鄉兵，今朝馳羽檄。肉食豈無謀，男兒心膽赤」，而〈哭房師潘瑤圃夫子〉〔註94〕也說「肉食無謀藿食愁，陳兵還為賦同仇」，對於戰爭形勢的誤判，以及擁兵自衛不願迅速平亂的將領，陳肇興是很有意見的，〈二十日彰化城陷〉〔註95〕說「優柔養寇機先失，倉卒陳兵計又非」，就是批判官員失去制敵先機又倉促成軍一事，相形之下，「義民」還比「諸將」有用許多，〈感事漫興〉〔註96〕之四的語氣更強烈「城破猶聞官索米，兵來唯見吏徵糧。紛紛文武遭誅戮，敢信捐軀盡國殤」，百姓遭逢戰亂已是不幸，卻沒想到父母官不僅不憐憫，反而在民不聊生的情形下繼續徵糧，如果對照〈羅山兩男子行〉及〈殉難三烈詩〉二詩，更可看出陳肇興對於義民的肯定，和對官兵的否定，二線是一體兩面，同時成立的。

〈羅山兩男子行〉及〈殉難三烈詩〉是陳肇興「庶民式」的文字記錄，將不見官方文件的義民義舉，藉由詩作一一保存下來，〈羅山兩男子行〉〔註97〕

〔註90〕收於施懿琳等編，《全臺詩》第捌冊，臺南：國立臺灣文學館，2008 年，頁235。
〔註91〕收於施懿琳等編，《全臺詩》第玖冊，臺南：國立臺灣文學館，2008 年，頁268。
〔註92〕同前註，頁301。
〔註93〕同前註，頁295。
〔註94〕同前註，頁308。
〔註95〕同前註，頁270。
〔註96〕同前註，頁279。
〔註97〕同前註，頁286。

序文交代兩位抗賊罵賊而死的男子林炳心及許益，他們一位是「米戶」，一位是「莊民」，都在這一事件中犧牲：「羅山兩男子者，嘉城米戶林炳心、竹頭角莊民許益也。從林總戎領義民守斗六，營破，俱罵賊不屈死。沙連人談其事甚詳，予爲作此行以表之。」，陳肇興記錄二位男子的義行，目的是爲了跟「力盡關山未解圍，軍無儋石多思叛」的官軍作對比，以凸顯當時官兵的無能與無力；〈殉難三烈詩〉〔註98〕中，三位殉難者跟前述羅山兩男子一樣，都是兵敗罵賊而死，第一位是永春學生員廖秉鈞，既是生員，可知其屬於知識階層，「在林圮埔佐陳、林諸豪傑起義；軍敗，被賊擄去。見戴逆，呵之跪；罵曰：『我天朝秀才也，豈跪爾無賴賊哉』！卒不屈而死」，後二位則與陳肇興並謀起義，其中陳再裕是集集義首，「在五城擒逆番，檄諸屯團鄉勇。同日樹幟，軍聲甚壯。兵敗被擄，在斗六罵賊不屈，仰藥而死。同時殉難者：妾吳氏並子六人，其餘姻戚丁勇死者共三十餘人，蓋得禍爲最酷云」，是三人中牽連最廣，死傷人數最多的一位；第三位是許厝寮農民陳耀山，他幫助陳肇興一家甚多，也鼓舞陳肇興起事反抗，終因「蕭姓背約反噬」，以致其「一家十四口俱陷賊中；耀山怒罵不屈，賊以鐵爪爬其背、小刀割其面。臨刑，妻子跪祭，猶飲酒三杯，了無怖色」，陳肇興在〈感事漫興〉〔註99〕之六說「殺賊不聞諸將猛，梟渠誰錄義民忠」，「誰錄」呢？在陳肇興的筆下，我們總算看到杜甫式的忠實記錄，補上官修志書中闕漏的庶民歷史。

除此之外，陳肇興也一再言及自己雖爲儒生，但仍充滿報國的決心，〈孤憤〉之一即說「學書學劍兩無成，投筆今朝爲請纓」，而〈北投埔義士林錫爵招同林文翰舍人邱石莊簡榮卿孝廉洪玉崑明經及各巨姓頭人宴集倚南軒計議防亂事宜即席賦贈〉說「報國何須權與位」也是表達相似的立場，說得最完整的是他的〈卜居〉〔註100〕「吾甯請長纓，中原競馳逐。將浮沉觀變，憔悴匿林麓。吾甯依劉表，附會救饘粥。抑將說隗囂，辯論窮反覆。吾甯學杜甫，悲歌以當哭。抑將效揚雄，清靜自投閣」，詩人的抉擇可以從他後來實際投身義民團體得到印證，也因報國心切，所以當他好不容易召集義民，準備參與平亂時，心中的喜悅是可想而知的，〈祭旗日示諸同志〉〔註101〕序文就說出這樣

〔註98〕收於施懿琳等編，《全臺詩》第玖冊，臺南：國立臺灣文學館，2008 年，頁297。
〔註99〕同前註，頁280。
〔註100〕同前註，頁280。
〔註101〕同前註，頁295。

的心情：「予來牛牯嶺謀舉義者屢矣，痛哭流涕，卒無應者。癸亥四月二十八日，得內兄邱石莊之助，六保合約舉事。祭旗之日，欣喜過望，爰歌以紀之。」卻沒有想到「祭旗後一日，六保背約縱匪反噬，燬陷義庄無數，獨山頂一帶尚守前盟」，這一次義民的背叛，使得陳肇興一家四散，「幾遭闔門之禍」，除了親人離散之外，對陳肇興最大的打擊，還在於「請援無人空斷指，倒戈有約誤同盟。昨朝骨肉今讎敵，如此人心絕可驚」（〈祭旗後一日六保背約縱匪反噬燬陷義庄無數獨山頂一帶尚守前盟予一家四散幾遭闔門之禍在重圍中瀝血成詠〉〔註102〕之一），可怕的還不是帶頭爲亂者，而是「人心」，人們不知道該信任誰？不信任誰？如果不是因爲「卻緣母在未捐身」，「母老兒兼幼，兄狂弟又愚。半生攖患難，欲死費踟躕」（〈山中遣悶〉〔註103〕之四）他是想投身殺敵的，那是什麼樣的原因促使拿筆的文人必須放下筆桿拿槍桿？

是因爲戰事慘烈，民不聊生：〈雜感〉〔註104〕之三說「戰鬥何時已，溪邊骨似麻。裹屍無馬革，啄肉有烏鴉」、〈自許厝寮避賊至集集內山次少陵北征韻〉〔註105〕「遙想故城裏，狐鼠共巢穴。殺人如亂麻，街衢堆白骨」；〈亂後初歸里中〉〔註106〕之二的「平蕪一望綠連天，白骨槎枒尚滿田」以及〈寄林文翰舍人〉〔註107〕之二「戰場回首骨如麻」都在敘述死傷如何慘重。

也是因爲自己生活無以爲繼，希望戰事早日消弭：〈自許厝寮避賊至集集內山次少陵北征韻〉就提到逃難之後的生活狀況極爲糟糕，「經旬宿荒崖，兩腳垢不韈。枯木架繩床，逼窄僅容膝。有時抱書眠，肱曲腰又折」，除此之外，一家骨肉離散，是讓陳肇興最不能接受的，他屢屢在詩中言及對親人的掛念：〈自許厝寮避賊至集集內山次少陵北征韻〉「有弟滯牛山，多時悲契闊。老母缺晨昏，思之如饑渴」，〈山中遣悶〉〔註108〕之三也說「一家懸虎口，百折走羊腸」。

再者就是前面說的「紛紛肉食不知謀」，〈感事漫興〉〔註109〕之三「射虜

〔註102〕收於施懿琳等編，《全臺詩》第玖冊，臺南：國立臺灣文學館，2008 年，頁296。
〔註103〕同前註，頁297。
〔註104〕同前註，頁302。
〔註105〕同前註，281～282。
〔註106〕同前註，頁307。
〔註107〕同前註，頁278。
〔註108〕同前註，頁297。
〔註109〕同前註，頁279。

有書空議撫，望洋無援浪驚猜」，實在點出詩人的無奈，和義民的奮勇進前相比，官兵是無能的，再與「番黎」相比，官兵的無能就更甚了，〈再克集集俘斬二百餘級溪水爲赤〉〔註110〕說「番黎知報國，我輩況同仇」，而〈代東沙連諸紳士〉〔註111〕也說「自請長纓後，鄉農競舉戈。野番猶報國，我輩況登科。不有同仇賦，其如眾論何」，就一再突出番兵如何出力，如何積極平定亂事。他的〈寄林文翰舍人〉之三說得最好：「民不聊生嗟已晚，天如此醉醒何時」，〈七月望後謀刺逆首不中幾罹飛禍口占紀事〉〔註112〕也說「皇天竟大醉，此地復何之」，其實陳肇興眞正想說的是，天（子）是大醉的嗎？看不到這一批官員是如何無能嗎？

對於拿起陌生的槍桿，詩人不是不害怕，〈夏日偶成〉〔註113〕說「關心只有憂時淚，欲掃黃巾苦不才」；〈寄林文翰舍人〉之一說「銜石有心悲怨羽，負山無力泣秋螿」，在在顯出詩人的不安；而〈三月十六日奉憲命往南北投聯莊遇亂避居牛牯嶺即事述懷〉〔註114〕之二說「流涕寂無言，俯首看刀柄」，之三云「家鄉在何處，遠望淚沾臆」，之四又說「涕泗沾衣裳」，詩人之所以動不動就哭，正是對戰局的不安，加上掛念家鄉親友，對未來充滿不確定感所致。

施懿琳在比較陳肇興與林占梅對於戴案的書寫立場時說「陳肇興比較類似安祿山事變中的杜子美，身處難民潮中，親歷流離喪亂，故能以『特寫鏡頭』，深刻而逼進地呈現動蕩時局下，百姓的辛酸悲苦。而身爲義軍守領的林占梅，則是採取居高凌下的姿態，遠遠地俯瞰生民的痛苦哀矜。以壯勝之兵威，奮臂揮軍，掃蕩反叛勢力。就這個角度而言，林氏或許可以類比當初協助永王東征的李太白。」〔註115〕筆者同意這樣的分析，我們接著想要討論的是，三位本土文人究竟從戴案中看到了什麼？

他們都看到橫亙於臺灣政治的重大問題──吏治不良與班兵素質低落。

〔註110〕收於施懿琳等編，《全臺詩》第玖冊，臺南：國立臺灣文學館，2008 年，頁302。
〔註111〕同前註，頁 305。
〔註112〕同前註，頁 280。
〔註113〕同前註，頁 276。
〔註114〕同前註，頁 269。
〔註115〕見施懿琳，〈清代中葉在地詩人的本土關懷與現實書寫──以陳肇興《陶村詩稿》爲分析對象〉，收於《從沈光文到賴和──臺灣古典文學的發展與特色》，春暉出版社，2000 年 6 月，頁 165～166。

　　當我們在第六章第六節提出「本土文人隱微的吏治批判」時，只能勉強提出鄭用錫爲代表，但當我們檢視陳肇興《咄咄吟》中對於戴案的敘述，卻能一再看出詩人對吏治班兵的批判與不信任，文人對於吏治敗壞的批判，原來是隱藏在這二卷史詩式的記錄中，陳肇興對於戴案的書寫角度，重點不是放在對戴潮春個人的批判，也不在百姓如何痛苦，而是將鏡頭聚焦在官員及兵丁，當陳肇興一面倒的稱讚殉難官員時，其實也反應出多數官員是如何貪生怕死，李逢時對戴潮春則更多了同情，相比之下，他筆下的官吏形象也就不那麼正面了，如果吏治清明，則戴潮春沒有起兵的理由，而當戴氏起事之後，當時全城「官弁或逃或降，無一在公廨者」，更能看出官員怠職的嚴重，而李逢時在交待宜蘭天后宮設協安局的由來時，也等於指出，若非「官弁或逃或降」，也無須靠民間自己的力量設協安局，因此單就序文來看，可以知道李逢時對於當時官吏是頗有微詞的。

　　林占梅的焦點則是放在主事者對平亂這件事的種種掣肘，連帶點出班兵素質低落的問題，因爲如果班兵足以直赴沙場，則林占梅也就沒有參與團練、資助團練的必要，如果武將們個個奮勇殺敵，自然也就不需要依靠民間力量了。

　　相較於李逢時、林占梅、陳肇興等文人將視野放在整個戴潮春事件上，陳維英的〈擒戇虎行〉〔註116〕敘述焦點則放在「戇虎」林日成：

　　　　小醜成名浪假借，嘯聚綠林據彰化。誰添之翼凶咥人，罟獲森羅罪不赦。去年咆哮半線城，負隅走險無敢攖。鶴翁寢皮而遇害，圍獵久勞吳子兵。鼠輩狐群恃其猛，眈眈逐逐逞又逞。無知妄想稱山君，馴擾百般死不省。一桂難爲鴨母王，爽文逐鹿終敗忘。陳辦鷗張復繼起，豺狼當道難屈指。此尤卓卓戇中雄，藐爾跳梁等豚豕。名超虎觀來孝公，堂堂豸史籌帷中。羽翼三千奮鵝鸛，爪牙十萬飛羆熊。逢逢喧天振鼉鼓，直探虎穴擒戇虎。卞莊打虎說當年，袒裼暴虎叔于田。晉人馮婦善搏虎，紛紛俱以伏虎傳。而今搖尾甘授首，深山難作逋逃藪。笑爾蚩蚩枉脅從，畫虎不成反類狗。

據林豪《東瀛紀事》「賊黨陷彰化縣」所載：「涑東保四塊厝人林日成，<u>諢號戇虎晟</u>，性粗暴，與前厝莊族人相仇殺；日觀屢辦不下。至是總理林大狗保晟帶勇四百，前厝人林天和帶勇六百，隨日觀勦賊。十七日，秋日觀偕北路

〔註116〕收於施懿琳等編，《全臺詩》第伍冊，遠流出版公司，2004 年，頁 160。

協副將林得成、守備游紹芳帶兵千餘名至烏日莊，賊負隅拒戰。官軍至大墩，晟之勇反兵相向，官兵截斷，退入民間竹圍；賊環攻之。十八日，日覲逃出竹圍，爲其下所殺。」〔註117〕

　　原先林日成是跟隨秋日覲平戴案的，卻臨陣倒戈，後又因江有仁的慫恿，自立爲大元帥，成爲戴潮春事件的另一股主要勢力：

　　　　至於林晟，雖是起事者之一，但不屬於戴潮春的天地會會黨系統，

　　　　因此在其部署江有仁的煽動下，林晟也自稱大元帥，與戴潮春同稱

　　　　『千歲』，以示平等，亦自行封賞部下。〔註118〕

林豪《東瀛紀事》說：「戇虎晟先與洪叢、何守等密謀同執戴逆，故猶羈留北協林得成於家，爲反正計。時戴逆屢送黃馬褂、僞令、僞印於晟，誘之助逆，而林協屢勸晟殺賊立功。族之殷戶欲鳩巨金與晟，使助官，晟未決。江有仁者，彰邑人，嘗帶勇赴内地勦賊，積官藍翎守備，至是日說晟以内地粤寇未平，必無暇及此，不若乘機舉大事。晟惑之。林協知不可回，伏劍死。晟反謀既決，恐諸人不附，召至家欲殺之。……遂自稱僞大元帥，與戴逆俱稱僞千歲。……林貓皆爲僞中軍，掌其僞帥印，每事倚任之；晟之作惡，多皆所爲。」〔註119〕而這一股勢力甚至爲戴潮春所忌憚，於是「戴逆以首禍故爲其黨所附，然皆烏合之眾，緩急不足恃。而戇虎晟、啞狗弄宗族強盛，獷悍習戰，戴逆内憚之。五月，晟入邑城，與戴逆以事相失，戴逆不得已以邑城讓之。晟遂踞邑治，拆民居以蓋僞帥府。使其黨四出勒派，或薄有田產而無現錢可捐者，晟立使書契，令有錢者出貲承買，以飽其欲。不從，立殺之。」〔註120〕

　　就是因爲「民傾家蕩產及全家被戮者無算」〔註121〕，再加上「罟獲森羅罪不赦……鶴翁寢皮而遇害，圍獵久勞吳子兵」，陳維英對於林晟等人的批判非常激烈，從「小醜」、「鼠輩狐群」、「無知妄想」、「鴟張」、「豺狼」、「跳梁」、「豚豕」、「馴擾百般死不省」等用詞，可以看出詩人對其厭惡的程度，行文

〔註117〕林豪《東瀛紀事》「賊黨陷彰化縣」，臺灣銀行經濟研究室，1957 年，頁 4。

〔註118〕吳青霞，《臺灣三大民變書寫研究——以古典詩文爲主》，國立成功大學臺灣文學研究所碩士論文，2006 年 7 月，頁 38。

〔註119〕見林豪，《東瀛紀事》「賊黨陷彰化縣」，臺灣銀行經濟研究室，1957 年，頁 6。

〔註120〕同前註，頁 8。

〔註121〕同前註。

語句中已經不見客觀，幾乎流於情緒性的言論。維英認爲他們是「此尤卓卓蠻中雄」，沒有看到之前「一桂難爲鴨母王，爽文逐鹿終敗忘。陳辦鷗張復繼起，豺狼當道難屈指」的教訓，譏笑他們是「笑爾蚩蚩枉脅從，畫虎不成反類狗」。

林日成所流竄地點主要在彰化一帶，何以北臺的陳維英對其批判尤多？這應該跟林日成屢犯大甲，對於陳維英所處的淡北地區造成極大威脅有關，他的〈次屠虞田贈區覺生元韻〉一詩就提到「憶前順邑值兵荒，鬻物典衣猶未償。蠻虎頻來窺北淡（賊首蠻虎晟屢次攻圍大甲城），臥龍何幸出南陽。任人焦舌青蚨客，招我談心白馬忙。臨水排成魚麗陣，觀魚矣必諫如棠。」因爲「蠻虎頻來窺北淡」而造成「兵荒」，使得黎民百姓的生活陷入困境，即使「鬻物典衣」仍然「猶未償」，甚至還借貸無門，所以才會說「任人焦舌青蚨客」。

陳維英將焦點放在蠻虎林日成，不能不說是另闢一格的寫法，也補足了戴潮春事件的另一面向，吳德功在評論戴案時就曾說「戴逆……一小姓耳。因倡舉會盟，能使群賊蟻附，破城戕官，殆亦天使之應劫運歟！至論其戰陣，全無把握。近侍又無敢戰之士，**不若逆晟，族大人眾，平生與前後厝列械，親冒炮火，其黨羽皆敢死士，目中實無戴逆，豈甘爲人下哉！戴逆外強中乾，假圖南郡，以避晟之燄。又行藉田之禮，不啻沐猴而冠耳。……**」〔註122〕與戴潮春相較，林日成的氣燄高張，其能力似乎又高於戴氏，但詩人作品對於描述批判的卻不多，如果沒有陳維英這一首〈擒蠻虎行〉，則我們會誤以爲戴潮春事件的主力就只有戴潮春一人而已，而忽略其他人的存在。至於陳維英又是如何描述官方與官兵？從「名超虎觀來孝公，堂堂豸史籌帷中。羽翼三千奮鵝鸛，爪牙十萬飛羆熊。逢逢喧天振鼉鼓，直探虎穴擒蠻虎。卞莊打虎說當年，袒裼暴虎叔于田。晉人馮婦善搏虎，紛紛俱以伏虎傳」等句，則顯然其對於官兵又過於溢美。

三、外患——本土文人面對入侵者的反應

本節所指的「外患」，係指外來者對臺灣進行侵擾。這一類主要見於林占梅的詩作中，主要是指咸豐四年，艇匪黃位入據雞籠一事，該事件爲咸豐三年閩南同安小刀會事件的延續，當時「海澄縣民江源自南洋帶回小刀數百把，

〔註122〕見吳德功，《戴施兩案紀略》，臺灣銀行經濟研究室，1959年，頁18。

分贈友人共結小刀會。同安地區黃德美與黃位因為抗拒強佃抗租，也加入小刀會。後來江源、黃德美被殺，其他人員四處逃竄，其中一股在黃位的率領之下，於1854年5月逃竄到臺灣，侵擾北部地區雞籠、噶瑪蘭、竹塹等口岸，並企圖攻城掠地，長久踞守。當時內地有太平軍之亂，臺灣有林恭事件，造成人心惶惶。官方號召地方有勢力的家族共同抵抗，板橋林本源家、竹塹林占梅、霧峰林文察都協助政府，才平定黃位事件。」〔註123〕

　　當時參與平亂的板橋林本源家、竹塹林占梅、霧峰林文察中，僅有林占梅留有詩作，而這也是道咸同時期，唯一有詩文記錄的「外患」事件，詩人多用「蛟害」形容黃位，則主要跟他「艇匪」的身份有關，「惡浪翻空毒霧浮，孽蛟營窟蜃噓樓」（〈洋盜竊據雞籠汛聞警感賦〉）〔註124〕、「鯨鯢跋扈狂翻浪」、「壯志欲除蛟虎害」（〈香山口防堵作〉）〔註125〕、「蛟害欣聞仗劍除」（〈雞籠事平撤防喜賦〉）〔註126〕，都是這樣的描述。當占梅一開始聽到黃位劫距雞籠時，他是「無才悲亂世，遭劫痛編氓」的，因為有感於「武略籌邊重，文章報國輕」，所以「連朝聞警報，投筆欲談兵」（〈聞警（時洋匪刦踞雞籠，民心惶惑，夜坐高樓，感而有賦）〉）〔註127〕，〈香山口防堵作〉也說「報國生平矢效忠，毛錐一擲便從戎」、「書生小試籌邊策，不負雄心是請纓」，這種「投筆從戎」、「棄文從武」的抉擇，屢屢出現於占梅的作品中。

　　此外，詩中尚有不少對於軍旅生活的描述，「連天烽燧驚風鶴」、「義旅同心齊結壘」（〈洋盜竊據雞籠汛聞警感賦〉）、「鵝鸛成軍密結營」（〈香山口防堵作〉），同樣也非文人出身的創作者所能參與書寫的，從〈聞警〉到〈雞籠事平撤防喜賦〉，我們能看到占梅奉命辦理團練，編氓防守的情形。

　　同樣寫到海盜為亂的，還有陳維英的〈寄連月〔註128〕春〉〔註129〕：「一夜南風海上吹，聞君泊棹已多時。相逢本少綠林客（時盜賊蜂起，海艦被劫者甚眾），李涉無人來索詩。」只是因為缺乏繫年，因此無從判斷這是發生於

〔註123〕見許雪姬，《臺灣歷史辭典》，林偉盛撰「黃位事件」條，臺北市：行政院文化建設委員會，2004年。

〔註124〕收於施懿琳等編，《全臺詩》第柒冊，臺南：國立臺灣文學館，2008年，頁242。

〔註125〕同前註，頁252～253。

〔註126〕同前註，頁254。

〔註127〕同前註，頁241。

〔註128〕曉綠抄本作〈寄連日春〉，當以曉綠抄本為是。

〔註129〕收於施懿琳等編，《全臺詩》第伍冊，遠流出版公司，2004年，頁195～196。

何時的事件。

　　李逢時〈天津〉〔註130〕一詩，應是作於英法聯軍入侵北京之時，當時爲咸豐十年（1860），七月，英法聯軍由北塘登陸。咸豐戰和不定，痛失殲敵良機。英法聯軍攻陷塘沽後，又攻佔天津，李逢時所記，應當爲此時的事件：「聞道天津破，京畿方戒嚴。島夷千艇入，車駕六軍潛。北望黃塵滿，南聞滄海淹。通商誰主議，惆悵獨遐瞻。」要等到「聞道天津破」，京城才「戒嚴」，可知咸豐皇帝的決策之慢。「島夷」指海外蠻荒的種族，詩人以此稱英法聯軍，也可見其負面評價。「車駕」是天子出巡時乘坐的馬車，這裡爲天子的代稱。後面的「六軍」是皇帝的軍隊或皇家侍衛軍隊，所以都是針對上位者而言。詩中「島夷」的「千艇入」適與「車駕」的「六軍潛」成明顯對比，我們可以看到當英法聯軍長驅直入時，皇帝軍隊不戰而逃的窘況，而詩末的「通商誰主議，惆悵獨遐瞻」也與「車駕六軍潛」的批判意義相合，詩人不敢直指皇帝的不是，於是批判焦點就放在皇帝底下的臣子辦事不力上，但也從中可以看出他對於時事的關注。

四、本土文人眼中的太平天國之亂

　　咸豐在位年間，中國正處於多事之秋，當時對外有英法聯軍進佔北京，對內則有太平天國之亂：

> 臺灣原爲「多事之地」，在這清廷內憂外患交相煎迫的時期，應當是
> 有變化的，但卻出於意外的平靜；其間雖有咸豐二年洪紀之亂，成
> 豐三年林恭、張佑、黃再基、林義、王烏番之亂，都被迅速解決。
> 特別是在太平天國席卷東南的時候，臺灣竟少反應。這一現象，是
> 值得注意、而且值得研究的。〔註131〕

的確，當「太平天國席卷東南的時候」，平常「三年一小反，五年一大反」的臺灣「竟少反應」，沒有跟著起舞，是一件頗不尋常的事。但這不表示本土文人就不關切這一事件，鄭用錫、李逢時、林占梅及陳維英都有對於天平天國的關注之作，而且數量不算少。當時太平天國爲了抵抗被清朝所強制的薙髮令，於是都留長頭髮以爲區別，而被稱爲「長髮賊」。鄭用錫與李逢時都作有〈長髮賊歌〉，鄭用錫寫道：

〔註130〕收於施懿琳等編，《全臺詩》第玖冊，臺南：國立臺灣文學館，2008 年，頁47。

〔註131〕周憲文，《清文宗實錄選輯》弁言，臺灣銀行經濟研究室，1963 年，頁 1。

長髮賊，長髮賊。問爾起禍從何來，敢向滰池弄兵力。紛紛嘯聚倏
成羣，西南一帶半昏黑。我朝賢聖六七君，二百年來俱安息。況復
啓宇及邊疆，窮荒以外無反側。中間小醜或跳梁，屢經滅此而朝食。
謂是觱孽起重征，催科未聞有掊克。謂是亂階起嚴刑，對簿未聞有
羅織。遇災蠲賑網開三，大臣小臣胥奉職。胡爲爾等轉無良，甘冒
天威震誅殛。嗚呼，長髮賊，長髮賊。爾踐何土食何毛，離裏屬毛
誰羽翼。一絲一寸皆君恩，覥然人面作鬼蜮。蓄髮雖然仍古制，與
王通變即定式。國家令申黔首遵，毫髮豈容自區域。此罪擢之終難
贖。當把竿枲投叢棘。天下從無賊白頭，赤眉黃巾盡傾踣。想是生
齒日太繁，多必刪除盈必蝕。我朝福祚自綿長，蠢彼妖魔何損斯年
之千萬億。〔註132〕

這實在是很弔詭的思維，清廷入關之時，曾下達「薙髮令」，而清廷之所以嚴
格實施薙髮令，主要目的是爲了摧折漢人的民族意識，以便徹底從精神上征
服漢人，簡單來說是把薙髮作爲一種表示歸順的標誌。這對漢人而言，當然
無法接受，原因之一是中國傳統孝道中說「身體髮膚受之父母不敢毀傷」，原
因之二是保留頭髮，就成了忠於明朝的象徵。原先漢人寧死不肯薙髮，是因
爲不願臣服於「異族」統治底下，認爲這有損漢族威嚴。但是到太平天國時
期，我們卻能看到漢人經歷了由抗拒到被迫接受，然後麻木，最後不再將其
視作蠻夷之俗，而將其看作天朝大國之俗的過程。因爲薙髮習俗已經內化到
文人思維中，因此當太平天國起事時，打著去除薙髮令的旗幟，也就引來文
人的批判，用錫對於薙髮令的解釋是「蓄髮雖然仍古制，與王通變即定式。
國家令申黔首遵，毫髮豈容自區域」，他顯然也無法全面否定太平軍去除薙髮
令的歷史根由，於是只能予以轉化，用「興王通變」來說服自己。鄭用錫對
「長髮賊」的起事，無疑是抱著批判的態度的，他對太平軍的用詞，除了「長
髮賊」以外，「鬼蜮」、「蠢彼妖魔」等用詞都出來了，對於其起事的原因，用
錫也一一否定：「謂是觱孽起重征，催科未聞有掊克。謂是亂階起嚴刑，對簿
未聞有羅織」，既沒有催科掊克，也沒有羅織罪名，遇到災害還有「遇災蠲賑
網開三」，所以「胡爲」二字點出用錫的疑惑，以及不以爲然，鄭用錫認爲太
平軍「敢向滰池弄兵力」，他們的結果就像之前的跳梁小醜一般「屢經滅此而

〔註132〕收於施懿琳等編，《全臺詩》第陸冊，臺南：國立臺灣文學館，2008 年，頁
　　224。

朝食」，或是像赤眉黃巾一樣「盡傾踣」，清廷仍能化險爲夷，「我朝福祚自綿長，蠢彼妖魔何損斯年之千萬億」。至於用錫所說「我朝賢聖六七君，二百年來俱安息」，如果從順治皇帝以下，歷經康、雍、乾、嘉、道、咸，的確符合「六七君」的數目，但是咸豐皇帝畢竟不算「賢聖」，把他跟康雍乾相提並論，顯然過於溢美。

我們在鄭用錫的這首詩中，看到文人難以擺脫的思想桎梏。太平天國之所以起事，是因爲 1843 年黃河又再決堤，河南、山東等地災民處處，但清廷不聞不問；加上爲了賠償鴉片戰爭的賠款，強徵稅項，使得民不聊生，暴動四起。所以當用錫提出「謂是蠹孽起重征，催科未聞有掊克。謂是亂階起嚴刑，對簿未聞有羅織」，認爲朝廷有作到「遇災蠲賑網開三」時，顯然都違背事實。當詩人一味站在朝廷立場上，對於起事的民眾多加撻伐時，卻忽略了他們背後起事的動機，不能不說是一種侷限，在論述上著實有其不妥之處。但我們也不能據此苛責，因爲太平天國發生時，他畢竟不在內地，對於戰事發展與消息來源，應該來自「傳聞」或「聽聞」，也由於資訊來源單一，詩人自然無法看清全面的事實。鄭用錫另有〈憂時〉〔註 133〕一詩，同樣也在表達他對於太平天國事件的看法，之三提到「寇皆長髮誰驅戮，士即焦頭莫進勤。國帑民財都罄匱，吳頭楚尾尚咆哮」對於因亂事而造成的「國帑民財都罄匱」頗有微詞，之四則說「……敢云濱海重洋隔，仍抱中原一片忱。身老豈堪還舞袖，時艱尚幸早抽簪。無才報國情猶切，遙祝大兵奏凱音」，雖然「仍抱中原一片忱」，但因「身老」又「無才報國」，所以只能「遙祝大兵奏凱音」。

和鄭用錫一樣，李逢時也有〈長髮賊歌〉〔註 134〕一首：

自昔先王詔薙髮，逖庭誰敢遭天罰。車軌書文同，變法者誰曰西粵。蠢茲小醜敢超梁，不虞髮是身之殃。薙者輒爲留者斃，變計弗薙羅王章。吾聞治亂有休關，所爭豈在毫髮間。薙者創見留者忍，紛紛戰伐盈塵寰。鼙鼓之聲不絕耳，東南板蕩驚天子。仗劍何人來請纓，盡髡長髮之首棄諸市。吁嗟乎，君看長髮毒封豕，我視此輩如螻蟻。烏合之眾勢易奔，瓦解之秋祈披靡。長髮賊，爾惜一毛拔不得，敢

〔註 133〕收於施懿琳等編，《全臺詩》第陸冊，臺南：國立臺灣文學館，2008 年，頁92，註 279，龍文本題爲〈聞警〉。
〔註 134〕收於施懿琳等編，《全臺詩》第玖冊，臺南：國立臺灣文學館，2008 年，頁65。

恣猖狂犯吾國。何人早作修文郎，懇乞上帝褫爾魄。

但李逢時的重點放在對「長髮」的批判上，先提出「自昔先王詔薙髮」，如果有誰敢不一樣，就會遭到上天懲罰，下文依此論述，提出本來全國都是「車軌書文同」，卻有「西粵」擅自變法，李逢時另有〈西粵〉〔註135〕一詩提到「西粵人留髮，中原地不毛」，主要是以「西粵人留髮」比擬太平軍的「長髮」；李逢時用「蠢茲小醜敢超梁」形容太平軍，希望有人「仗劍何人來請纓，盡髡長髮之首棄諸市」，李逢時看待太平軍的態度和鄭用錫相同，不是認為他們是「跳梁小醜」，就是認為「此輩如螻蟻，烏合之眾勢易奔，瓦解之秋祈披靡」，詩末二句「何人早作修文郎，懇乞上帝褫爾魄」則點出詩人希望其盡快覆滅的期待。從這一首作品中，我們能看出李逢時對「長髮賊」的厭惡，但是他的厭惡主要是在於其留髮一事，咸豐十一年左右，李逢時人正好在大陸福建一帶赴科考，當時太平天國事件仍在大陸四地起事，〈北上不果省垣作〉〔註136〕提到「牽連浩劫際紅羊，地角天涯總戰場。不割二人一塊肉，免從身世感滄桑」，而〈省垣書所見〉〔註137〕也說「旅食他鄉難借箸，邊愁壓境尚烹羔。私心竊願分殘粒，略為窮民解鬱陶」，李逢時的北上被阻有可能是因為「長髮賊」的緣故，〈釣龍臺懷古四首〉〔註138〕的第三首甚至還提到「霸氣凌秦項，蠻煙蜑雨時。漢陵今幾易，長髮又窺伺」，這表示李逢時和陳維英一樣，在太平天國事件發生的當下，人都剛好在大陸，但何以李逢時對於這個事件起事的原因感覺上很陌生，甚至有點盲從呢？他似乎不清楚太平天國為何起事？也不清楚蔓延的狀況，這真是非常奇怪。比較有可能的解釋是，李逢時當時人雖在大陸，但活動地點是在福建一帶，並未超出這一範圍，而太平天國事件對於福建一帶的侵擾較少，李逢時也不像陳維英一樣足跡踏遍東南半壁，對於太平軍恐怕也只是「耳聞」居多，更沒有和太平軍周旋交鋒的經驗，因此才會比較陌生。和鄭用錫相同的是，李逢時也是站在朝廷官方立場對「民亂」進行批判，但二人相較之下，李逢時對於「民亂」發生的社會背景，可能還是不如鄭用錫。

　　林占梅對於太平天國的訊息掌握，遠較鄭用錫和李逢時詳細，他有〈聞

〔註135〕收於施懿琳等編，《全臺詩》第玖冊，臺南：國立臺灣文學館，2008 年，頁46。
〔註136〕同前註，頁54。
〔註137〕同前註，頁55。
〔註138〕同前註。

揚州失守感賦〉〔註 139〕、〈聞曾滌生大帥國藩克復江寧諸賊殲戮殆盡不覺狂喜〉〔註 140〕二詩，都提到自己消息來源是「聞」，也就是「聽說」，聽誰說呢？消息可不可靠呢？占梅的消息來源是「邸抄」，因此算是可靠的來源，他的〈讀邸抄有感〉〔註 141〕、〈閱邸抄感賦二首〉〔註 142〕都提到是從官方消息得知太平軍起事的經過，因爲消息來源單一，所以和鄭用錫、李逢時一樣，都稱呼太平軍爲「孽蛟」、「妖氛」、「惡浪」，也都是站在官方立場對這件事提出批判。

　　然而，占梅的批判不只對於太平軍而已，相較於鄭用錫、李逢時將矛頭指向太平軍，林占梅有更多是對於清廷將領的抨擊，〈感時〉〔註 143〕詩說：「艫舳乘風趁順流，妖氛慘慘秣陵秋。如何赤蟻臨江口，卻被黃巾據石頭。避敵已拋丞相節，逃生先走太師舟」主要在批判主事者不戰而走的行徑；另一首〈感時〉〔註 144〕詩之一說「禁軍徒聽提龍武，閫帥何曾讀虎韜。緊急徵兵馳檄羽，倉皇避寇負華刀」，則在批評將領的無能。之二也在抒發對於清廷將領軍律不嚴、只圖玩樂的不滿：「高牙坐擁督師尊，兒戲居然等棘門。蜃氣漫天沈半壁，狼烽滿地感中原。行間飯博忘軍律，帳下笙歌負國恩。養寇罪難逃顯戮，何人請劍叩天閽」，〈聞姑蘇因逃兵焚掠賊匪乘機攻陷古來遭禍未有若是之烈詩以弔之〉〔註 145〕則點出姑蘇遭遇「逃卒」之禍，因其不服將領管轄趁機焚掠，以致讓敵軍有機可趁，結果整城「闐闐萬家成鬼市」的情形；相對於其他將領的抨擊，林占梅對於曾國藩是讚譽有嘉，除了密切注意他平亂的經過外，〈江寧克復曾滌生先生功績偉甚敬賦二律以誌欣仰〉〔註 146〕更表達他對曾國藩的欽佩之意，第二首說「聖世緩屏障，臣躬勵雪冰。回天資大力，指日見中興。野寇黃巾盡，元戎白旆稱。從茲安堵臥，擊壤看豐登」，正表現出二種將領的不同主事態度。

〔註 139〕收於施懿琳等編，《全臺詩》第捌冊，臺南：國立臺灣文學館，2008 年，頁 28。

〔註 140〕同前註，頁 267。

〔註 141〕同前註，頁 187。

〔註 142〕同前註。

〔註 143〕同前註，頁 29。

〔註 144〕同前註，頁 182。

〔註 145〕同前註，頁 180。

〔註 146〕同前註，頁 267。

占梅每每於詩作中言及自己「性好山水」，因此只要聽聞古蹟遭劫，不是「嘆惋」就是「自嘆」，〈西湖自前朝累遭兵燹皆未嘗毀及寺觀此回杭州失守方外蘭若盡爲灰燼余性嗜山水聞此不禁嘆惋〉〔註147〕說「蹂躪錢塘甚，西湖一旦休。山昏戶積臭，水穢血同流。佛地同秦劫，皇天抱杞憂。六橋他日路，未得快吟眸」就提到古蹟、道觀、佛寺盡毀於兵火，〈余性好山水每作泛湖遊嶽之思阻兵不果作此自嘆〉〔註148〕亦然。

此外，占梅亦有許多詩作是爲擔憂內地友人而作，像徐宗幹當時在浙江任官，離官不久，杭州即陷，故占梅作〈樹人師在浙去官後八十日杭城即陷吉人天相信非偶然賦此以誌欣幸〉〔註149〕表達慶幸；然而好友戴醇士就沒有那麼幸運了，才〈將遣人訪戴醇士先生適聞杭州失陷詩以誌感〉〔註150〕，不久之後就聽說〈杭城失陷聞戴醇士先生全家殉難哭成一律弔之〉〔註151〕，林占梅雖然沒有直接受到太平軍的侵擾，但好友一家死於此役，也不能說他跟這一事件全無關係。

〈愁思如麻眠而復起翹立亭前復成一律時更漏向盡矣〉〔註152〕則道盡詩人對於國事的擔憂：「憂國憂家兩痛心，眼前世事患尤深。已教鬼國踞天險，遂致神州幾陸沉。遠地傳烽難遽信，上都回蹕尚無音。朝班何處千官擁，翹首晨星淚滿襟」，這樣的愁思在詩人在得知亂事即將平定後，也就化爲烏有，〈接邸抄知京師近事已定賦此誌喜〉〔註153〕說：

> 日照旌旗瘴霧開，軍聲動地衛金臺。渡河生戰非孤注，張幕尋盟亦將才。回鶻驚看單騎出，飛龍穩駕六鑾迴。鯨鯢弭首滄波靖，重譯還期獻雉來。
>
> 帝星朗照奉天城，知有神靈護御營。四路勤王來義旅，六軍望蓋動歡聲。中原欲換紅羊劫，和局先成白馬盟。喜見中興新氣象，寰區從此樂昇平。

〔註147〕收於施懿琳等編，《全臺詩》第捌冊，臺南：國立臺灣文學館，2008 年，頁180。
〔註148〕同前註，頁 181。
〔註149〕同前註，頁 187。
〔註150〕同前註，頁 183。
〔註151〕同前註，頁 191。
〔註152〕同前註。
〔註153〕同前註，頁 192。

原本是「已教鬼國踞天險，遂致神州幾陸沉。遠地傳烽難遽信，上都回蹕尚無音」，但亂事將平後「鯨鯢刈首滄波靖，重譯還期獻雉來」，這是何等開心之事，一愁一喜的對比，更可看出詩人的忠心赤忱。

陳維英曉綠抄本中的〈粵西獨秀峰題壁〉組詩，是他描寫「太平天國」事件非常重要的鉅作，也是本土文人中對於太平天國事件書寫中數量最為龐大的一組詩。事實上，對於當時清廷所面臨的「內憂外患」，臺地文人中就以陳維英提到的面向最廣，最主要的原因和他當時正身處於中國內地有關。

陳維英第二次到大陸的時間是咸豐九年到十一年五月。這一段時間裡，清廷內地正發生「太平天國事件」，這是場從道光三十年十二月開始，蔓延十四省，歷經十四年的內亂；除此之外，這一段時間也同時發生「英法聯軍」入侵北京。在咸豐十年春天，英、法各自派遣軍隊，陸續攻佔舟山、煙臺。而「捻亂」也發生在這一時刻。陳維英身在大陸的那一段時期，可以說正是整個清廷內憂外患頻仍，極度動亂不安的時刻，正因為他「身歷其境」，甚至有好幾次跟太平軍擦身而過的經驗，因此跟其他本土文人比較起來就深刻許多：〈粵西獨秀峰題壁〉的第一首道盡維英對太平天國起事後，將帥無謀、塵氛未息的「不平」：

> 孤峰獨立聳南天，憑眺關河意惘然。四境風遒傳鼓角，萬邦雲暝接烽煙。塵氛未息勞宸慮，將帥無謀致凱旋。多少不平懷裡事，登高執筆恨難捐。

獨秀峰位於廣西省桂林市，為廣西主要山峰之一，維英登山遠眺，對於「四境風遒傳鼓角，萬邦雲暝接烽煙」的國勢，從「意惘然」到「不平」，再到「恨難捐」，歸根究底都是因為「將帥無謀」的緣故，可以看出陳維英對這些無法平亂的將領們有著極深的批判。

> 李花撲後又楊花，洪浪翻然水一涯（粵西自李世海李沅二逆平後，逆匪洪秀泉楊壽清接踵而起）。青白旂分千隊列，紫金山險萬重遮。干戈潦草常滋蔓，歲月因循屢及瓜（賊自庚戌起事已三年矣）。試向潯陽江上望，虎狼到處已無家（潯陽所屬四邑人民房屋，賊過處無有存者）。

自註中的「粵西自李世海李沅二逆平後，逆匪洪秀泉楊壽清接踵而起」，「李沅」當指「李沅發」，「洪秀泉」當為「洪秀全」、「楊壽清」為「楊秀清」之誤。據《清史稿》〈裕泰傳〉所載「（道光）二十九年，李沅發倡亂新寧，踞

城戒官。巡撫馮德馨、提督英俊往剿，復縣城。妄傳沅發已死，而賊竄山中，勾結黔、粵交界伏莽，勢益蔓延。」〔註154〕原先李沅發的活動地點是在新寧一帶，後因官兵圍勦，遂進入貴州、廣西一帶流竄，〈洪秀全傳〉也說：「初，粵西歲饑多盜，湖南雷再浩、新寧李沅發復竄入為亂。粵盜張家福等各率黨數千，四出俘劫。」〔註155〕於是「秀全乘之，與楊秀清創立保良攻匪會，練兵籌餉，歸附者益。」〔註156〕維英詩中所說「李花撲後又楊花，洪浪翻然水一涯」所指即為此段歷史，從「試向潯陽江上望，虎狼到處已無家（潯陽所屬四邑人民房屋，賊過處無有存者）」可以看出粵西百姓因為「李花撲後又楊花」、「干戈潦草常滋蔓，歲月因循屢及瓜」的連年兵災，導致民不聊生的慘況。

> 羽書飛報蹴塵紅，瘴海鯨鯢繫帝衷。金幣遠勞頒國帑（前後糜餉已
> 及千家），紫泥新詔起元戎（林宮保少穆、張軍門必祿奉命來粵）。
> 觀梅和靖先歸道，銘斗桓侯未奏功。太息將星沉兩地（林抵廣東卒，
> 張抵潯陽卒），賊氛蜂起坐無窮。

據《清史稿》的〈賽尚阿傳〉所述「時廣西匪亂方熾，巡撫周天爵、提督向榮會剿，不能制賊，起用林則徐，未至，道卒。」〔註157〕〈李星沅傳〉也說「會廣西匪亂方熾，起林則徐督師，卒於途。」〔註158〕清廷原先是派林則徐（少穆）平亂的，但林則徐未至廣西就已過世。而曾於道光二十六年任雲南提督，勦辦過永昌回亂的張必祿，雖接受諭令至廣西，同樣卒於途，所以維英才會說「觀梅和靖先歸道，銘斗桓侯未奏功」，正是因為「太息將星沉兩地（林抵廣東卒，張抵潯陽卒）」，才會造成後來「賊氛蜂起坐無窮」的局面。

> 聞道周郎善用兵（周敬修李石梧先後來粵），將軍小李亦知名。千行
> 坐擁心原折，一戰歸來膽已驚。好勇無謀花亂陣，潛師不出柳藏營。
> **大功未奏飄然去，縱使歸田恥聖明。**

〔註154〕趙爾巽等撰，《清史稿》卷三百八十，《列傳》一百六十七〈裕泰〉，北京：中華出版，1977年，頁11617。
〔註155〕趙爾巽等撰，《清史稿》卷四百七十五，《列傳》二百六十二〈洪秀全〉，北京：中華出版，1977年，頁12864。
〔註156〕同前註。
〔註157〕趙爾巽等撰，《清史稿》卷三百九十二，《列傳》一百七十九〈賽尚阿〉，北京：中華出版，1977年，頁11746。
〔註158〕趙爾巽等撰，《清史稿》卷三百九十三，《列傳》一百八十〈李星沅〉，北京：中華出版，1977年，頁11752～11753。

林則徐、張必祿先後卒於道中，清廷後來派李星沅（石梧）督師，但因周天爵（敬修）與向榮不合，在軍事上造成很大的掣肘。〈賽尚阿傳〉說「李星沅督師，諸將不用命，亦無功。」〔註159〕〈李星沅傳〉也說「命星沅代爲欽差大臣。是年十二月，抵廣西，駐柳州。時左右江匪氛蔓延，諸賊尤以桂平金田洪秀全爲最悍。巡撫鄭祖琛、提督閔正鳳皆以貽誤黜去，周天爵、向榮繼爲巡撫、提督。二人者並有重名，負意氣，議輒相左，星沅調和之，仍不協，軍事多牽掣。」〔註160〕維英用「好勇無謀花亂陣，潛師不出柳藏營。大功未奏飄然去，縱使歸田恥聖明」評價這一段歷史，可以看出他對將領之間無法協調作戰，以致「大功未奏」的不以爲然。

> 三年零雨未班師，戎事彌縫明主知。餘粟更從天府運，使星重見相公馳（賽中堂來粵接辦）。絕無豹略誅蠻寇，空有鴉車振鼓旄（中堂帶有禁旅）。如此大權歸獨握，寶刀何日靖邊陲（中堂臨行上賜過必隆刀，曰大小文武歸汝節制，如不用命以此刀斬之）。

賽中堂即賽尚阿，字鶴汀，阿魯特氏，蒙古正藍旗人。據《清史稿》的〈賽尚阿傳〉所述「時廣西匪亂方熾，巡撫周天爵、提督向榮會剿，不能制賊，起用林則徐，未至，道卒。李星沅督師，諸將不用命，亦無功。文宗深憂之，以賽尚阿親信近臣，命爲欽差大臣，赴湖南防堵，將以代星沅也，特賜過必隆刀，給庫帑二百萬兩備軍餉。」〔註161〕因李星沅卒於軍，因此後由賽尚阿取代李星沅，以平廣西亂事。維英說「如此大權歸獨握，寶刀何日靖邊陲」，顯示他對賽尚阿能否平亂抱持很大的期待，依〈賽尚阿傳〉所述，他「至廣西，疏陳汰兵勇，明紀律，購間諜，散脅從，斷接濟五事，詔嘉其能通籌全局。周天爵與向榮不協，解其任，以鄔鳴鶴代之」〔註162〕，可知是頗有一番能力作爲的，但維英下一首詩的描述，卻讓人不免爲其喪失制敵先機而感到扼腕：

> 劍影刀光列從官，重重帷幕獨盤桓。圍棋自許爭先著，飛檄俄傳失

〔註159〕趙爾巽等撰，《清史稿》卷三百九十二，《列傳》一百七十九〈賽尚阿〉，北京：中華出版，1977 年，頁 11746。

〔註160〕趙爾巽等撰，《清史稿》卷三百九十三，《列傳》一百八十〈李星沅〉，北京：中華出版，1977 年，頁 11752～11753。

〔註161〕趙爾巽等撰，《清史稿》卷三百九十二，《列傳》一百七十九〈賽尚阿〉，北京：中華出版，1977 年，頁 11746。

〔註162〕同前註。

永安。固壘深溝容賊拒，缺斨破斧轉心寒。孤城在望無人近（去歲
閏八月，賊拒永安，控濠築壘，自守甚固，我兵無敢近者），半載誰
從壁上觀。

春風春雨又花朝，戰伐經年壯志消。大帥何曾籌上策，單于忽已遁
中宵（二月十五日賊棄永安去）。勅章連日稱收復，城郭無人感寂寥
（賊去後中堂奏收復）。最惜郡師隨四鎮，模糊生死報皇朝（賊至大
陽，其地險隘，不能迫我，四鎮至領令兵行，全軍失利，四鎮亦遁，
中途墜崖而死）。

賽尙阿曾上疏分析賊勢：「略言：『粵西股匪繁多，馮雲山、洪秀全、凌十八
等俱奉天主教，凶狠稱最，來往於金田、東鄉、廟旺、中坪，**官兵壁上環觀，
有無可如何之勢**。宜先用全力攻剿大股，一經得手，則分兵剿辦，方免顧此
失彼之虞。省垣兵少，暫居中調遣，分派巴清德、達洪阿進剿。』〔註163〕於
是向榮連破賊於中坪及桂平新墟。烏蘭泰設伏，殲賊甚。賊竄踞紫荊山，以
新墟、雙髻嶺爲門戶。達洪阿、烏蘭泰攻雙髻，燬其巢，賊自焚新墟而逸。
官軍失利，遂陷永安州，賽尙阿坐失機，降四級留任。」〔註164〕賽尙阿之所
以失敗，最主要的原因在於烏蘭泰與向榮不合，「烏蘭泰爭之不得，素與榮不
協，至是益相水火」〔註165〕，導致「官軍不能禦，僅獲洪大全，檻送京師，
以收復永安上聞」〔註166〕，維英云「勅章連日稱收復，城郭無人感寂寥（賊
去後中堂奏收復）。」應當即指此事。

伴食名眞宰相同，持籌未展笑群公。達人知命身先退（達洪阿都統
引疾先歸），巴客登場曲便終（巴都統清德畏葸不前，至平樂卒）。
望似姚崇（姚廉訪）都寂寂，才如嚴武（嚴觀察）亦空空。天南更
有飛來鶴（鄒鍾泉名鳴鶴，由府尹升粵撫。上有詩云：『嘉爾賽鄒才
濟忠』之句），韋負君恩獎許隆。

頻年旄節駐南關，團練規條到處頒（鄒中丞專團練規條告示）。浪擲
金錢招壯士（中丞招勇五百名，摘賞數百金），空憑黔赤御諸蠻（四
境已空，中丞以團練爲可恃，守兵絕少）。高談靜鎮全無備（賊退六

〔註163〕趙爾巽等撰，《清史稿》卷三百九十二，《列傳》一百七十九〈賽尙阿〉，北
　　　　京：中華出版，1977年，頁11746。
〔註164〕同前註。
〔註165〕同前註，頁11747。
〔註166〕同前註。

塘，有勸中丞急出示，而中丞默然故作鎮靜），臨事張皇莫濟艱。**看爾腸肥羞腦滿，一腔塵俗未能刪。**

榕城雉堞總迴還，二百年來莫叩關。誰使雄師班馬嶺，任教群盜控牛山（馬嶺向有守兵忽撤去，賊遂至西門牛山屯管）。六塘營卒星霜遁（賊據六塘，中丞發兵往禦，中途遇賊黑夜逃回），四野編氓涕淚潸。獨有東門看癸水（古詩曰：『癸水遶東城，永不見刀兵。』如今不驗矣），懺詩應向古詩刪。

鄒鳴鶴，字鍾泉，江蘇無錫人。賽尚阿督軍廣西時，因「周天爵與向榮不協，解其任，以鄒鳴鶴代之。」〔註167〕後李星沅卒於軍，遂由鄒鳴鶴代為巡撫，「咸豐元年，擢廣西巡撫。匪亂方熾，大學士賽尚阿督軍事，鳴鶴課吏治，治團練，撫恤被兵災民。」〔註168〕維英詩云「空憑黔赤御諸蠻（四境已空，中丞以團練為可恃，守兵絕少）」係指「（咸豐）二年，賊由永安突犯桂林，城中兵僅千人，倉猝防禦，提督向榮馳援，民心始定」〔註169〕一事。

維英在這三首詩中批判了許多將領，對於巴清德用「巴客登場曲便終（巴都統清德畏葸不前，至平樂卒）」形容，認為他畏懼怯懦，不敢前進；而原先「天南更有飛來鶴，辜負君恩獎許隆」的鄒鳴鶴，最後卻變成「高談靜鎮全無備，臨事張皇莫濟艱。看爾腸肥羞腦滿，一腔塵俗未能刪」的形象，更甚者還「六塘營卒星霜遁（賊據六塘，中丞發兵往禦，中途遇賊黑夜逃回）」。詩人用「望似姚崇（姚廉訪）都寂寂，才如嚴武（嚴觀察）亦空空」、「持籌未展笑群公」真是道盡詩人對這群無能將領的無奈感受。

單槍匹馬走連宵，耿耿忠精答聖朝。老范甲兵空滿腹，武侯心事共琴焦。孤軍聯絡張旌鼓，層堞森嚴靖斗刁。更有偏師能直搗，橋頭痛絕霍嫖姚。

末章主要以評價烏蘭泰作結，詩中提到「更有偏師能直搗，橋頭痛絕霍嫖姚」即是〈烏蘭泰傳〉所說「二月，賊棄城冒雨夜走，北犯桂林。烏蘭泰率兵急追至昭平山中，路險雨滑，為賊所乘，敗績，總兵長瑞、長壽、董光甲、邵鶴齡死之。向榮徑收州城，由間道趨桂林，先賊至。烏蘭泰踵賊後，戰於南

〔註167〕趙爾巽等撰，《清史稿》卷三百九十二，《列傳》一百七十九〈賽尚阿〉，北京：中華出版，1977年，頁11746。
〔註168〕趙爾巽等撰，《清史稿》卷三百九十九，《列傳》一百八十六〈鄒鳴鶴〉，北京：中華出版，1977年，頁11815。
〔註169〕同前註。

門外,爭將軍橋,礮中右腿,創甚,退屯陽朔,越二十日卒於軍。烏蘭泰忠勇爲諸將冠,文宗深惜之⋯⋯」〔註170〕一事,維英用范仲淹、諸葛亮、霍去病等名將比擬烏蘭泰,可見其評價之高。

從第二首的「歲月因循屢及瓜(賊自庚戌起事已三年矣)」及事件發展順序,約略可以推知維英這一組詩作所敘時間約至咸豐三年左右,而太平天國至同治三年才完全平定;同樣書寫太平天國事件,鄭用錫、李逢時都將矛頭指向太平軍,而林占梅除批判太平軍外,有更多是對於清廷將領的抨擊,陳維英則是將焦點全部放在對將領的批判上,這就使得他的書寫角度和鄭用錫、李逢時截然不同。陳維英詩作中除「試向潯陽江上望,虎狼到處已無家(潯陽所屬四邑人民房屋,賊過處無有存者)」是將焦點放在對太平軍暴虐的敘述外,其他詩句雖偶而提及「賊」,但重點均不在對太平軍的批判,而是放在參與勦平太平天國事件的將領上。

其中林則徐、張必祿先後卒於道中,詩人用「太息將星沉兩地,賊氛蜂起坐無窮」表示歎惋,言辭中並無批判之意。清廷後來所派的李星沅(石梧),又因周天爵與向榮不合,在軍事上並無太大建樹,因此對於李星沅和周天爵,維英乾脆以「好勇無謀花亂陣,潛師不出柳藏營。大功未奏飄然去,縱使歸田恥聖明」的強烈口氣評斷之;而「如此大權歸獨握,寶刀何日靖邊陲」的賽尚阿,最後仍不免「飛檄俄傳失永安」;至於「持籌末展笑群公」更不用說了,達洪阿因病先歸,巴清德「畏葸不前」,而鄒鳴鶴雖然最後戰死於沙場,但他「浪擲金錢招壯士,空憑黔赤御諸蠻。高談靜鎮全無備,臨事張皇莫濟艱。」的行徑,維英用「看爾腸肥羞腦滿,一腔塵俗未能刪」來形容,也不能說不夠客觀。

維英的這一組詩作對於史實也有相當程度的「補充」,其中「最惜郡師隨四鎮,模糊生死報皇朝(賊至大陽,其地險隘,不能迫我,四鎮至領令兵行,全軍失利,四鎮亦遁,中途墜崖而死)。」及六塘、牛山遇匪之事,在《清史稿》中均無記錄,而維英則以「高談靜鎮全無備(賊退六塘,有勸中丞急出示,而中丞默然故作鎮靜),臨事張皇莫濟艱」「誰使雄師班馬嶺,任教群盜控牛山(馬嶺向有守兵忽撤去,賊遂至西門牛山屯管)。六塘營卒星霜遁(賊據六塘,中丞發兵往禦,中途遇賊黑夜逃回),四野編氓涕淚潸。」一一予以記載,鄒鳴鶴的「浪擲金錢招壯士(中丞招勇五百名,摘賞數百金)」,史書上只以「治團練」

〔註170〕趙爾巽等撰,《清史稿》卷三百九十九,《列傳》一百八十六〈鄒鳴鶴〉,北京:中華出版,1977年,頁11853。

帶過，但對其浪費公帑一事則未提及，這些不能不說是對正史的「補遺」。

　　除了〈粵西獨秀峰題壁〉外，維英的〈北上南旋途中紀險〉序文提到自己與「髮逆」及「捻匪」擦身而過的經歷：「予北上道出江淮，逼近長髮賊營，時聞炮聲。過清江浦，六日而捻匪故陷之。至紅花埠，我先我後公車俱被劫戮，惟予獲免。南旋入南陽府界，前後四五日俱有捻匪掠過，予適得間，不遭其禍，過瑞金縣三日而髮逆陷瑞，過江州府四日而髮逆陷汀。」〈次韻答同年劉告夫子孝廉見贈〉也提到太平天國事件：「陳暄只解築槽邸，何若劉殷七業修。冷宦曾陪東冶坐（東冶閩邑別名，予鐸閩，君已入泮），熱腸忍憶北京遊（庚申公車同時入都）。思餐賊肉無窮恨（髮逆猖獗，蔓延多省），聞斬奸頭稍釋憂（閩邸抄悉三奸伏誅）。林下仍勞防堵事，洗兵志願幾時酬（予聞彰警，立劫辦團練防勦）。」至於〈即事遣懷次舟中唱和元韻呈文翰丈湯臣鏡帆兼示洞漁生〉第一首則同時提到太平天國事件與英軍入侵天津一事：「虞廷雨露沐恩濃，逆命苗民意外逢。豕突妖氛無定路（髮逆竄擾無定），梟張鬼子未潛踪（嘆夷俗呼鬼子，現犯天津）。傷心海內興戎馬，引領軍中得臥龍。歸去來兮今日賦，折腰何若撫孤松。」前面提到，陳維英第二次到大陸的時間是咸豐九年至十一年間，因此正好「躬逢其盛」的遇到影響清廷國勢的重大「內憂」──太平天國事件及捻亂，以及「外患」──英法聯軍之役，由於發生這些事件時他人正在大陸，他的詩作中也就較其他本土文人更能呈現「身臨其境」的歷史感與空間感。

　　這裡還有一個很有趣的現象，就是本土文人在敘述太平天國事件時，他們所位居的「地理位置」不同，連帶影響他們對方位的書寫，鄭用錫〈憂時〉之一說「西南半壁成塗炭，此事伊誰作禍萌」，李逢時〈九月十四日賊陷漳州府〉〔註171〕說「半壁東南樹賊旗」、〈長髮賊歌〉說「東南板蕩驚天子」林占梅〈感時〉說：「東南半壁容巢穴，從此殘棋劫未休」、另一首〈感時〉〔註172〕又說「東南盜賊已如毛」，何以會有「西南」跟「東南」的差異？很明顯的，鄭用錫是站在中國大陸看太平軍事件，而李逢時跟林占梅則是站在臺灣的位置，因此有著方位上的歧異。

〔註171〕收於施懿琳等編，《全臺詩》第玖冊，臺南：國立臺灣文學館，2008 年，頁74。
〔註172〕收於施懿琳等編，《全臺詩》第捌冊，臺南：國立臺灣文學館，2008 年，頁182。

小　結

　　回到最前面的問題來看，「本土文人是以什麼樣的角度記錄這些民變、外患與內亂？是否會隨著事件性質的不同，改變他們對於起事者的看法？或是站在一視同仁的批判角度，以官方立場去看待每一個可能危害清廷統治的事件？」當我們一一檢視本土文人對於民變、外患與內亂之後，我們很遺憾的發現，道咸同時期雖然是本土文人大量出現的時代，但不代表同時也出現「以臺民爲本」的思維。

　　本土文人對於分類械鬥、艇匪黃位、太平天國事件的態度，大致上都是一致的，都是站在官方角度去看待批判每一個起事者，他們似乎有意地拒絕了解這些事件背後的眞正原因，也不願意低下身去進行探訪，所以當他們以高高在上的文人身份進行書寫時，我們會發現他們有著旁觀、客觀的視野，但卻少有主動深刻的了解。儘管如此，我們還是不能抹殺本土文人的這些記錄，他們也許無法擺脫思想的限制，但從他們的詩作中，卻可以補足許多史實，尤其是詩人的親身經歷，讓我們對於部分歷史事件，可以得到實證。這當中也有例外，陳肇興及林占梅對於戴潮春事件的記錄，就因爲他們身份的不同，而得以讓我們看到不同「位置」的文人，所記錄的不同庶民生活。陳肇興不像其他文人般的高高在上，而是比較貼近民間。至於陳維英對於太平天國事件及捻亂、英法聯軍之役的敘述較其他文人詳盡可信，則是因爲他正好身歷其境的緣故。

　　從書寫者參與的書寫類型來看，鄭用錫主要偏向在分類械鬥及太平天國的書寫；李逢時是分類械鬥、戴潮春事件及太平天國均有詩作記錄；陳肇興是放在分類械鬥和戴潮春事件，尤以戴潮春事件爲描寫主力；施瓊芳只有分類械鬥的一首詩作；林占梅則是四類均有；陳維英則是分類械鬥與太平天國、捻亂、英法聯軍都有記錄；鄭用鑑、李望洋、曹敬跟黃敬是四類都沒有；從比例來看，大約是六比四，從詩作數量來看，足以顯示本土文人對於這個主題的重視程度。

第二節　本土詩人眼中的臺地災難

　　風災、水災、震災等「災變」，給予文人強烈的感受，他們本身或身受其害，成爲自然災害中的「受害者」與「受賑者」；或是「旁觀者」，站在爲民喉舌的立場，替不識字的群眾「發聲」；有的則是站在「爲政者」的立場，表達對於民

生困苦的哀矜憐憫與「賑濟」。不管本土文人所居的位置爲何，這時期的本土文人將視野關懷投注在群眾百姓身上，不能不說是一種對臺灣的在地關懷。

一、頃刻金甌相傾碎，霎時身體若籠篩——文人的地震書寫

以地震發生爲例，道咸同年間發生的地震，可徵之於文獻記載的有：

時間（農曆）	地 點	災 情
道光三年（1823）1 月 3 日	臺灣	《臺灣采訪冊》、《福建通志》、《雲林采訪冊》
道光七年（1827）8 月 15 日	南投水沙連	水沙連潭內湧起小山四座（《彰化縣志》）
道光十二年（1832）10 月	彰化	《彰化縣志》
道光十二年（1832）10 月～十六年 4 月	嘉義	嘉城圮壞（〈臺灣嘉義縣城工義倉碑記〉）
道光十三年（1833）11 月 3 日～20 日	宜蘭	田宅敧側（《噶瑪蘭廳志》）
道光十三年（1833）11 月 3 日	淡水	數日乃止（莊吉發〈清代臺灣自然災害及賑災措施〉）
道光十九年（1839）5 月 17～18 日	臺澎、嘉義災情甚重	嘉義倒塌民房 7515 間，壓斃男婦大小 117 名，受傷較重 63 名。（《東溟文後集》）
道光二十年（1840）10 月	雲林斗六、嘉義	民屋倒壞（《雲林采訪冊》）
道光二十五年（1845）1 月 26 日	彰化	彰屬地方共震塌民房四千二百餘戶，壓斃大小男婦 368 名口，受傷爲數甚多。（《軍機檔》）
道光二十六年（1846）6 月 13 日	彰化	《淡水廳志》、《斯未信齋雜錄》
道光二十八年（1848）11 月 8 日	臺澎、彰化、鹿港災情最重	彰化、嘉義兩縣，共倒屋 22664 間，死亡 1030 口。（《清代地震檔案史料》）
道光二十九年（1849）4 月 13 日 7 月 14 日 7 月 24 日 7 月 25 日	臺地微震	《斯未信齋雜錄》
道光三十年（1850）3 月	嘉義大地震	《臺灣省通志》
咸豐元年（1851）3 月 8 日	臺地大震	《潛園琴餘草簡編》〔註173〕
咸豐三年（1853）夏	大屯山鳴 3 天	《淡水廳志》

〔註173〕此條資料尚有商榷空間，下文將討論之。

咸豐十年（1860）10月	苗栗、淡水	《淡水廳志》
同治元年（1862）春	臺北、苗栗	《淡水廳志》、《苗栗縣志》
同治元年（1862）5月11日	臺南、嘉義尤甚	城垣傾塌數丈，壓死數千人，民居傾圮者無算。（林豪《東瀛紀事》）
同治元年（1862）10月	臺北、苗栗	《淡水廳志》
同治四年（1865）9月18日	全臺	《淡水廳志》
同治五年（1866）春	臺北、苗栗	《淡水廳志》
同治五年（1866）11月10日	高雄	Alvarez 著《Formosa》
同治六年（1867）11月23日	臺北、苗栗、基隆	雞籠頭、金包裡沿海，山傾地裂，海水暴漲，屋宇傾壞，溺數百人。（《淡水廳志》）
同治九年（1870）	屏東	枋寮肆街過半遭受破壞，且遭受水災。（《大日本地名辭書續編》）
同治十二年（1873）	臺南	蔣師轍《臺遊日記》

上表係由戴雅芬《臺灣天然災類古典詩歌研究——清代至日據時代》，頁10～11、莊吉發〈清代臺灣自然災害及賑災措施〉〔註174〕、盛清沂〈清代本省之災荒救濟事業〉〔註175〕節錄整理而成。

　　道咸同年間總共超過二十次的有感地震，其中引發巨大災情的有：道光十九年嘉義地震、道光二十五年彰化地震、道光二十八年彰化、嘉義地震；道光三十年嘉義地震、咸豐元年臺地大震、同治元年臺南、嘉義地震等。如此頻繁的震災次數中，本土文人的相關詩作卻僅有三首，遊宦文人只見於徐宗幹《斯未信齋雜錄》、林豪《東瀛紀事》以及《東溟文後集》等文集，詩作部分反而闕如。這是相當奇特的，因為當我們認為詩人對於自然災害的記錄，是一種「詩史」式的記錄筆法時，卻很難了解，何以詩史式的記載，會「保留」一部分，「排除」一部分？並非是全面的記錄呢？更何況，地震頻繁是臺灣的特殊地理現象，而震度之大，往往造成重大傷亡，陳國瑛在《臺灣采訪冊》就曾提到臺地地震發生的頻繁與激烈：

　　　　臺地常震，而嘉之震尤甚。郡城大震，則嘉邑一帶將傾山倒海矣。
　　　　內地人、外江人未至臺灣，與之言地震狀，未有信之者，且以為荒
　　　　誕無稽，徒好談詭異耳。即有嘗聞之者，亦以為不至若此之甚也。

〔註174〕見莊吉發，〈清代臺灣自然災害及賑災措施〉，《臺灣文獻》51卷1期，2000年3月。

〔註175〕見盛清沂，〈清代本省之災荒救濟事業〉，《臺灣文獻》22卷1期，1971年3月，頁123～143。

　　然此皆目見、耳聞，字字紀實，海外之奇，何嘗如是〔註176〕！
這樣強大的震度與伴隨而來的災難，不應只讓「內地人」或「外江人」嘖舌
而已，本土文人再怎麼習以為常，對於一些重大傷亡的震災，也應不至於到
「無感」或「漠視」的地步才是，何以在本土文人詩文中竟少見敍寫？而且，
本土文人的寫法也因人而異，北臺發生地震，同為竹塹文人的鄭用錫並無相
關作品，反而見於鄭用鑑及林占梅詩文中。而鄭用鑑詩作，一般認為多跟現
實生活脫離的，這就更奇怪了，兄弟同處於竹塹，地震發生時也應當處於同
一地，而且二人相較之下，較為重視民生疾苦的鄭用錫，卻反而沒有震災書
寫，對於竹塹大地震引來的生命感慨，反而見於恬淡疏離的鄭用鑑詩作中，
這是何等弔詭的現象？鄭用鑑的〈地震行〉〔註177〕寫道：

> 臺陽疆域二千里，四面瀚海中都市。尋常坤軸忽動搖，屋宇傾頹城
> 郭圮。有聲振撼自東來，驚破夢魂莊側耳。天翻地轉風力豪，萬竅
> 不約齊呼號。恍似鬼神行空陷日轂，復如蛟龍起陸乘秋濤。此時萬
> 戶同屏息，存亡生死爭呼吸。顛蹶同深避劫哀，張皇無術向隅泣。
> 徘徊吊影行自愁，人與大地同一浮。乘槎未許到星闕，採藥何年傍
> 祖洲。賦罷此行發長歎，**功名富貴無心看**。醉中俯仰天地寬，休憂
> 滄海桑田換。

顯然的，鄭用鑑這一首作品是他的親身經歷，他是以一個「參與者」的身份
來記錄這一次地震，而且從詩文描述來看，能夠造成「尋常坤軸忽動搖，屋
宇傾頹城郭圮」的景況，可見並非尋常地震，鄭用鑑用了許多筆墨描寫這一
次地震的可怕，「有聲振撼自東來，驚破夢魂莊側耳」從聽覺上記錄了地震欲
來前的「震鳴」現象，而「天翻地轉風力豪，萬竅不約齊呼號。恍似鬼神行
空陷日轂，復如蛟龍起陸乘秋濤」則可見搖晃之甚，已經到了令人為之膽顫
的地步，而地震過後人們的倉皇無助，更在詩文中一一展現，「此時萬戶同屏
息，存亡生死爭呼吸。顛蹶同深避劫哀，張皇無術向隅泣」，整首詩作中，鄭
用鑑一直到這四句，才將描寫視角從自身移到群眾，但也僅止於這四句而已，
詩末是他在經歷這次地震之後，對於生命的看法，書寫角度再次轉回到他身
上，他提到「賦罷此行發長歎，功名富貴無心看。醉中俯仰天地寬，休憂滄

〔註176〕見陳國瑛，《臺灣采訪冊》，臺灣銀行經濟研究室，臺灣文獻叢刊第55種，道
　　　　光九年，頁40。
〔註177〕收於施懿琳等編，《全臺詩》第陸冊，臺南：國立臺灣文學館，2008年，頁
　　　　249。

海桑田換」，至於為什麼會「功名富貴無心看」？主要是因為「徘徊吊影行自愁，人與大地同一浮」，跟天地的力量相比，人真是渺小得可憐，除了跟一般群眾一樣「同屏息」、「張皇」、「向隅泣」之外，也找不到可以避開災禍的方式，就算求取再多功名利祿又如何呢？鄭用鑑藉由地震的發生，感嘆生命的無常，以及富貴功名的不值得一顧。陳正榮〈鄭用鑑〈地震行〉與林占梅〈地震歌有序〉辨析〉提出鄭用鑑這一首〈地震行〉的佈局、靈感是來自於黃景仁的〈後觀潮行〉，指出用鑑「改『海潮』為『地震』、改『讚嘆』為『恐懼』、改『雄絕』為『恐怖』。至於感嘆的詩句『獨客吊影行自愁，大地與身同一浮。乘槎未許到星闕，採藥何年傍祖洲。』就只略作改動，此外，『尋常坤軸忽動搖』來自『怪底山川忽變容』；『賦罷此行發長歎』改自『賦罷觀潮長太息』；『此時萬戶同屏息』一句則是原文照抄。」〔註178〕而說他「難逃套用之嫌」，則是相當重要與中肯的發現。

　　相形之下，林占梅的震災書寫就更貼近百姓的角度了。他的〈地震歌〉〔註179〕前有一小序，交待了二次地震發生的時間：

> 道光戊申仲冬，臺地大震。吾淡幸全；而嘉彰一帶城屋傾圮，人畜喪斃，至折肢破額者，又不可勝計矣。傷心慘目，殊難名狀。今歲暮春，復大震二次，驚悼之餘，乃成七古一篇，歌以當哭，時三月初八日未刻也。

其中「道光戊申」點明一次是發生在道光二十八年，這一點是沒有疑問的，道光二十八年是以臺澎、彰化、鹿港災情最重，彰化、嘉義兩縣共倒屋 22664 間，死亡 1030 口（見上表）。淡水廳影響不大，所以林占梅才會說「吾淡幸全；而嘉彰一帶城屋傾圮，人畜喪斃，至折肢破額者，又不可勝計矣。傷心慘目，殊難名狀」，這是對於民眾死傷無數的嘆惋。但是第二次地震發生的時間究竟是何時？黃美娥在《清代臺灣竹塹地區傳統文學研究》認為是道光二十九年〔註180〕，徐慧鈺認為是咸豐元年〔註181〕，戴雅芬的《臺灣天然災

〔註178〕陳正榮，〈鄭用鑑〈地震行〉與林占梅〈地震歌有序〉辨析〉，《竹塹文獻雜誌》33 期，2005 年 4 月，頁 105。

〔註179〕收於施懿琳等編，《全臺詩》第柒冊，臺南：國立臺灣文學館，2008 年，頁 37～38。

〔註180〕黃美娥，《清代臺灣竹塹地區傳統文學研究》，頁 273。

〔註181〕徐慧鈺，〈林占梅先生年譜〉，《林占梅資料彙編》，新竹市立文化中心，頁 61。

類古典詩歌研究——清代至日據時代》及其所引徐泓〈清代臺灣地震史料〉
〔註182〕，對此詩的解讀都是放在「咸豐元年」。陳正榮〈鄭用鑑〈地震行〉與
林占梅〈地震歌有序〉辨析〉提出許多研究者之所以將這首詩時間訂在咸豐
元年，是因爲〈地震歌有序〉收錄在《潛園琴餘草》卷一，而收錄作品時間
是「少時至辛亥（咸豐元年）」的緣故，他認爲卷一的作品時間「可以將咸豐
元年作爲下限，但不必非繫於咸豐元年不可。」〔註183〕並結合方志與其他史
料，認爲〈地震歌有序〉寫作時間「應斷定在咸豐元年的前一年，即道光三
十年庚戌（1850），而所指的地震時間則是當年三月八日未刻（陽曆 4 月 19
日下午 1～3 時）」關於卷一作品收錄時間及此詩的時間判定二點，筆者持同
樣看法。

　　這一次的地震顯然是林占梅的親身經歷，和鄭用鑑相同，他在地震發生
前，同樣聽到「震鳴」，「耳根彷彿隱雷鳴，又似波濤風激怒。濤聲乍過心猶
疑，忽詫棟樑能動移」，不過鄭用鑑詩作未繫年，因此無法明確看出地震發生
的年月日。陳正榮的分析僅訂正了〈鄭用鑑先生年表〉所引道光二十八及二
十九年地震資料可能有誤，但未確定鄭用鑑〈地震行〉的寫作時間。事實上，
以鄭用鑑跟林占梅同處竹塹的地緣關係來看，道光三十年，用鑑仍在世，應
該有可能和林占梅同時經歷竹塹大震才是，用鑑詩中提到「驚破夢魂茫側
耳」，也提及「恍似鬼神行空陷日轂」，陳正榮認爲此句是「反用典故」，強調
「被神仙當作車駕的太陽」如今卻「彷彿因『鬼神行空』而陷落，正好呼應
『驚破夢魂』的時刻與夜空」，認爲地震時間在夜晚〔註184〕。但筆者認爲「恍
似鬼神行空陷日轂」可以視爲「實寫」，地震發生時可能是在白天，因此雖處
於睡夢之中被「驚破夢魂」，但時間應是白天的「午睡」，和林占梅所說「天
朗氣清日亭午，閒吟散食步廊廡」的時間應該相合。鄭用鑑〈地震行〉所寫，
同樣應是道光三十年間事。不同的是，林占梅對於地震發生時的景況描寫較
爲細緻：

　　頃刻金甌相傾碎，霎時身體若籠篩。廄馬嘶跼犬狂吠，智者猝然亦

〔註182〕徐泓，《清代臺灣天然災害史料彙編》，行政院國家科學委員會防災科技研究
　　　　報告72-01號，頁17。
〔註183〕陳正榮，〈鄭用鑑〈地震行〉與林占梅〈地震歌有序〉辨析〉，《竹塹文獻雜
　　　　誌》33期，2005年4月，頁110。
〔註184〕陳正榮，〈鄭用鑑〈地震行〉與林占梅〈地震歌有序〉辨析〉，《竹塹文獻雜
　　　　誌》33期，2005年4月，頁103。

愚昧。悲風慘慘日無光，霎爾晴空成晝晦。扶老攜幼出門走，忙忙
真似喪家狗。更有樓居最動搖，欲下不得心急焦。心急勢危肝膽碎，
失足一墮魂難招。蟻走熱鍋方寸亂，兩腳圈豚繩索絆。窄逼轉愁門
戶狹，攀援不覺窗櫺斷。

從「頃刻金甌相傾碎，霎時身體若籠篩」開始，詩人先由身體的觸覺去感受
地震的震度，林占梅用「籠篩」描摹地震發生時，人搖晃不定的動作，可謂
相當貼切！緊接著由「廐馬嘶蹶犬狂吠」的聽覺描寫，伴隨外在環境「悲風
慘慘日無光，霎爾晴空成晝晦」的黯淡無光，更增添地震時的恐怖。而民眾
逃難時的景況更是貼近，用「扶老攜幼出門走，忙忙真似喪家狗」、「蟻走熱
鍋方寸亂，兩腳圈豚繩索絆」展現出倉皇無措的一面，相對於外在行為的忙
亂無章，內心也是處於「如逢虎狼如觸蝎，形神惝怳魂飛越」的不安中，地
震停止後，所有人是「千家萬家齊屏息，大兒小兒多避匿。少選聲停地始
平，相顧人人成土色」，這樣的情景和鄭用鑑所說「此時萬戶同屏息」相當接
近。當災難已過，群眾則是「地平踏穩相欣告，眾口一時同喧噪」，爭相慶賀
逃過一劫。林占梅在詩的後半段開始由敘及議，他同時聯想到道光二十八年
的大地震，「幸哉淡水尚安全，可憐嘉彰成墟墓」，而當時地震的傷亡慘重，
足讓他「此情回首不堪憶」。對於地震的發生原因，他歸因於「東南雖缺地無
縫，豈有妖物簧鼓之。自是乾坤氣吞吐，世人那得知其故」，也提到「試問既
震何重輕，消息茫茫歸劫數」，不管是「妖物」或「劫數」，都只能臆測，占
梅之所以「長歌賦罷心轉愁，驚魂未定筆亦柔」，都是緣於對民生的關注，只
是這樣的災難有「安得長房縮地法，居吾樂土免煩憂」的一天嗎？恐怕是沒
有的。

　　北臺有鄭用鑑與林占梅的震災書寫，南臺則有施瓊芳，他的〈五月辛亥
地震書事〉〔註185〕一詩，應該是記錄道光十九年5月17～18日發生的大地
震，當時「嘉義倒塌民房7515間，壓斃男婦大小117名，受傷較重63名。
（《東溟文後集》）」（見上表）可以看出災情的慘重，施瓊芳羅列出古來對於
地震發生的種種原因，如「共工撞不周山」（「古傳不周折，又傳巨屋移」）、「巨
鰲載山」（「籠戴巨靈擘，造化顯神奇」）、「地牛翻身」（「莫是媼神出，著鞭跑
青牛」）等等，也涉及了「星象異相說」（「昨夜占星躔，鉤伸維不聚」）及「二
波相薄說」（「吾臺地脈浮，海波三歲周」、「易象地為輿，崎嶇阪未出。緯書

〔註185〕收於施懿琳等編，《全臺詩》第伍冊，遠流出版公司，2004年，頁368～369。

地爲舟，激湍波屢疾」）〔註186〕，不管是神話或是傳說，施瓊芳都嘗試想在詩作中解釋地震發生的原因，對於地震時的景況，他用「何處大神力，舉手撼天柱。下視百須彌，若撼蟻封土」以及「抑眞地痛癢，搔按不能休」的擬人化寫法爲喻，也用「鉅鹿之戰」及「昆陽之戰」時，二軍對壘的畫面來進行模擬，目的都是爲了營造出地震發生時所帶來的震憾。施瓊芳的寫法相似於林占梅的是，二人都是由當前地震的親身經驗，聯想到之前耳聞他地地震的情景。因此除記其當時親身感受的地震外，也兼記之前地震。從「詰朝傳邸報，哀哉彼諸羅」一句，可以看出施瓊芳對於之前諸羅震災消息的來源是「邸報」，當時他還慶幸自己「開闢驚人事，幸不逢其時」，所以即便諸羅災情慘重，卻因爲不是親身經歷，所以無法感同身受，直到「若從今日較，彷彿如見之」，因爲臺南發生同樣的地震，才讓他聯想起當日邸報上的所見所聞，也才進一步有所知覺，至於「白骨長城畔，杞婦哭滂沱。哀悸兩未忘。震來又股慄。寢食不能安，一震連三日。」則是將關注焦點放在百姓身上。

　　施瓊芳一方面提到「宿孽人何多」、「五月觸神訶」，將地震發生緣由，跟上天的譴告有關作聯結，一方面又走回「變故豈偶然，敬天無戲豫」的「敬天」老路，這樣的思想脈絡，跟他大量使用中國傳統典故的寫作方法是一致的，因此當陳昭瑛從施瓊芳的〈鳳邑瑯橋新建敬聖亭碑序爲李天富作〉的駢文，推結出施瓊芳也重創字的偉大意義，符合儒學本義時，卻忽略了施瓊芳其他作品所透顯出來的，科舉功名與文昌信仰間的緊密關係，這一點恐怕還可以再斟酌〔註187〕。

二、苦雨或不雨——文人的水旱災書寫

　　依曹永和在〈清代臺灣洪災與風災史料〉中的統計，道光年間發生的大（風）雨共二十四次，咸豐是五次，同治共七次〔註188〕，次數相當頻繁，因此當時本土文人的自然災害記載中，詩作數量最多的，應該是對於「苦雨」的記錄，當時北臺的鄭用錫、鄭用鑑、林占梅；中臺的陳肇興，南臺的施瓊

〔註186〕上述神話出處，可參見戴雅芬，《臺灣天然災類古典詩歌研究——清代至日據時代》，政治大學國文教學碩士班碩士論文，2002 年 6 月，頁 156～160。

〔註187〕參見拙文〈清代臺灣詩中儒學傳承與文昌信仰的關係〉，《東海大學文學院學報》46 卷，2005 年 7 月。

〔註188〕參考戴雅芬，《臺灣天然災類古典詩歌研究——清代至日據時代》，政治大學國文教學碩士班碩士論文，2002 年 6 月，頁 100。

芳，都有「苦雨」或「大水行」的相關著作，跟震災詩作相較，本土文人對
於水災似乎更有感觸，他們多站在為庶民發聲的立場寫作。鄭用錫〈苦雨〉
〔註189〕說「可憐粟賤貧如許，又值秧寒插不成。料想天心應有主，肯將物候
誤蒼生」，鄭用鑑〈積雨行〉〔註190〕也說「況聞隴麥初登場，秧田婦子工正
忙。只今十日八九雨，未知農事傷無傷」，至於林占梅〈七七苦雨行并引〉
〔註191〕說「估客裹裝愁貿易，農夫罷耒廢春耕」都是因為擔心霪雨霏霏，對
於農事或買賣造成損害，連帶影響民眾生活而作的抒發。施瓊芳〈六月望日
水災書事道光己亥〉〔註192〕則從各方面敘述水災發生時的窘況，當溪水潰堤
時，他因「家在南濠湄，晨興訝流污」，為阻止災害擴大，所以「聊効孟津
愚，彌縫捧土塞。幸他末力衰，支持延數刻」，這還是指位於高地地區而言，
低窪地區的居民是「豈知宸下鄉，餘痕尚沒膝」，而「官埔赤崁人，瀕水玩懦
習。馮夷忽震威，一朝避不及。田廬尚如此，帆檣應更發」，顯示受害者不止
農民，恐怕還兼及漁民及舟子，直到外來遊客從北方帶來消息，才「始知嘉
地災，餘波累吾邑」，當時百姓「或藉木龍逃，或飽餓蛟吸。死者復何言，生
者艱乃粒」，這才慨嘆未能防患於未然，以致「一片膏壤區，化做波臣國」。
陳肇興〈揀中大風雨歌〉〔註193〕提到「詰朝雨止風亦停，鄉村十家九家哭。
一春無雨苗不滋，今茲雨多反殺穀」，雨量過多，反而造成農業上難以彌補的
損害，他並藉由老農之口，指出農產欠收，但賦稅未減，以致生活更加無以
為繼，「老農垂淚前致辭，乞減半租救饘粥。里胥下狀來催租，悉賦輸將苦不
足。輸官不足還賣田，稻田雖廢硯田贖。舌耕筆耒幾多年，歲歲陰陽無愆
伏。滿城風雨供嘯歌，有田不如無田樂」，大風雨是「天災」，加上吏胥催租
的「人禍」，真叫這些災民情何以堪？簡言之，這些文人都不是水災或大雨的
「受害者」，頂多只是「旁觀者」。由於他們多半缺乏切身的受害經驗，因此
雖然替庶民發聲，也嘗試忠實反映百姓的苦況，卻還是隔了一層。

　　這些作品都有著濃厚的神話想像，值得注意的是，鄭用鑑、施瓊芳和林

〔註189〕收於施懿琳等編，《全臺詩》第陸冊，臺南：國立臺灣文學館，2008 年，頁
　　　　71。
〔註190〕同前註，頁 271。
〔註191〕收於施懿琳等編，《全臺詩》第柒冊，臺南：國立臺灣文學館，2008 年，頁
　　　　76。
〔註192〕收於施懿琳等編，《全臺詩》第伍冊，遠流出版公司，2004 年，頁 367～368。
〔註193〕收於施懿琳等編，《全臺詩》第玖冊，臺南：國立臺灣文學館，2008 年，頁
　　　　225。

占梅雖都不約而同用了「媧皇」的典故，但對於女媧這一神祇，卻也都從反面去否定了其功績。鄭用鑑〈積雨行〉說：「神媧石爛蒼垠裂，激灩銀潢波乍決」用的是「女媧補天」的傳說，提到女媧用來補天的石頭因為毀壞，而使得「蒼垠裂」，當天河潰決時，因為無法抵擋水勢，所以「奔騰漏穴散亂飛，千派萬派紛相撼」，雨勢的浩大，甚至讓「金雞斂翼伏桑樹」，同樣的寫法也見於林占梅的〈七七苦雨行并引〉「豈係媧皇術未精，石塌天河往下傾」二者都認為女媧的「煉石補天」並不完全，以致無法抵擋雨勢，造成下界災情。而施瓊芳〈六月望日水災書事道光己亥〉說「媧皇畫蘆灰，堯時已無力。更閱四千年，灰暈全銷蝕」則是從「積蘆灰以止淫水」的說法而來，先說女媧的「積蘆灰」，早在堯時就已經失去效力，再經過四千年的侵蝕，更是讓「蘆灰」的作用幾乎消失殆盡，同樣也是負面的看法。本土文人不約而同的對傳統神話提出質疑及挑戰，主要是站在民眾的立場上，為其所受苦難發出不平之鳴，但從另外一方面看，他們也顯然將這樣的「天」，賦予了「人格天」的意涵。至於施瓊芳在〈六月望日水災書事道光己亥〉末段說「朱衣乏僧裯，黃籙希道筆。難傳禁水方，誰解畫江術。美哉朝宗會，安瀾慶兆億。命蟻以切和，全荷天妃德」，結合了道教與天妃信仰，也可以看出他思維中深受民間信仰影響的一面。

此外，鄭用鑑同時使用了「商羊隻足飛鳴來」的典故，《說苑》卷十八〈辨物〉提到：「其後齊有飛鳥一足來下，止於殿前，舒翅而跳，齊侯大怪之，又使聘問孔子。孔子曰：『此名商羊，急告民趣治溝渠，天將大雨。』於是如之，天果大雨，諸國皆水，齊獨以安。」〔註194〕《論衡‧變動》也說「商羊者，知雨之物也，天且雨，屈其一足起舞矣。」〔註195〕只要「商羊」出現，就會伴隨「大雨」，這即是「商羊舞」，本土文人所使用的典故，大抵不脫中國文學的傳統，從上述的分析中約可見部分。他們對於雨勢或水災的書寫，因為有著親身經驗，所以在景物描摹上大量使用視覺、聽覺上的摹寫，使讀者有著身入其境的感受，不管是「挂壁方愁若瓶破，打窗更見如拳大。狂流翻湧沒階前」（鄭用鑑〈積雨行〉）、「昨夜礔車雲，半空魚龍色。颶母挾雨師，排

〔註194〕見劉向《說苑》，收於《景印文淵閣四庫全書》696 冊，臺灣商務館，1983年，頁 163。

〔註195〕見王充，《論衡》，卷十五〈變動四十三〉，收於《景印文淵閣四庫全書》862冊，臺灣商務館，1983 年，頁 181。

海作山立」（施瓊芳〈六月望日水災書事道光己亥〉）的視覺書寫，或是「亂蛙鳴股入屋坐」（鄭用鑑〈積雨行〉）、「昨夜狂颼振林木，千聲萬聲動巖谷」、「半空純是金甲聲」（陳肇興〈捒中大風雨歌〉）的聽覺描寫，在在都爲了鋪陳詩人身處風雨之中的切身經歷。

這些作品中，值得一提的是林占梅的〈七七苦雨行并引〉，詩前小引提到「臺地每於未驚蟄前聞雷，必陰雨連綿，至四十九日，俗名曰『四十九日烏』。如四十九日內，復鳴雷，便重陰四十九日，謂之『重烏』。驗之歷歷，童嫗皆知。」詩文也說「俗傳四十九日烏，此語翁媼驗歷歷」，這是極有臺地氣候特色的記載，不只耳聞，而且得以「親驗」，這樣的記載見於本土文人筆下，更見其代表性。

陳肇興的〈大水行〉〔註196〕雖然不在表達民間疾苦，但他卻從另外一個角度爲庶民發聲，保存了當時一位庶民「樂善好施」、「悲天憫人」的形象。該詩的序文提到「木匠董文，居彰之濁水庄。歲甲寅，大水淹至，漂沒香園腳數十家，文傾囊僱善泅者伐木爲筏，裹飯往援，存活男女百餘人。予聞其事，作爲此行，用以勸世之好善樂施者。」這一首詩的內容可以分爲前後二部分，前半部分從外在景物切入，「黑風吹海使倒立，百川水從內山入。排雲駕雨鞭蛟龍，白浪高於天一級。千年古木摩蒼穹，隨波漂蕩西復東。砰巖撼嶽相激搏，巨石旋轉如飛蓬」都是用以鋪陳水勢的浩大，除巨浪濤天外，能將千年古木連根拔起的鮮活鋪敘，其實也在側寫水勢的強大。接著將鏡頭由水勢轉到民眾跟萬物，「頃刻民廬看不見，百里哀呼叫水變。緣木果然可求魚，爲巢自恨不如燕。黿鼉白日上山遊，人鬼黃泉隨處現。可憐環溪百餘家，一時淹沒爲魚蝦」民房在剎時間消失，緣木得以求魚，山上可得黿鼉，環溪的民居全爲水吞，而從「百里哀呼叫水變」、「人鬼黃泉隨處現」都能看出當時災民的苦況。陳肇興以「洲沉島沒無所避，誰肯中流浮仙槎」作爲轉折，「誰肯？」下文接著說，「濁水村翁老木匠」肯，這一位木匠因爲「眼見波濤如海樣」，所以「斬籐伐竹僱乘桴，救得百人皆無恙」，而「翁非有餘欲市恩，動於不忍仁乃存」更表現出該位木匠的不求回報，作者用「千金子，目擊嫂溺甘不援」和木匠董文的義行作對比，並且指出這樣的義行較「宋祁救蟻中狀元」更佳，所得「餘慶」自然更多。這一首詩的目的在「勸世」，以鼓勵群眾

〔註196〕收於施懿琳等編，《全臺詩》第玖冊，臺南：國立臺灣文學館，2008 年，頁217～218。

不計報酬、「好善樂施」。

　　相較於「苦雨」書寫的多元、參與書寫人數眾多，「不雨」的書寫就非常單一，且集中在竹塹地區。道咸同時期，發生於臺灣的「旱災」，比較嚴重的有道光十一年三、四月（彰化）、道光十六年秋（南部）、咸豐初年（雲林）、同治五年五月（臺北、苗栗）、同治十二年十二月（臺灣）；其餘多集中在澎湖，分別是道光十一年、咸豐元年九月至二年二月初，咸豐五年夏、咸豐十年夏、同治五年五月、同治九年春、同治十一年夏及同治十二年春〔註197〕。由於旱災的次數不如水災頻繁，損害也較輕微，因此有相關詩作的本土文人並不多，目前所見的僅鄭用錫及林占梅有相關書寫，不過數量卻是不少，顯示當時竹塹地區曾發生旱災，但未列入官方記載中：〈望雨〉〔註198〕一詩中，鄭用錫的著眼點放在「農事」上，因「播種清明候已遲，今將穀雨未翻鎡」而開始「望甘霖」，從「候經旬日又枯焦」，以致於「驟增米價市聲囂」，已經可以看出不雨的影響，鄭用錫用了「泣去鮒魚仍涸轍」、「車薪杯水原無補」、「抱甕灌園總未饒」等跟水有關的典故，都是為了加深百姓對雨水的冀求與渴望。從詩人自身的「望雨」開始，求雨的層面先往外擴及到「乞兒」（「求霖求到乞兒忙」），再擴及到知識階層，當時林鶴山及曾籙雲，都有參與禱雨的工作，真的是「貴賤同關一樣情」（〈是日林鶴山觀察亦到各神廟叩求〉）〔註199〕。

　　從〈望雨〉→〈不雨〉→〈乞兒求雨〉，可以看出旱災的情況一日糟似一日。而乞兒與知識份子的參與，可以看出所有民眾對「下雨」一事的高度關切，然而，這個全民運動並未因為參與成員橫跨各階層，或是人數眾多而達到目的，用錫的〈北門天后宮水田福德祠同日乞雨兩處服飾不同是早天亦下幾點微雨而呆日復出非天心之不我愛實下情之有未協耳感賦〉說出「天公亦略酬微意，未必湛恩許插禾」，如果再和其〈求雨不來賦此自笑〉一詩對照，真可以看出其中的無奈。用錫的〈和曾籙雲禱雨原韻之作〉一詩提到：

　　　　襏襫攓鋤卻未親，求霖願廁太平民。莫疑恤緯非關己，竊恐舐糠累

〔註197〕參考戴雅芬，《臺灣天然災類古典詩歌研究——清代至日據時代》，政治大學國文教學碩士班碩士論文，2002年6月，頁98。

〔註198〕收於施懿琳等編，《全臺詩》第陸冊，臺南：國立臺灣文學館，2008年，頁99。

〔註199〕同前註，頁230。此詩以下至〈乞兒求雨〉止，均收於施懿琳等編，《全臺詩》第陸冊，故不再另外註明出處。

及身。溝洫流枯田待澤，桔槔勞竭汗霑巾。老儒豈有回天力，祇自
憂煎作杞人。

一方面指出自己身爲儒生，面對天災卻無能爲力；但一方面也說出「莫疑恤
緯非關己，竊恐舐糠累及身」，他的關懷民生不是「主動」，是因爲擔心「舐
糠及米」受到連累，而「被動」的，不得不爲的舉措。乍看之下，我們會對
鄭用錫這樣的心態有所微詞，但從「竊」字的自謙用法來看，可以說轉化了
他乍看之下的被動，從「不得不爲」轉爲「主動作爲」，遂可從中看出詩人眞
正悲天憫人的心意。

其實不管是「想天當不辜人願，早晚滂沱赴插苗」（〈望雨〉）、「老天倘有
矜憐意，滿地枯塍遍是金」（〈不雨〉）、「一點眞誠達上蒼」、「可憐天聽全無耳，
不管呼飢各有腸」（〈乞兒求雨〉）、還是「恨天不許行方便」（〈是日林鶴山觀
察亦到各神廟叩求〉），鄭用錫在這裡同樣有將天擬人化，而成爲「人格天」
的意圖存在。用錫在此先預設上天是有知覺、有能力的，藉由禱雨、求雨過
程將百姓疾苦傳達給「有知覺」的上天，期待上天能「被感動」而降下甘霖，
解決地上百姓的困苦。這種由人→天→人的傳達途徑，可能相當程度受到「天
人感應」學說的影響，關於這一點，我們將在下文論述。

林占梅的〈苦旱〉〔註200〕則是對於道光末年發生旱災，百姓因無水可用，
遂引發爭水事端一事，感到無力與無奈：

旱霓四佈若流丹，處處驚云隴畝乾。無石可鞭難致雨，有河皆涸不
知灘。材庄畫地爭田水，老少呼天結社壇。但得一聲雷起頓，土膏
尺寸爲論歡。

不管是苦雨或是求雨，本土文人都是站在爲民喉舌、發聲的立場記述，由於
多數文人都不具備農事經驗，本身也多非受災戶，因此在描寫苦況時，總能
看到他們以知識分子的身份「俯視」著百姓的疾苦，他們的眼光仍然看向百
姓，但視角卻是上對下的，這種看待的視角，或多或少仍侷限住他們刻畫災
變的深度與廣度，是相當可惜的地方。

三、本土文人不怕「黑水溝」──風災書寫

道咸同時期的本土文人，在自然災變的書寫上，只偏重在「震災」及「旱
潦之災」上，對於「風災」幾乎不見描寫，根據徐泓在〈清代臺灣洪災與風災

〔註200〕收於施懿琳等編，《全臺詩》第柒冊，臺南：國立臺灣文學館，2008年，頁23。

史料）中所羅列出的風災，及戴雅芬的表列〔註 201〕來看，康熙二十二年到光
緒二十四年間，共有一百零一年有風災記錄，總計一百四十六次，但本土文人
作品中，同樣少見對風災的描述。戴雅芬所歸結出來的「風災類詩歌」〔註 202〕
中，林占梅的〈大雨颶夜宿官道小樓〉〔註 203〕只能算是記錄大風之作，但並
不到「災」的地步，詩文中除了述及詩人本身對強風的感受外，也並未兼及
其他群眾，因此不應列入。而陳肇興〈揀中大風雨歌〉中，雖是強風伴隨著
豪雨，但真正造成災情的是雨不是風，因此也應納入「水災」討論。

　　道咸同時期的文人，對於「風災」的描述，只有鄭用錫〈颶風〉〔註 204〕：
「秋風一夜起狂飆，颶母西來怒氣驕。何似排雲驅萬馬，乍疑傳箭落雙鵰。
傾摧樹木山皆動，噴激波濤水亦搖。最是關情收穫近，田疇禾稼恐枯焦。」
一詩而已。這首詩同樣也側重詩人對強風的感覺，但在詩文末表達對強風可
能造成災情的憂慮，卻是值得肯定的地方，尤其發生強風的時間在秋天，正
是農事即將收穫的時節，詩人的關注視角已擴及到群眾身上。

　　至於航行路上所遭遇的風災，則屢屢出現於遊宦文人作品，關於這一點，
廖振富在〈清代臺灣古典詩中的渡海經驗〉〔註 205〕中曾歸納清初遊宦文人與
臺灣本土文人的渡海之作，認為「遊宦文人渡海詩作所反映的海洋意識」可
以歸納出「封閉退縮」與「開放認同」二大類型，其中「封閉退縮」所表現
出來的「驚悸不安與強烈震憾」，主要以孫元衡為代表；而「開放認同」中的
「經歷壯遊的自豪感」，代表文人有郁永河、錢琦、謝家樹、孫霖、胡健等人；
至於「海上的美感經驗」又以郁永河和錢琦為主。作者認為「觀察遊宦文人
渡海詩作所呈現的順逆情境，可看出航海過程中遭遇意外或種種驚心動魄的
考驗是最普遍的書寫主題。」也認為「遊宦文人多著重在渡海的『驚』（驚險
過程）與『奇』（奇特見聞）」至於本土文人，卻很少見這樣的渡海經驗，這

〔註 201〕見戴雅芬，《臺灣天然災類古典詩歌研究——清代至日據時代》，政治大學國
　　　　　文教學碩士班碩士論文，2002 年 6 月，頁 45〜46。
〔註 202〕同前註，頁 59。
〔註 203〕收於施懿琳等編，《全臺詩》第柒冊，臺南：國立臺灣文學館，2008 年，頁
　　　　　322。
〔註 204〕收於施懿琳等編，《全臺詩》第陸冊，臺南：國立臺灣文學館，2008 年，頁
　　　　　88。
〔註 205〕廖振富，〈清代臺灣古典詩中的渡海經驗〉，《航向世界的臺北：探尋華人的
　　　　　海洋文化——第二屆「臺北學」國際學術研討會》，臺北市政府，2006 年 5
　　　　　月 6、7 日，頁 181〜203。

會讓讀者誤以為，是不是本土文人比較不怕「黑水溝」？

　　廖振富接著指出「清領時期臺灣文人渡海詩作之特徵」，認為「作品數量遠少於中國遊宦文人」，而提出「鄭用錫（1788～1858）、陳維英（1811～1869）、施瓊芳（1815～1868）、林占梅（1821～1868）等人更未見渡海之作」〔註 206〕，後面也提到「李望洋《西行吟草》其實並無專寫渡海之作，只在一首長篇詩作簡略提及渡海過程〔註 207〕。（按：即〈余自去歲壬申正月二十六日出門六月十六日到甘一路所經重洋之險山水之勝車馬之勞欲搆一長篇以紀顛末無如枯腸苦索毫無意思遲至今年癸酉五月十五日在寓悶坐靜裡思家不已因作西行吟平仄七十一韻以自解〉〕本土文人描寫渡海詩作不多是事實，但是這二個說法卻可以再檢證，因為陳維英與李望洋都有書寫船隻遭遇颶風時的驚險之作。

　　李望洋西渡時，曾在臺灣海峽遭遇風浪，面臨過九死一生的威脅，因此有詩文記錄流傳。他的〈九月初旬歸山雜詠〉〔註 208〕第七首說：「自問生前未了因，颶災盜劫死仍頻。彼蒼何意偏留我，又到鑪中鍊鐵身（余前二十八歲乙卯（1855）科內渡赴省鄉試，舟到海山洋面，突遭盜劫，兩手腕受傷，歸時又遇颶風，波浪滔天，船幾覆沒，性命俱在呼吸之間，噫！彼時亦危矣哉）。」另一位則是陳維英，曉綠抄本中有一首〈北上南旋途中紀險〉，序文最後就提到「五月由廈渡臺，至黑水溝風雨大作，波浪掀天，船幾為沉覆」，詩句中也說「雨互一十日，南來北往程。冰淵形夢寐，草木亦戈兵。自分鴻毛死，偏餘虎口生。殘軀歸海外，又被颶風驚。」顯然陳維英在歸途中也因遇到颶風，船幾翻覆而感到害怕。如果相較於清初孫元衡在〈乙酉三月十七夜渡海遇颶天曉覓澎湖不得回西北帆屢瀕於危作歌以紀其事〉〔註 209〕、張湄在〈再泊澎湖〉〔註 210〕中對於海難經驗「鉅細靡遺」的記錄，以及事後久久無法平復的恐懼，李望洋的「自問生前未了因，颶災盜劫死仍頻」、陳維英的「殘軀歸海外，又被颶風驚」就又顯得一筆帶過，情感上平淡許多。

〔註 206〕廖振富，〈清代臺灣古典詩中的渡海經驗〉，《航向世界的臺北：探尋華人的海洋文化——第二屆「臺北學」國際學術研討會》，臺北市政府，2006 年 5 月 6、7 日，頁 198。

〔註 207〕同前註，頁 202。

〔註 208〕收於施懿琳等編，《全臺詩》第玖冊，臺南：國立臺灣文學館，2008 年，頁 165～166。

〔註 209〕收於施懿琳等編，《全臺詩》第壹冊，遠流出版公司，2004 年，頁 255～256。

〔註 210〕收於施懿琳等編，《全臺詩》第貳冊，遠流出版公司，2004 年，頁 164。

　　廖振富歸納出陳輝、章甫有渡海之作，並且「以平靜或輕快爲創作主調」，成爲臺灣文人渡海詩作的第二個特徵，後來的李逢時也歸此類，至於「因渡海經驗而產生土地認同的強化」則以陳肇興〈渡海〉〔註211〕及〈由港口放洋望海上諸嶼尋臺山來脈處放歌〉〔註212〕二詩爲主。〈渡海〉一詩是陳肇興從府城搭船自澎湖取道至福建所作，因此是去程時的經驗，而〈由港口放洋望海上諸嶼尋臺山來脈處放歌〉爲其大陸之行的句點，是在返程時所作。作者認爲前詩是「以『東瀛舊仙史』自喻，『東瀛』二字則是對出生地臺灣的自我認同，這是因渡海經驗而被強化的土地認同意識」〔註213〕，而後詩爲「作者的壯遊意識有別於遊宦文人渡海詩之處，乃是由海上遠眺『臺灣島』這個鄉土家園，於是有臺灣之美『再發現』的意識。」〔註214〕這樣的看法筆者是同意的。

　　至於其他本土文人則顯然缺乏這樣的生命經驗，因此沒有相關敍述流傳。這牽涉到幾個原因：首先，臺灣與澎湖的地理環境是「四面環海」，對於土生土長的本土文人而言，多數都有接觸「海洋」的經驗，因此西行渡海，對於本土文人來說，並不是全然陌生的恐怖經驗，陳佳妏在論文中曾以蔡廷蘭爲例，指出他面對海洋的方式，不若一般人的陌生，也不採「聽天由命」的態度，是因爲他有「生長於海濱的經驗」〔註215〕，事實上，這正好代表了臺灣本土文人「普遍性」的海洋經驗，也由於這樣的經驗是自小養成，故習以爲常，因此在文學書寫中，幾乎不見對於「黑水溝」，甚或對「海洋」的「驚」「懼」之情；再者，陳佳妏在《清代臺灣記遊文學中的海洋》第二章〈遠近之間——清代臺灣記遊文學中臺海空間的「距離感」〉一節，以「關注度」及「易達度」二點，來釐清權力中心與臺灣之間距離感的變化，即指出：

　　　　早期由於風帆船與對渡口岸的限制，使得臺海之間的渡海經驗相形

〔註211〕收於施懿琳等編，《全臺詩》第玖冊，臺南：國立臺灣文學館，2008 年，頁241。

〔註212〕同前註，頁248。

〔註213〕廖振富，〈清代臺灣古典詩中的渡海經驗〉，《航向世界的臺北：探尋華人的海洋文化——第二屆「臺北學」國際學術研討會》，臺北市政府，2006 年 5月 6、7 日，頁201。

〔註214〕同前註，頁201。

〔註215〕陳佳妏，《清代臺灣記遊文學中的海洋》，政治大學中國文學系碩士論文，1999 年，頁89。

之下顯得十分危險而艱辛，是故在旅人的紀錄中，「渡海經驗」遂成
爲其所凝視的一個重要環節，對比於後期搭乘輪船的紀錄來看，不
僅著墨較多，且觀察也相對細緻，後期航線與運輸工具的轉變，使
得航程中所需遭遇的危險性被逐漸降低了，因此，「渡海經驗」便不
再是旅人書寫的重心，往往數語帶過，或略而不寫，致使後期清代
臺灣記遊文學中關於「渡海經驗」的記載簡略，不如前期般豐富。
〔註216〕

陳佳妏的分析雖然以「遊宦文人」爲主，但是，對照本土文人所產生的時間，
大致也出現在「後期」，當時本土文人渡海的「交通工具」及「對渡口岸」都
較前期爲佳，因此，本土文人的「西行」作品中，才會幾乎不見「黑水溝」，
也不見風災的相關敘述。

四、本土／遊宦──臺地自然災難的關注者

　　整體而言，清代文人對於臺地災難的書寫，究竟抱持著什麼樣的心態？
以震災書寫爲例，臺灣地震頻繁，一旦大震，通常引發重大傷亡，但是地震
發生的次數，與詩文創作數量卻不成比例。而日治之前的震災作品中，本土
文人只有本文述及的三位，遊宦文人則僅陳夢林、馬清樞、唐贊袞跟黃逢昶
而已。若進一步分析，四位遊宦文人中，僅陳夢林時間最早，約康熙年間來
臺，其餘都是光緒年間來臺；本土文人在清代的震災詩作描述，則集中在道
咸時期，其餘本土文人關於震災的描寫，則幾乎集中在日治時期，數量之多，
遠遠超越前代，這是很有趣的現象。

　　陳夢林在康熙五十五年時，憑著其之前編修《漳州及漳浦郡縣兩志》的
豐富修志經驗，遂應諸羅縣令周鍾瑄之邀，參與纂修《諸羅縣志》。陳夢林來
臺後的主要活動地在南臺灣，而在其編纂的《諸羅縣志》中，提到的地震有
康熙五十四、五十五年二次，但其〈鹿耳門即事〉〔註217〕八首之三雖然提到
地震，卻並非以震災爲主要書寫對象：

> 地震民訛桐不華（庚子春，有高永壽者詣帥府自首云：至瑯嶠，一
> 人乘筏，引入山後大澳中，船隻甲仗甚盛，中渠帥一人名朱一貴云

〔註216〕陳佳妏，《清代臺灣記遊文學中的海洋》，第二章〈遠近之間──清代臺灣記
　　　　遊文學中臺海空間的「距離感」〉，政治大學中國文學系碩士論文，1999年，
　　　　頁50～51。
〔註217〕收於施懿琳等編，《全臺詩》第壹冊，遠流出版公司，2004年，頁4110。

云。鎮道以為妖言，杖枷於市，辛丑，羣賊陷郡治，議所立，因以
朱祖冒一貴名。賊平，遣人入瑯嶠，徧覓並無其處，亦異事也。**是
年冬十一月，地大震。臺多莿桐，辛丑春闔郡無一華者。有妖僧異
服，倡言大難將至**，門書「帝令」二字則免。僧即賊黨也。賊平，
僧伏誅。），處堂燕雀自喧嘩。無端半夜風塵起，幾處平明旌旆遮。
牧豎橫篙穿赤甲（時官軍寡弱，賊眾至數萬，多以竹篙為槍），將軍
戰血漫黃沙（副將許雲、參將羅萬倉、游擊游崇功、守備胡忠義、
馬定國、千總陳元、蔣子龍、林文煌、趙奇奉、把總林富、林彥、
石琳俱戰死；把總李茂吉不屈，罵賊死）。傳聞最是游公壯，登岸漂
然不顧家。

從註解上清楚可知，臺地大震，其實只是民亂將屆的「預兆」之一，陳夢林
的重點在朱一貴事件，而不在地震書寫，因此遊宦文人中，以地震為主要描
寫對象的，要在光緒之後了，其中光緒元年任臺灣府學教授的馬清樞在〈臺
陽雜興三十首〉〔註218〕第三十首中，只是約略提及「莫怪樓臺頻震盪（臺
多地震），勞他黿戴已多時」，而清光緒八年來臺的黃逢昶在〈臺灣竹枝詞〉
〔註219〕三十七首則說「窗壁搖搖忽作聲，無端地震輒心驚；東邊牆屋西邊倒，
傳說黿魚正轉睛」都只是泛論式的書寫，相形之下，唐贊袞〈光緒十八年
三月初六日筱村中丞按試臺南正在明倫堂講書忽地大震因以詩紀之〉〔註220〕
一詩的親身經驗，就深刻許多：

堂皇高坐地震驚，滿堂瀦潲洪濤聲。如駕海舶檣忽傾，頭目眩轉浮
滄溟。諸生罷講相向瞪，魂搖氣懾神漸惺。須臾奠定邀神靈，險遭
不測人其坑。我於其中浩歎興，兩間無處無虧盈。世界本由缺陷成，
自古斷黿黿足砥。扶輿畢竟誰支撐？賴有青門鼎力爭。乾坤浩蕩陂
竟平，敢忘此日心凌兢。

從「震鳴」開始敘述，唐贊袞以搭船時的搖晃比擬地震當時的情景，同時結
合了他的海洋經驗與地震經驗，詩作後半段是作者自己所發的慨嘆，我們會
發現，幾位遊宦文人對於地災的書寫，尚不到「災」的層面，而且敘事眼光

〔註218〕收於施懿琳等編，《全臺詩》第捌冊，臺南：國立臺灣文學館，2008 年，頁
385。
〔註219〕收於黃逢昶，《臺灣生熟番紀事》，臺灣銀行經濟研究室，1960 年，頁 23。
〔註220〕收於施懿琳等編，《全臺詩》第拾貳冊，臺南：國立臺灣文學館，2008 年，
頁 642。

沒有放在庶民百姓身上。再從創作時間來看，遊宦文人對於地震的書寫是在光緒之後，較本土文人晚，而且他們的典故運用相似，都同樣用到「巨鼇載山」的典故，這反應出他們共同的創作特色，但卻也看出他們對相關典故使用上的侷限。

從震災書寫來看，方志上雖一再強調臺灣地震的「特異性」，但不管是遊宦或本土文人，對於這樣的特殊性，顯然興趣缺缺，反倒是日治之後的本土文人，對於震災題材的書寫，在數量上遠遠超越前人，原因之一是當時書寫震災詩作的文人，如洪棄生、賴雨若、張元榮、陳家駒、張李德和、賴惠川、林玉書等人，幾乎都居住在嘉義一帶，而嘉義一直是臺灣地震極為頻繁的區域。第二個原因則是《臺灣新竹州臺中州震災詩集》的編纂，該詩集由鄭金柱向全臺民眾徵詩，數量高達 1042 首，後選錄 200 首。主要是針對 1935 年發生於新竹、臺中的強震，造成 3400 多人死亡的強烈震災而發，這也是日治時期震災詩作大量出現的主因。

除了震災之外，我們再來檢視道咸同時期，遊宦文人的相關災害書寫，以資對照：

劉家謀在《海音詩》中記載有關臺地災害的詩作並不多，其中相關者僅有：

> 通泉誰把堰渠開，旱魃如焚總可哀。百面麻旗千面鼓，五街簇簇戴青來。

詩人自註說：「久旱，鄉村人皆入城，手執麻布旗，各書村名，首戴樹葉，擊鼓鳴鉦，數步一拜；呼號之慘，聞者惻然。」所記載的是臺地的禱雨儀式，重點在風俗采錄，而非災難本身的書寫。劉家謀對於臺地自然災害的記載僅止於此，就臺灣一地而言，一百零七首的詩作中，只有一首提到天災，比例極為懸殊。《觀海集》中則有〈旱兩月矣見村農入城祈雨者〉〔註221〕：

> 海濱入夏無乾土，但見祈晴罕祈雨。火雲萬態不成霖，寂寂蛟龍去何所。吁嗟兩月餘，旱田已為墟。晚田久未播，望雨情奚如。問之占人曰尚早，圭璧雖陳不敢禱。愚氓急切竟弗知，擊鼓硑訇入城堡。

劉家謀這一首詩的態度是很奇怪的，身為知識分子，對於是否下雨一事，他卻求助於「占人」，當「占人」說離下雨時間還早時，他也就「不敢禱」，不

〔註221〕收於施懿琳等編，《全臺詩》第伍冊，遠流出版公司，2004 年，頁 328。

僅如此，詩人甚至將求雨心切的百姓視為「愚氓」，將他們「擊鼓矸訇入城堡」視為愚行，這實在不像「一切地方因革利弊，撫時感事咸歸月旦，往往言人所不敢言、所不能言」〔註222〕的劉家謀會寫的文字，如果劉家謀是因百姓「擊鼓矸訇」而斥其無稽的話，他以知識份子的身份而「問之占人」，和百姓豈有不同，難道不也算是「愚氓」嗎？

和新竹鄭家關係極為密切的楊浚（1830～1890），字雪滄，號健公，又號冠悔道人。祖籍福建晉江，後遷侯官。同治八年遊臺，接受淡水同知陳培桂之聘，纂修《淡水廳志》；並應鄭用錫子嗣鄭如梁之請，編纂《北郭園全集》，首開清代北臺灣文學專著出版之先河。同治九年修志完成後離臺〔註223〕。其《冠悔堂詩鈔》四卷中，己巳至庚午共十九首，為在臺之作。這十九首作品中，涉及臺地災難書寫的作品是零。

查元鼎（1804～？），字小白，浙江海寧州人，卒年不詳，可能在光緒十二年（1886）前後。少有文名，道光末年游幕來臺，同治元年，戴萬生事件起，查氏在途中遇賊被擄，後蒙林占梅等人營救而脫險。事平之後遂僑寓竹塹，日以詩酒為樂，勤於著述而不輟，頗受竹塹文人之尊重。生平寫詩雖多，但於戴案時遭焚殆盡，晚年所作集為《草草草堂吟草》，唯今日所見不全〔註224〕。其著作中，反映臺地自然災害的作品，同樣是零。

另外一位跟竹塹文人關係密切的是林豪（1831～1918），字嘉卓，一字卓人，號次逋，福建金門人。同治元年東渡，遊歷臺灣各地，後於艋舺巧遇奉檄辦團練的林占梅，因此受邀擔任潛園教師，任占梅之妾杜淑雅之西席，於潛園中生活四年之久。同治六年，淡水廳嚴金清擬修《淡水廳志》，林豪受邀總輯編撰，隔年事成，因獲聘澎湖文石書院任教，乃辭別占梅。同治十二年，林豪得見陳培桂《淡水廳志》刻本，發現內容改竄其作卻謬誤不少，因此憤撰〈淡水廳志訂謬〉一文，以斷是非。光緒四年（1878），主草《澎湖廳志》，但未刊印。光緒八年（1882），返回故里，重修《金門志》。光緒十八年（1892），再修《澎湖廳志》。畢生致力文史，編修方志，厥有心得，最受肯定；而其文學著作頗多亡佚，目前僅存《誦清堂詩集》，其中實際與本地攸關者，計有《臺

〔註222〕見韋廷芳，《海音詩》序文。
〔註223〕引自施懿琳等編，《全臺詩》第玖冊，臺南：國立臺灣文學館，2008 年，頁177。
〔註224〕引至施懿琳等編，《全臺詩》第陸冊，臺南：國立臺灣文學館，2008 年，頁293。

陽草》二卷、《澎海草》一卷〔註225〕。

　　從林豪現存跟臺灣有關的詩作來看，他對於震災及水災的描寫是零，這也很奇怪，因為從林豪的經歷來看，他跟「修志」的關係非常密切，而自然災害應當是方志記載中的重要一環，何以一位修志者的詩文作品中，卻少見這一類詩作？而且同治元年到七年，林豪均在臺灣生活，當時發生於臺北，可徵之文獻的地震就有同治元年十月、同治五年春及同治六年十一月，這都是不小的地震，而且都記載在他主修的《淡水廳志》中，這是很令人疑惑的。林豪對於臺地災難書寫的詩作，唯一的一首是〈祈雨謠〉〔註226〕：

> 朝祈雨，暮祈雨，雨聲在天天無語。欲雨不雨雲冥冥，老農仰天面如土。是時七月災風蒸，赤野欲裂草不青。長官盛服拜壇下，特為赤子申微誠。雨欲來，禱未已，雷聲逢逢劃然止。我聞七夕雙星河上渡，曷無別淚揮如澍。想是天孫欲渡時，下視城郭人民驚非故。但見斷頭刖足刺目劓鼻群鬼啼煩冤，沴氣上衝天欲怖。骇顧未已東方明，那有工夫將離訴。朝祈雨，暮祈雨。雨不來，禱愈苦。我欲拔劍開雲羅，手刃旱魃驅妖魔。前引阿香後玉虎，一聲霹靂傾天河。丈夫有願為霖雨，徒嘆隻手無斧柯。吁嗟乎，手無斧柯奈爾何。

雖然林豪的活動地多在竹塹，但這一首詩的時間點卻和鄭用錫不同，這是因為林豪待在竹塹的時間大約是同治元年至六年左右，此時鄭用錫早已過世（咸豐八年），從「長官盛服拜壇下，特為赤子申微誠」可知林豪是站在為官者的角度，記錄替飽受旱災的百姓祈雨的情形，然而即使「朝祈雨，暮祈雨」，卻仍是「雨聲在天天無語」、「欲雨不雨」，在求雨不成的情形下，林豪想要「拔劍開雲羅，手刃旱魃驅妖魔」，卻因「隻手無斧柯」而只能作罷，透露出為官者對於天災無能為力的感受。

　　當我們以道咸同時期幾位主要遊宦文人的詩作作為對照，將不難發現，他們對於臺地天然災害書寫的部分，參與度相當低，在常見的震災、水災和旱災中，只有旱災書寫，較常見於遊宦文人作品中；相對的，風災部分則因

〔註225〕引自施懿琳等編，《全臺詩》第玖冊，臺南：國立臺灣文學館，2008 年，頁311。
〔註226〕同前註，頁331～332。

爲遊宦文人對於海洋有陌生感，容易驚懼，因此書寫上也就遠較本土文人多。總而言之，遊宦文人和本土文人相較，在天然災變書寫上，仍要以本土文人最爲關心自己土地上的災難。

不過，這裡卻有一個特例，劉家謀和林豪的關注焦點極爲類似，若和他們描寫澎湖的作品相較，二人對於臺地災變的書寫在數量上並不多，而其對澎湖災變的描述，則多集中在「饑荒」一事，或是跟饑荒有關。因此一旦對照本土文人的書寫，我們很容易有一個錯覺，那就是，「難道只有澎湖才有饑荒？」

五、澎湖地區的饑荒書寫

澎湖位於臺灣和大陸之間，當季風的風速達到八十公里以上時，引來海上的水氣，很容易形成「鹹雨」，造成農作物遍地枯萎，《澎湖廳志》卷一《封域》〈風潮（占驗附）〉提到：

> 澎人畎魚爲生，所患風多雨少耳。而鹹雨之患，惟澎所獨；非眞雨
> 也，海風捲浪，飛沫遍灑也。故鹹雨將至，必先刮怪風。〔註227〕

《澎湖廳志》卷十一《祥異》也說：「蔡氏廷蘭曰：颶風鼓浪，海水噴沫，漫空潑野，被園穀，草木盡腐。俗名鹹雨，惟澎湖有之。」〔註228〕、「按鹹雨爲災，實由怪風之爲虐。其來也如狂潮乍發，如迅雷疊震，或對面不聞人聲。故其時百穀草木，未壞於鹹雨之浸潤，先厄於孽風之蹂躪矣。彼民亦何辜，而獨遭此苦哉！是在官斯土者，嚴防蠹役丁胥，留意拊循，以感召太和，使甘雨依旬，颶風不作，而年穀順成也。」〔註229〕顯然，「鹹雨」可說是澎湖最具特色，但也是殺傷力最大的氣候景觀，除了「故鹹雨將至，必先刮怪風」外，一旦是年發生鹹雨，通常當年或隔年就會「大饑」，《澎湖廳志》卷十一《祥異》有幾則記載：

> 十一年辛卯，夏旱。秋八月大風，下鹹雨。冬大饑。〔註230〕

> 咸豐元年辛亥三月初四日，大風霾，下鹹雨。徐道援案奏撥道庫銀

〔註227〕林豪，《澎湖廳志》，臺灣銀行經濟研究室，臺灣文獻叢刊第164種，光緒十九年，頁47。

〔註228〕同前註，頁371。

〔註229〕同前註，頁376。

〔註230〕同前註，頁372。

雨，委同知王廷幹勘卹。〔註231〕

咸豐十年庚申夏，大旱。秋八月颶風鹹雨爲災，民房傾圮，海船擊碎甚多。皋道孔昭慈委員張傳敬勘災。咸豐十一年辛酉，饑。議賑八單澳。〔註232〕

所以，大風會帶來鹹雨，而鹹雨會造成饑荒，這一連串自然氣候的影響，使得澎湖居民一次又一次陷於饑荒的苦難，雖然同樣四面環海，臺灣由於缺乏這種特殊的氣候景觀，所以並沒有類似澎民的生命經驗。臺灣本島內的方志與遊記詩文中，也少見對於「饑荒」的描述，對於「饑荒」的記錄，反而多見於遊宦文人的寫澎作品中。

林豪的《澎湖草》記載許多澎湖特殊的風土民情，這跟他光緒四年主草《澎湖廳志》、光緒十八年再修《澎湖廳志》的經驗密切相關。其中〈澎海大風行〉〔註233〕是用來記載澎湖聞名的狂風的：

大風匝月不肯止，白浪如山險莫比。**賈航卻顧未敢前，連朝米價隨潮起。向也買米那得錢，今也有錢苦無米**。汎舟之役今所稀，何況箕伯來張威。千畦掃盡無餘枝，千帆阻絕行難期。長官有惠何所施，嗚呼，長官之惠遠莫致，大風且霾陰瞳瞳。婦孺躑躅啼路隅，仰視沉沉天欲醉，少焉空中鹽撒矣。

一旦颮起大風，商船無法航行，連帶影響米價，形成有錢也買不到米的情形；而大風之後多會帶來鹹雨，前文部分也提到，這是澎地最具特色的氣候景觀，林豪的〈鹹雨嘆〉〔註234〕說：

噫嘻乎悲哉，狂風刮浪吹爲颮，麒麟之颮挾火來。青青草樹變焦赤，四野得雨翻成災。想是雨師經此土，下視閭閻淚如雨。懸知今歲縱有秋，也把脂膏付苛虎。不如一夜掃而空，使爾狼吞氣爲阻。吁嗟乎，狼吞之氣當愧沮，奈此哀鴻集何所。

這裡的「麒麟之颮挾火來」，所指應該和《觀海集》裡〈臺海竹枝詞〉中，有一首提到「麒麟颮」是相同的景致：

〔註231〕林豪，《澎湖廳志》，臺灣銀行經濟研究室，臺灣文獻叢刊第164種，光緒十九年，頁373。

〔註232〕同前註，頁374。

〔註233〕收於施懿琳等編，《全臺詩》第玖冊，臺南：國立臺灣文學館，2008年，頁370。

〔註234〕同前註，頁370。

防半防初計較量，破帆屈鱟亘天長。顛狂生怕麒麟颶，不使歸舟過墨洋。〔註235〕

劉家謀自註說：「凡六七月多主颱，海上人謂『六月防初、七月防半』。凡颶將至，則天邊斷虹，先見一片如船帆者，曰破帆，稍及半天如鱟尾者，曰屈鱟。狂飆怒號，轉覺灼體，風過後，木葉焦萎如蒸，俗謂之『麒麟颶』。」

在澎湖，「麒麟颶」之後會下「鹹雨」，林豪這二首詩等於是饑荒之前，自然氣候的介紹與書寫，他雖不是從正面描寫饑荒，但是他等於是交待了〈少婦哀〉〔註236〕、〈囹圄滿〉〔註237〕等詩的自然背景，澎地居民為何無以為生？正是因為接二連三的惡劣環境，讓百姓無法生存，繳不出稅收，加上「吏胥」的欺壓，以致於親子必須抵稅，而交不出稅收的災民則充斥監獄之中。

開始正面書寫澎地「饑荒」的本土文人，是開澎進士蔡廷蘭（1801～1859），他是澎湖人，字香祖，號郁圓，學者稱秋園先生。十三歲補弟子員，屢試第一，深得澎湖刺史蔣鏞欣賞。道光十五年（1835）鄉試畢返鄉，在海上遭颶風，飄泊到越南。步行四月，歷萬餘里，從越南返廈門，得周凱資助回澎湖，將所見所聞撰成《海南雜著》。十七年（1837）周凱任臺灣道，聘廷蘭主講崇文書院，兼引心、文石兩書院。二十四年（1844）進士，為澎湖科第之始〔註238〕。

道光十二年（1832）澎湖風災大饑，蔡廷蘭作〈請急賑歌〉〔註239〕上呈興泉道周凱，刻繪人民饑苦，〈請急賑歌〉第一首提到澎湖的地理環境是「況茲斥鹵區，民貧土更瘠。年來遭旱災，滿地變焦赤。又被鹹雨傷，狂颶起沙磧。海枯梁無魚，山窮野無麥」，因為生活環境的惡劣，百姓因「萬竈冷無煙，環村空覆白。二糒不供餐，三星常在罶（第三首）」，而造成「老稚盡尪羸，半登餓鬼籍。丁男散流離，死徙無蹤跡（第一首）」的現象，第二首則進一步藉由鄰婦的真實遭遇，來說明災荒的嚴重：

炊煙卓午飛，乞火聞鄰婦。涕淚謂予言，恨死乃獨後。居有屋數椽，種無田半畝。夫婿去年秋，東渡餬其口。高堂留衰翁，窮餓苦相守。夫亡訃忽傳，翁老愁難受。一夕歸黃泉，半文索烏有。嫁女來喪夫，

〔註235〕收於施懿琳等編，《全臺詩》第伍冊，遠流出版公司，2004年，頁322。
〔註236〕收於施懿琳等編，《全臺詩》第玖冊，遠流出版公司，2004年，頁371。
〔註237〕同前註，頁370。
〔註238〕引自施懿琳等編，《全臺詩》第肆冊，遠流出版公司，2004年。
〔註239〕同前註，頁396～398。

　　鬻兒來葬舅。家口餘零丁，幼兒尚襁負。吞聲撫遺孤，飲泣謀升斗。

　　朝朝掇海菜，采采不盈手。菜少煮加湯，菜熟兒呼母。兒飽母忍饑，

　　母死兒不久。爾慘竟至斯，誰爲任其咎。可憐一方民，如此什八九。

　　恩賑曾幾多，可能活命否。

從無田可種開始，丈夫過世、無喪葬費用、家無壯丁，再加上沒有東西可
吃，母親一死，幼兒亦無法獨自生存，這樣的痛苦一層一層加深，用詩史之
筆，眞切地反映當時民生的慘狀。爲什麼要「急」賑？因爲百姓已經到了「愁
無出鞠窮，疾奈河魚腹。藜藿雜秕糠，終餐不一掬。哀腸日九迴，何處求
半菽」的地步，因此廷蘭代百姓向官員懇求，「告急書交馳，請帑派施穀。連
月風怒號，滔天浪不伏。勞公百戰身，懸民千里目……見公如得父，幸免
填溝瀆」，希望能早日救百姓脫離水火。除了以歌行體反映當時災民苦況，引
起執政官吏重視外，廷蘭的〈巡道周公有社倉之議言事者慮格於舊例公概
然力任其成立賦撫卹歌六章發明天道人心之應淋漓悽惻情見乎詞因述其意更
爲推衍言之續成長歌一篇〕〔註240〕還提出了「胡不暫支廳庫先施借，約以秋
杪來抵償」的實際建議，這首長詩仍重申「四月下種六月旱，旱氣蒸鬱爲
螟蝗。七八九月鹹與瀦，腥風瘴霧交迷茫。早季晚季顆粒盡，餓死者死亡者
亡」的發生緣由，也進一步提出災民數據，「貧民三萬七千戶，量賑萬帑充饑
腸。極貧兩月得全活，次貧週月慰所望」，因此可以視爲〈請急賑歌〉的後
續，〈再呈周觀察二首〕〔註241〕則是交待周凱賑災的結果，「絳節新從海外
移，錦囊又補紀遊詩。三千帑運籌加賑，十萬生靈免阻饑」，等於爲這次的
「請急賑」事件畫下句點。至於周凱〈撫卹六首答蔡生廷蘭〕〔註242〕則是站
在賑災官員的立場，去充份了解災民窘況，以及對於救災方法的考量，對於
百姓疾苦想辦法解決，不能不說是一位良吏。蔡廷蘭的「請」急賑是下對上
的懇求，而周凱是上對下的回應，二者雖然立場不同，但關心百姓的心情卻
是一致。

　　除了對於饑荒有所描述之外，蔡廷蘭還有一首〈夏日喜雨呈蔣懌葊鏞刺
史〕〔註243〕是描寫久旱不雨的澎湖終於下雨，因而作詩感謝當時刺史蔣鏞的

〔註240〕引自施懿琳等編，《全臺詩》第肆冊，遠流出版公司，2004年，頁393～395。

〔註241〕同前註，頁392～393。

〔註242〕同前註，頁334～336。

〔註243〕同前註，頁395。

詩作，詩人提到「我民竟何辜，對天默呼籲。方版疏一通，雲壇香一炷。有
讁則禍予，莫俾民太苦」是很高貴的情操，願意攬下無辜災民的禍愆，只是
爲了「莫俾民太苦」，可以看出詩人一心爲民，以民爲念的心意。這裡很有趣
的是，因爲久旱之後下雨，蔡廷蘭就特地寫詩感謝刺史，並且給予諸多贊譽，
「賢哉良司牧，下車詢農務。豐歉遞相尋，災祲亦定數。胡茲孤島黔，奈何
抱沉痼。聖世宏寬仁，輕徭復薄賦。無如瘠土貧，風旱頻年遇。生計窘耕漁，
顛連憯莫訴」這樣難道沒有諂媚執政者的嫌疑嗎？蔡廷蘭爲什麼要特意渲染
這種「小事」？筆者以爲，應該和當時吏治極爲敗壞有關。

　　和臺灣本地文人相同的是，蔡廷蘭詩作中同樣沒有針對吏治腐敗的書
寫，但我們若和第一節的林豪作品相對照，會發現當時澎湖的吏胥是非常糟
糕的，相對於無可抗拒的「天災（狂風、鹹雨、饑荒）」來說，「人禍」的爲
虐，恐怕是使澎地百姓更加水深火熱的主因，在眾多負面形象的官員中，似
乎只要來了重視民生的好官，就會令當時文人感動莫名，蔣鏞如此，周凱也
是如此。蔡廷蘭身爲澎湖在地人，既不便直接批判當時駐澎官吏，於是改採
其他方式，轉而以贊美良吏的方法，從反面去凸顯不被贊美的即爲劣吏，藉
以達到批判的目的。

　　除了本土文人蔡廷蘭，以及與蔡廷蘭詩文往返的遊宦文人周凱外，尚有
二位遊宦文人對於澎湖居民生活，有著深入而眾多的詩作敘述，這二位分別
是劉家謀與林豪。

　　劉家謀的〈哀澎民四首〉〔註244〕之一，和林豪一樣，都在描寫澎湖惡劣
的生活環境：

> 鷺嶼西趨赤嵌東，屹然一島獨當中。波濤倒捲晴天雨，沙石群飛暗
> 海風（澎地多風，海潮隨風灑爲鹹雨）。煨盡牛柴薪易斷，喫殘魚粥
> 釜常空（以牛糞爨，曰牛柴。以海藻魚蝦雜薯米爲糜，曰糊塗粥）。
> 可堪連歲如焚慘（旱經年），毒火還看燕媽宮（地名，近被火）。

劉家謀對於臺地自然災害的記錄不多，但若擴及澎湖，則顯然多了對於「饑荒」
的大力描摹，這是劉家謀對於臺地災難最爲著力描寫的部分，《海音詩》說：

> 真教澎女作臺牛，百里飢驅不自由。三十六村歸未得，望鄉齊上赤
> 嵌樓。〔註245〕

〔註244〕收於施懿琳等編，《全臺詩》第伍冊，遠流出版公司，2004年，頁342～343。
〔註245〕同前註，頁284。

是指「咸豐元、二年冬春之交，澎地大飢；澎女載至郡城鬻為婢者不下數十口。徐樹人廉訪（宗幹）諭富紳出貲贖之，予亟商諸二、三好善之士勸捐贖回，各為收養。稻熟之後，按名給路費，載其還家。」一事，主要是記澎湖饑荒。而《觀海集》中有〈賣兒行〉〔註246〕，詩前小序說「澎湖饑民以舟載男女鬻於郡，秤之，每五觔值番鏹一圓，悲哉！作賣兒行」，也是因為饑荒，不得不賣兒維生，這是何等的社會慘況：

> 兒五觔，銀七錢，將銀換兒去，到手空團圓。東家兒慧人爭買，西
> 家有兒共嫌駭。慧兒僅博他人憐，駭兒猶得依耶嬭。兒依耶嬭能幾
> 時，耶嬭飢死難顧兒。一團並作異鄉鬼，不若生存賤賣之。吁嗟乎！
> 五觔七錢太虧汝，飢瘦兒輕秤不舉，大兒未足小兒補。兩兒尚可一
> 奈何，恨不生子纍纍多。

饑民窮到必須鬻子，而且還不是每個小孩都能賣得出去，「東家兒慧人爭買」，但如果是「駭兒」就只能繼續依靠爹娘，順利賣兒者得生，賣兒不順利者，則可能因「耶嬭飢死難顧兒」，只能淪入「一團並作異鄉鬼」的境地，因為「飢瘦兒輕」，所以「大兒未足小兒補，兩兒尚可一奈何」，賣子賣到「買大送小」，還有什麼比這更悲哀的呢？〈哀澎民四首〉之二也在說相同的情形：「卯女童男滿載來，翻疑徐福十洲回。肯辭低首充臧獲，差免捐軀葬草萊。里黨頗聞能仗義，道塗何事尚含哀。聞曹那敢煩唇舌，坐對滄溟意不開（飢民載男女鬻於郡，徐廉訪喻官紳捐貲收養之，未有以應也。余力薄言輕，商諸郡人士，頗有踴躍者，亦以費多為難）。」

劉家謀曾商請郡中人士，希望回應官員的號召，收養被父母販賣的男女，卻終因「費多」而作罷。〈鐵線尾婦（鐵線尾，地名，在澎湖）〉〔註247〕同樣也在寫澎地饑荒：

> 鐵線尾，有婦飄零若秋卉。上事瞽姑下幼子，夫逃不知人與鬼。去
> 年飢餓雖輾軻，苦守尚不愁風波。今年飢餓將奈何，已落之葉無返
> 柯，已去之鳥無還窠。一身所值能幾多，全姑保子遑知他。片帆遠
> 渡滄溟黑，回首故山心惻惻。三朝三暮泣路側，但乞為奴嗟不得。
> 妾價廉，婢價高。縛腳化赤腳，奔走能忘勞。昔時鳳頭烏三寸，步
> 步蓮生嫌不嫩。即今十指攣難開，翻祝如飛足能健。吁嗟乎！三十

〔註246〕收於施懿琳等編，《全臺詩》第伍冊，遠流出版公司，2004年，頁340。
〔註247〕同前註，頁343～344。

六島天茫茫，屍骸狼籍拋道旁。續梟斷鶴徒倉黃，黔妻有粥何時嘗。

生離幸不憂死亡，沈淪鑿下毋徬徨。

這裡從幾方面凸顯「鐵線尾婦」的遭遇，「上事聾姑下幼子，夫逃不知人與鬼」，因此她必須獨力撐起家計，但「去年飢餓雖轗軻」，再加上「今年飢餓將奈何」，接二連三的饑荒，讓她只能「但乞爲奴嗟不得」，藉由「昔時鳳頭舄三寸」及「即今十指擘難開」的今昔對比，引出「妾價廉，婢價高。縛腳化赤腳，奔走能忘勞」的現實無奈。對於澎湖小妾地位之低，終淪爲金錢交易的處境，寄予人道關懷與同情。

不管是前述賣兒的澎民，抑或是此處的「鐵線尾婦」，都是屬於災害饑荒中，第一線的受災者，在生活陷入困頓，無以爲繼的情形下，若不是詩人代爲記錄發聲，我們將無從得知他們是如何與自然環境對抗，如何在極端困苦的狀態下生存。我們在上一段曾探討到，臺灣本島地區的自然災害書寫，遊宦文人在廣度及深度上，都遠遠不如本土文人，這當然是因爲對於本土文人來說，他們對這塊土生土長的家園，有著更深刻感情的緣故。不過，我們也提到，遊宦文人對於臺灣本地災害是忽略的，但對於澎地卻是重視的。遊宦詩人之所以重澎湖而輕臺地，正和這樣的環境背景有關。澎湖先天環境的惡劣，假若因「臺灣錢淹腳目」，使遊宦文人對臺灣人重豪奢的印象成立，則澎湖百姓屢屢因天災而陷入饑荒，就更加令遊宦文人同情與重視。

六、自然災害書寫的統一思維

戴雅芬在《臺灣天然災類古典詩歌研究──清代至日據時代》一文中，嘗試分析臺灣文人對於自然災害書寫背後的「文化及社會意涵」，並歸納出二點，一爲「天人感應與敬天畏天」，二是「譴告理論與人事反省」。不管是「天人感應」或是「譴告理論」，都同樣屬於董仲舒思想的範疇之中。事實上，真正影響臺灣文人的災害書寫，並有著深化影響的，恐怕還是在「譴告理論」上。但是我們也無法否認「敬天」思維對於本土文人仍然有著影響，前文提到，施瓊芳一方面將地震發生緣由，跟上天的譴告有關作聯結，一方面又走回「變故豈偶然，敬天無戲豫」的「敬天」老路。至於譴告理論，《新校漢書集注》卷五十六〈董仲舒傳〉中有一段董仲舒對漢武帝提出「天人相與」的看法，聯結了災異與執政間的關係：

臣謹案《春秋》之中，視前世已行之事，以觀天人相與之際，甚可

畏也。**國家將有失道之敗，而天乃先出災害以譴告之，不知自省，又出怪異以警懼之，尚不知變，而傷敗乃至。以此見天心之仁愛人君而欲止其亂也。**自非大亡道之世者，天盡欲扶持而全安之，事在強勉而已矣。強勉學習，則聞見博而知益明；強勉行道，則德日起而大有功：此皆可使還至而有效者也。〔註248〕

而其《春秋繁露》卷八〈必仁且智〉中，則提出對「天譴」的看法：

其大略之類，天地之物，有不常之變者，謂之異，小者謂之災，災常先至，而異乃隨之，災者，天之譴也，異者，天之威也，譴之而不知，乃畏之以威，……**凡災異之本，盡生於國家之失，國家之失乃始萌芽，而天出災害以譴告之；譴告之，而不知變，乃見怪異以驚駭之；驚駭之，尚不知畏恐，其殃咎乃至。**以此見天意之仁，而不欲陷人也。謹案：災異以見天意，天意有欲也、有不欲也，所欲、所不欲者，人內以自省，宜有懲於心，外以觀其事，宜有驗於國，故見天意者之於災異也，畏之而不惡也，以爲天欲振吾過，救吾失，故以此報我也。……聖主賢君尚樂受忠臣之諫，而況受天譴也。〔註249〕

當人世間遭逢災變，必然是國家有所失策的地方，而上天藉由災變來「譴告」，目的是要激起民眾的「驚駭」及「畏恐」，達到「嚇阻」不當行爲的目的。然而，上天「譴告」的對象是誰？是君？臣？或民？戴雅芬在文中推斷，「傳統災異觀的理論，似乎把大部分的焦點集中在爲政者的身上，其中的原因當然與中國傳統的君主專政的政治體制有關。國君爲天之子，居於上天和人民之間的關鍵位置，且擁有施政的實際大權，所以他的言行自然成爲譴告說的觀察重點。在這樣的理論基礎上，我們試圖探究臺灣古典天災詩歌所涉及的譴告思想，發現詩人並未將天災與君王的行事作結合，反而較常指向一般社會民心的反省。」〔註250〕並舉林豪〈逐疫行〉〔註251〕爲例，這一點則是有問題

〔註248〕見〈董仲舒傳〉，《新校漢書集注》卷五十六，臺北：世界書局 1973 年 3 月，頁 2498。

〔註249〕引自《春秋繁露》，卷八〈必仁且智〉第三十，臺北：中華書局，1966 年 3 月，頁 11。

〔註250〕見戴雅芬，《臺灣天然災類古典詩歌研究——清代至日據時代》，政治大學國文教學碩士班碩士論文，2002 年 6 月，頁 171～172。

〔註251〕收於施懿琳等編，《全臺詩》第玖冊，臺南：國立臺灣文學館，2008 年，頁 327。

的。主要原因在於，譴告理論的內涵到了清代，並不單純只是只有天→君→民之間的關係，而應該是天→君→臣→民四者的聯結，再加上思想限制的桎梏及文字獄迭興的政治背景下，我們自然少見文人將筆鋒觸及皇帝，其多將災變的緣由歸諸於「臣」，也就是執政官吏上，這種情形並不限於臺灣，而應是全清帝國的普遍現象。以陳維英為例，他的〈紫卿公祖尊大人巡賑地震災黎感事成詩錄呈正誨〉[註252] 七絕四首，極能凸顯這樣的思維模式：

> 官好偏遭震地災，天將艱鉅試奇才。如云災害妨仁政，何以堯湯水旱來。
>
> 山崩地裂屋埋人，有腳陽春四野巡。百姓纔欣官出賑，回頭又患長官貧。
>
> 堯舜其猶病濟施，況為廉吏力難支。西江水少鮒魚眾，正素封家助臂時。
>
> 無如錢虜癖於錢，官邮哀鴻彼寂然。為富不仁應壓死，緣何漏網問蒼天。

第一首詩就能極為明顯地看出「天→君→臣→民」這樣的聯結，在清文人的思維中，百姓若是「遭殃」，則罪不在「君」，而在「臣」，一旦有災變，不管官員是好是壞，都是要被問罪的，在這種思考脈絡下，「臣」等於是「君」的代罪羔羊，不管多好的官員，一旦遭逢災變，都可能因此受到牽連。

　　至於戴雅芬所舉的林豪〈逐疫行〉中，同樣有著「未免閭左蓄怨毒，上干天怒災乃施」的譴告思維，但林豪並沒有歸罪於君的字眼，而是在詩文末段，對於官吏欺民的行為，有極為嚴厲的批判：「君不見南交吏酷珠盡徙，東海婦冤天不雨。……公無杜陵忠愛之胸襟，縱誦子章髑髏能止灾不侵。……區區小民何足惜，飽公之囊果吾腹。天若愛民不遣公，吾曹為禍公豈福。不然公如兩袖清風清，吾曹逝矣何庸逐。有司曰噫無他策，此曹鴟張何能斥。欲解蒼生命倒懸，安得青天一聲鳴霹靂。」詩中的「疫」係指吏胥帶來的「人禍」，林豪對此有著強烈的批判，在他的〈後逐疫行〉[註253] 中也有「長官聞之心漠然，爾曹胡不相諒焉」的字眼，林豪是遊宦文人，而陳維英是淡水廳人士，他們各自分屬遊宦與本土二大文人集團，但卻同時深受譴告理論的影響，並同時展現「天→君→臣→民」的聯結，這是二岸文人共同的思考模式，

〔註252〕收於施懿琳等編，《全臺詩》第伍冊，遠流出版公司，2004 年，頁 199～200。
〔註253〕收於施懿琳等編，《全臺詩》第玖冊，臺南：國立臺灣文學館，2008 年，頁 378。

在同受中國文學傳統的訓練底下，本土文人想要跳脫這樣的模式，有著根本上的困難與限制。

七、區域性氣候特徵的標舉

　　我們接著要處理的是道咸同之後的一個特殊書寫類型，即「區域性氣候特徵」在這階段開始被「標舉」。丘逸民《清代臺灣詩歌的氣候識覺》一書，儘管資料引用上的問題不少〔註254〕，但這一本書卻提供了幾個思考方向，作者以「識覺」作爲切入角度，目的是爲了「呈現人們對『地方』的個人經驗（human experiences of place）……以人存在地方的存在狀態及人與所在地方的主客關係兩個面向的概念架構，來理解這些詩人們所反映該時代人們的氣候經驗。」〔註255〕其中在「氣候與氣候景觀」的分類上，作者凸顯出「新竹地區的『竹風』氣候」、「蘭陽地區的『蘭雨』氣候」、「恆春地區的『落山風』氣候」等「區域性」氣候特徵，從所引詩作來看，清代臺灣詩人開始注意到臺地「區域性」氣候的特徵，時間點全部在道光之後，去除掉未能明確代表區域性氣候特色的詩作後，能夠代表這幾個地方的氣候特色詩作有：

（一）「新竹地區的『竹風』氣候」

　　林占梅〈同友人西城樓憑眺即事〉〔註256〕「竹城西北地勢平，田園參錯

〔註254〕主要是文人活動時間寫法不一，如頁93的胡承珙，一標爲「嘉慶年間」，下文卻又標成「道光年間」；頁92的姚瑩標成「嘉慶年間」，到了93頁卻變成「嘉慶──道光年間」，至於頁131中劉家謀與劉芑川是同一人，但劉家謀標爲「道光年間」，劉芑川卻標成「咸豐年間」，見氏著《清代臺灣詩歌中的氣候識覺》，國立臺灣師範大學地理學系，2005年2月。

〔註255〕見丘逸民，《清代臺灣詩歌中的氣候識覺》，國立臺灣師範大學地理學系，2005年2月，頁81。

〔註256〕丘逸民誤爲〈西城樓憑眺即事〉，且全詩極長「竹城西北地勢平，田園參錯續海坪。涼秋九月風怒吼，黃沙滾滾海霧生。朝來氣暖纖塵淨，睇眄中天極遼夐。群峰縹緲列畫圖，巨海澂滉涵明鏡。高樓憑眺興欲狂，振衣疑躡千仞崗。大呼奚奴捧斗墨，露肘顚書十數行。題罷餘情猶未已，朋簠之中有絕技。龍團一飲潤我喉，客吹羌笛我長謳。法曲作聆梅花落，名泉又報魚眼浮。但耽稚樂與香茗，何須佳釀共珍饈。君不見趙瑕有句艷今古，長笛橫吹倚畫樓。又不見盧仝作經細評隲，七盌風生百慮休。清音美莾各痂嗜，騷人適意何知愁。我非騷人多坎壈，生平十事九煩憂。秋前約侶遊榕省，遍海鯨鯢送聞警。況當海氛送聞警，積悶縈胸勞引領。空有昂藏七尺軀，才劣終軍纓敢請。自從遊奧動中來，意馬心猿常馳騁。今日登臨懷抱開，天高地迥任徘徊。歸時笑傲閫中友，聊當乘風破浪回。」收於林占梅，《潛園琴餘草》，徐慧鈺編，

續海坪。**涼秋九月風怒吼，黃沙滾滾海霧生。……。**」

蒲延年〈竹塹竹枝詞〉〔註257〕「百里畿疆竹幾叢，少於松柏少於桐。竹南竹北皆稱竹，**竹塹從來著勁風**。」

陳朝龍〈竹塹竹枝詞〉〔註258〕「乍寒乍燠亦何妨，六月披裘是所常。**最是颶風時一作，揚沙捲礫漫迷茫**。」

其中林占梅爲咸同間竹塹人士，蒲延年是光緒間嘉義人士，陳朝龍是光緒間新竹人士，書寫「竹風」氣候特色的，全部是本土文人。

（二）「蘭陽地區的『蘭雨』氣候」

而凸顯「蘭陽地區的『蘭雨』氣候」的詩人，除卻魏清德是新竹人，屬於本土文人外，其餘全部是遊宦文人，其中柯培元是山東歷城人，道光十五年（1835）調署噶瑪蘭廳通判；董正官是雲南太和人，道光二十九年（1849）調噶瑪蘭通判；烏竹芳是山東博平人道光五年（1825）署噶瑪蘭通判，道光十年（1830）又署澎湖通判。

柯培元〈蘭城陰雨〉〔註259〕「陰雨竟如此，繩床客不眠。浮沉成大夢，哀樂感中年。擁絮與誰語，挑燈只自憐。夜涼官鼓靜，睡鴨裊殘煙。」

董正官〈蘭陽雜詠八首〉〔註260〕其五〈漏天（秋冬多雨）〉「聞道黔中雨勢偏，秋冬蘭雨更連綿。氣迎塞北風掀浪，地處瀛東水上天。補石欲邀媧再鍊，變桑誰信海三遷。可憐沖壓艱修復，租稅年年泣廢田。」

烏竹芳〈蘭城久雨〉〔註261〕「**終日陰雨總不晴，滿城惟作海濤聲**。幾番風雨涼砭骨，添得秋人逆旅情。」

魏清德〈蘭陽〉〔註262〕「吳沙事蹟世漸忘，糾眾艱危闢土疆。**蘭雨今朝**

新竹市立文化中心，1994年6月，頁124。見氏著《清代臺灣詩歌中的氣候識覺》，國立臺灣師範大學地理學系，2005年2月，頁97。

〔註257〕此詩轉引自丘逸民《清代臺灣詩歌中的氣候識覺》，不知出處爲何，經查遍臺灣文獻叢刊第309種，並無該位作詩人及作品，故存疑之。

〔註258〕鄭鵬雲，《新竹縣志初稿》，臺灣銀行經濟研究室，臺灣文獻叢刊第61種，光緒十九年，頁254。

〔註259〕收於施懿琳等編，《全臺詩》第肆冊，遠流出版公司，2004年，頁385。

〔註260〕收於施懿琳等編，《全臺詩》第伍冊，遠流出版公司，2004年，頁56。

〔註261〕收於施懿琳等編，《全臺詩》第肆冊，遠流出版公司，2004年，頁299。

〔註262〕丘逸民誤爲〈入宜蘭〉，見氏著《清代臺灣詩歌中的氣候識覺》，國立臺灣師範大學地理學系，2005年2月，頁99。收於魏清德《潤庵詩草》，龍文出版社，2006年。

偏不雨，海山晴色照吟囊。」

（三）「恆春地區的『落山風』氣候」

至於「恆春地區的『落山風』氣候」的書寫則全部是遊宦文人，屠繼善是浙江會稽人，光緒間纂修《恆春縣志》。丁日昌爲廣東豐順人。清光緒初年任福建巡撫，光緒三年（1877）巡臺；康作銘是廣東南澳人，清光緒間在恆春任教；胡徵則爲廣西桂林人。

屠繼善〈恆春竹枝詞十首（乙未元旦作）〉〔註263〕「**落山風（重陽至清明，大風曰落山風，恆邑病農以此爲最）勢埒颱風**，害否惟分晴雨中。一日無風悶不解，風來瘴去話從同」、「恆春名義似非虛，無夏無冬仙子閭。**番不殺人風不颭，何妨就此作蝸居。**」

丁日昌〈恆春題壁〉〔註264〕「東瀛已是天將盡，況到東瀛最盡頭。海水自來還自去，罡風時發復時收。臥薪嘗膽知誰共。銜石移山且自謀。飽聽怒濤三百里，何人赤手擘蛟虯。**（恆春有落山風，發時終日如吼，梁瓦皆震）。**」

康作銘〈游恆春竹枝詞〉〔註265〕「**落山風信勢偏驕，萬竅怒號送海潮。**猖狂不管杜陵屋，輸與長亭酒慢飄。」

胡徵〈恆春竹枝詞八首〉〔註266〕「最怕秋冬兩季中，**颱風去後落山風**。居民習慣渾閒事，反說無風瘴氣濛。」

同樣描寫區域性「風」勢的特徵，寫「竹風」的全部是本土文人，但寫「恆春落山風」的，卻全是遊宦文人；從數量來看，表面上本土文人四位，遊宦文人佔了七位，對於區域性氣候特色書寫，遊宦文人的關注顯然較本土文人爲高，但四位本土文人中，眞正生長於該地的卻只有二位，即描寫「竹風」氣候的林占梅與陳朝龍而已。蒲延年是從嘉義到新竹，魏清德則是從新竹到宜蘭。換言之，如果以嚴格標準來界定，蒲延年與魏清德都不是新

〔註263〕見陳文緯，《恆春縣志》，臺灣銀行經濟研究室，臺灣文獻叢刊第75種，光緒二十年，頁248〜249。

〔註264〕收於施懿琳等編，《全臺詩》第捌冊，臺南：國立臺灣文學館，2008年，頁346。

〔註265〕此詩丘逸民誤爲屠繼善之作，見氏著《清代臺灣詩歌中的氣候識覺》，國立臺灣師範大學地理學系，2005年2月，頁104。見陳文緯，《恆春縣志》，臺灣銀行經濟研究室，臺灣文獻叢刊第75種，光緒二十年，頁246。

〔註266〕此詩丘逸民誤爲屠繼善之作，見氏著《清代臺灣詩歌中的氣候識覺》，國立臺灣師範大學地理學系，2005年2月，頁104。見陳文緯，《恆春縣志》，臺灣銀行經濟研究室，臺灣文獻叢刊第75種，光緒二十年，頁249。

竹、宜蘭地區土生土長的「在地人」。因此數量比例應是二（本土）比九（遊宦），之所以出現這樣的情形，深究其中原因，恐怕跟胡徵在〈恆春竹枝詞八首〉中說「居民習慣渾閒事」有關。正因為太過於「習慣」，所以如果沒有經過比較，很難察覺出這些氣候有何特異之處。但筆者好奇的是，何以這些「區域性氣候特徵」會共同出現在道光之後？我們不妨將此看成是道咸同遊宦文人，在書寫策略上的一種「另闢蹊徑」。這些詩作出現的時間點，和本土文人將書寫焦點集中在縣級與廳級八景的時間相若。原先掌握在遊宦文人筆下的「八景詩」書寫，因為本土文人的參與，已經漸漸被瓜分取代，而且因為本土文人比一般文人更能「親臨」這些地方，所以描寫的深度也遠較遊宦文人為高。在這樣的情形下，遊宦文人要參與「區域性」的地方八景書寫並不容易，但不代表他們完全沒有寫作空間，由於他們比在地文人多了「比較」的基點，容易藉由感官察覺出氣候特色上的差異，因此在這一個時間點下將焦點轉移到「區域性氣候特徵」的描寫，不能不說是一種突破。

小 結

　　盛清沂〈清代本省之災荒救濟事業〉中曾歸納出清代「災荒次數，共一百八十六次，以風水災為最多，震災次之，饑饉復次之，旱災又次之，再次為火災，疫癘等項：其救濟也，則以蠲賦為最多，發賑次之，平糶又次之。」〔註267〕若驗之詩文，大抵不脫這樣的統計範圍。方志上雖一再強調臺灣地震的「特異性」，但不管是遊宦或本土文人，對於這樣的特殊性，顯然興趣缺缺，反倒是日治之後的本土文人，對於震災題材的書寫，在數量上遠遠超越前人，而不管是苦雨或是求雨，本土文人都是站在為民喉舌、發聲的立場記述，由於多數文人都不具備農事經驗，本身也多非受災戶，因此在描寫苦況時，總能看到他們以知識分子的身份「俯視」著百姓的疾苦，他們的眼光仍然看向百姓，但視角卻是上對下的，這種看待的視角，或多或少仍侷限住他們刻畫災變的深度與廣度，是相當可惜的地方。本土文人，在自然災變的書寫上，只偏重在「震災」及「旱潦之災」上，對於「風災」幾乎不見描寫，相對於早期來臺「遊宦文人」對於「黑水溝」書寫中，所呈顯出來的「驚恐」之情，

〔註267〕見盛清沂，〈清代本省之災荒救濟事業〉，《臺灣文獻》22 卷 1 期，1971 年 3月，頁 132。

我們可以發現，「本土文人」的西行記述中，並沒有這樣的記載。

　　如果以道咸同時期幾位主要遊宦文人的詩作作爲對照，將不難發現，他們對於臺地天然災和書寫的部分，參與度相當低，在常見的震災、水災和旱災中，只有旱災書寫，較常見於遊宦文人作品中；相對的，風災部分則因爲遊宦文人對於海洋有陌生感，容易驚懼，因此書寫上也就遠較本土文人多。總而言之，遊宦文人和本土文人相較，在災變書寫上，仍要以本土文人最爲關心自己土地上的災難。

　　就道咸同時期整體文人而言，他們對於自然災害的書寫數量，跟其他現實民生類別相較，其實所佔比例不高；而遊宦與本土文人二大社群相較，在災變這一議題上，又要區分臺灣與澎湖二地。就臺地而言，遊宦文人對於自然災害，顯然不若本土文人來得關注。就澎地而言，遊宦文人所投注的記載心力，相較於本土文人，只怕是有過之而無不及。